汽车车身制造技术

主　编　王青春　王　黎
副主编　胡登纯　赵娟妮　张　芳
参　编　文红专　刘培勇　陈　佳
　　　　程书芳　陈　平　范根荣

机械工业出版社

本书为职业教育汽车类专业"岗课赛证"综合育人系列教材,重在培养学生利用汽车车身制造技术相关知识解决生产实际问题的能力。针对职业院校学生的特点,本书在编写中突出生产应用,理论知识简单化、实用化,突出应用性,强调以能力为本的理念。本书紧紧围绕职业教育培养目标,讲求实效,图文并茂,通俗易懂。

本书以任务驱动为导向,共有 4 个项目,计 12 个典型任务包括车身结构与材料、车身冲压工艺、车身焊装工艺和车身涂装工艺。

本书可作为职业院校汽车制造与试验技术专业的配套课程教材,也可作为相关专业的专业基础教材,还可作为从事汽车车身制造工程技术人员的参考用书。

本书以"智能网联汽车技术国家级教学资源库"为支撑,重点、难点知识配套有丰富的微课视频资源,读者可通过手机扫码观看。

本书还配有电子课件等教学资源,凡选用本书作为授课教材的教师,均可登录机械工业出版社教育服务网(www.cmpedu.com),注册后免费下载,或联系编辑索取(010-88379756)。

图书在版编目(CIP)数据

汽车车身制造技术/王青春,王黎主编. —北京:机械工业出版社,2024.4(2025.1重印)

ISBN 978-7-111-75153-3

Ⅰ.①汽… Ⅱ.①王… ②王… Ⅲ.①汽车–车体–车辆制造–高等职业教育–教材 Ⅳ.①U463.820.6

中国国家版本馆 CIP 数据核字(2024)第 013938 号

机械工业出版社(北京市百万庄大街22号　邮政编码100037)
策划编辑:谢熠萌　　　　　　责任编辑:谢熠萌
责任校对:贾海霞　张　薇　　责任印制:邓　博
北京盛通数码印刷有限公司印刷
2025年1月第1版第2次印刷
184mm×260mm・13印张・362千字
标准书号:ISBN 978-7-111-75153-3
定价:54.00元

电话服务　　　　　　　　　　网络服务
客服电话:010-88361066　　　机　工　官　网:www.cmpbook.com
　　　　　010-88379833　　　机　工　官　博:weibo.com/cmp1952
　　　　　010-68326294　　　金　书　网:www.golden-book.com
封底无防伪标均为盗版　　　　机工教育服务网:www.cmpedu.com

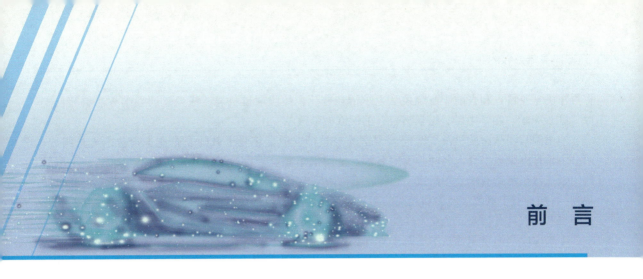

前 言

随着汽车工业的迅速发展，汽车厂商研发了大量与汽车制造息息相关的新技术、新材料、新工艺和新结构。为适应汽车行业对人才培养的需求，编者联合一汽大众、领克汽车、沃尔沃汽车的工程师一起共同完成本书的编写。

本书以任务驱动为导向，共有4个项目，包括车身结构与材料、车身冲压工艺、车身焊装工艺和车身涂装工艺。本书从岗位需求出发，既有理论知识，又有实践操作，全书共有12个任务，读者可根据需求完成任务内容的学习。

本书为职业教育汽车类专业"岗课赛证"综合育人系列教材，是汽车制造与试验技术专业课程的配套教材。本书依托四川省高水平专业群（A档）汽车制造与试验技术专业群建设，是"汽车车身制造技术"省级精品资源共享课、省级"课程思政"示范课建设成果的配套教材，有如下特色：

1. 融入素质教育元素，实现立德树人

本书以立德树人为根本任务，确立了教材的课程素养目标，并有机融入教材的任务拓展中。本书通过融入以弘扬国之重器、大国工匠、行业名家、安全环保为主题的"情智故事"，培养学生的工匠精神和职业素养，课程思政特色明显。

2. 教学内容立体，凸显职教特色

党的二十大报告指出："推进教育数字化，建设全民终身学习的学习型社会、学习型大国。"本书深入贯彻落实党的二十大精神，积极推进教育数字化，针对教学重点、难点问题，本书通过植入二维码链接，引入了更接近生产实际的企业数字化动态资源，打造"互联网+"新形态立体化教材。

3. 校企联合共编，任务对接岗位

本书在编写过程中，与多家企业进行了紧密合作，针对教材用户和企业相关岗位工程技术人员进行了广泛调研，吸纳了生产实践的应用知识，优化了课程内容，增加了汽车新材料、新技术、新工艺和新标准，力求保持职业教育的鲜明特色，以满足行业、企业、社会对汽车类专业人才的需求，体现高等职业教育工学结合的办学理念。

4. 工作手册式设计

本书设计有"画龙点睛""知识拓展""任务实施"等环节，培养学生自主学习的能力，"任务实施"中工单的设计以学生为中心，重点引导学生自主完成工作任务，能随时记录、总结，并及时进行评价反馈和回顾思考。

本书内容对接汽车制造与试验技术、新能源汽车技术等有关专业教学标准的要求，紧扣高素质技术技能人才培养需求，把握职业教育的类型特征和"做中学、做中教"的特点；突出职业教育汽车类专业特点和当前职业院校学生学情新变化，按照项目引导、任务驱动教学方法编写，支撑"在做中学、在学中做、做学结合"的课堂教学改革。

本书编写团队由教学及实践经验丰富的老教师、中青年骨干教师及企业工程技术人员组成。第一主编是省级教书育人名师、天府名师、全国汽车职业教育教学指导委员会委员，第二主编是四川领克汽车制造有限公司高级工程师；编写团队中有"全国技术能手""四川工匠""世赛全国裁判"，均具备丰富教学经验和扎实的车身维修技术功底；有6人来自企业生产一线，参编的学校教师也有4人具有行业、企业工作经历，编写团队实力雄厚。

本书由成都航空职业技术学院王青春、四川领克汽车制造有限公司王黎担任主编；成都航空职业技术学院胡登纯、赵娟妮，一汽-大众汽车有限公司张芳担任副主编；全国技术能手、成都航空职业技术学院文红专，成都航空职业技术学院刘培勇、陈佳，四川领克汽车制造有限公司程书芳，一汽-大众汽车有限公司陈平，沃尔沃汽车成都制造厂范根荣也参加了本书的编写工作。具体编写分工：王青春、王黎编写项目一、项目三的任务1和任务2，胡登纯、文红专、张芳编写项目三的任务3、项目四的任务1~任务3，赵娟妮、范根荣编写项目二的任务1和任务2，刘培勇、陈平编写项目三的任务4和项目四的任务4，陈佳、程书芳编写项目二的任务3。

本书编写过程中，得到了一汽-大众、四川领克、沃尔沃汽车工程师的指导，在此一并表示衷心感谢！

限于编者的经历和水平，书中难免有疏漏之处，恳请广大读者批评指正。

编　者

二维码索引

名称	图形	页码	名称	图形	页码
汽车制造工艺概述		4	弯曲工艺		63
冲压工艺特点和冲压工序分类		19	冲压件的常见缺陷		69
冲压设备认知		28	冲压件的尺寸精度检验		70
冲压生产线认知		32	冲压件的表面质量检验		70
冲压车间安全		33	走进焊装车间		84
冲裁工艺		40	车门焊装工艺流程		87
拉延工艺		44	车身组焊工艺流程及装配调整线		87

（续）

名称	图形	页码	名称	图形	页码
各分装线工艺流程		89	点焊参数的设置和调整		108
认识焊装夹具		90	点焊试焊		108
焊装夹具定位原理		91	点焊质量检查		109
工件点焊前的准备		107	工件点焊焊接		109
点焊钳的清理和调整		107	点焊现场清理		114

目录

前言

二维码索引

项目一　车身结构与材料　1
　　任务　车身结构认知与材料选用　2

项目二　车身冲压工艺　17
　　任务1　零件的基本冲压工序认知　18
　　任务2　冲压设备认知　27
　　任务3　车身覆盖件的冲压工艺制订　37

项目三　车身焊装工艺　78
　　任务1　车身焊接工艺流程制订　79
　　任务2　电阻点焊工艺制订与设备认知　95
　　任务3　CO_2气体保护焊工艺制订与设备认知　117
　　任务4　其他焊接工艺制订与设备认知　136

项目四　车身涂装工艺　151
　　任务1　涂装工艺流程制订　152
　　任务2　车身涂装前处理工艺制订　162
　　任务3　车身底漆工艺制订　172
　　任务4　车身面漆工艺制订　185

参考文献　200

项目一

车身结构与材料

【项目导航】

汽车车身结构是形成乘员区的主体结构，是乘员安全的重要保障。同时，汽车车身是安装其他零部件的载体、提高乘员舒适性的重要基础。汽车车身作为汽车的一个重要组成部分，其制造技术是提高汽车产品开发能力的一个重要方面，在汽车工业中占有重要的地位。

车身结构主要由材料通过冲压成形后焊接而成，因此车身结构材料除要保证相应的强度和刚度外，还必须满足冲压工艺的要求。材料的冲压性能不仅是选择车身材料的重要依据，还会影响冲压工艺过程的设计及冲压件的质量，甚至还会影响产品的使用寿命。

任务　车身结构认知与材料选用

【任务导入】

汽车车身是一个形状复杂的薄壁空间壳体，有着不同的承载方式。它的主要零部件均由不同强度的钢板冲压焊接而成。在车身结构的不同部位，对强度和刚度的要求会有较大的差异。根据车身结构不同，选择强度不同的材料，应用不同的冲压工艺，获得所需零部件是汽车车身结构制造一项非常重要的工作。

【学习目标】

素养目标：

1. 树立文明生产、文明操作的意识。
2. 通过对车身结构及材料分析，培养学生对车身产品质量精益求精的工匠精神。

知识目标：

1. 了解正向开发量产汽车一般的研发流程；了解汽车制造的流程；了解白车身的基本结构。
2. 了解汽车制造流程的四大工艺；了解车身结构的主要组成；了解承载式车身和非承载式车身的特点；了解车身冲压材料的选用要求。

能力目标：

1. 能初步分析车身结构各部位的受力情况。
2. 能够正确认识车身结构；能够正确根据车身结构进行选材。
3. 能够解决生产现场实际问题。

【知识准备】

一、汽车研发流程概述

新车型的研发是一个非常复杂的系统工程，可能需要大量人员花费 2~3 年甚至更长的时间才能完成。不同汽车企业的研发流程有所不同。

下面介绍量产汽车开发的研发流程。

1. 市场调研阶段

一个全新车型的开发需要数亿元甚至十几亿元的资金投入，因此市场调研和项目可行性分析是全新车型研发的重要部分。通过市场调研对相关的市场信息进行系统的收集、整理、记录和分析，确定消费者对新车型的需求，总结出科学、可靠的市场调研报告，可以为企业决策者的新车型研发项目计划提供科学、合理的参考与建议。

2. 概念车设计阶段

概念车设计阶段的任务主要包括总体布置草图设计和造型设计两个部分。

（1）总体布置草图设计　总体布置草图也称为整体布置草图、整车布置草图。其主要任务是根据汽车的总体方案及整车性能要求，提出对各总成及部件的布置要求和特性参数的设计要求，协调整车与总成之间、相关总成之间的布置关系和参数匹配关系。总体布置草图确定的基本尺寸是造型设计的基础。

（2）造型设计　在进行了总体布置草图设计以后，就可以在其确定的基本尺寸的基础上进行造型设计。造型设计过程分为设计和模型制作两个阶段。

设计阶段包括设计草图和设计效果图两个阶段。当草图绘制到一定阶段后，可从设计师的设计草图中挑出几个较好的创意，进行深入的设计，绘制精细设计效果图。设计效果图绘制完毕以后要进行评审，评审决定其中的 3~5 个甚至更多方案进行 1∶5 的油泥模型制作。图 1-1 所示为某车型的 1∶5 的油泥模型。

在完成小比例油泥模型制作之后，将对模型进行评审，通过评审挑选出其中的 2~3 个方案进行 1∶1 的全尺寸油泥模型制作。图 1-2 所示为某车型 1∶1 的全尺寸油泥模型。对全尺寸油泥模型进行最后一轮评审，确定出最终的车型设计，进入下一阶段的任务。

图 1-1　某车型的 1∶5 的油泥模型

图 1-2　某车型 1∶1 的全尺寸油泥模型

3. 工程设计阶段（数模构建）

工程设计阶段的主要任务是完成整车各个总成以及零部件的设计，协调总成与整车、总成与总成之间出现的各种问题，保证整车性能满足目标要求。工程设计就是一个对整车进行细化设计的过程。工程设计阶段主要包括以下几个方面：

1）总布置设计：各系统的布置方案、物理边界、质量目标以及安装点、接头的设计要求，并预留各大系统之间的间隙。

2）动力总成设计：对发动机进行布置，并进行发动机匹配。这一过程一直持续到样车试验阶段，与底盘工程设计同步进行。

3）白车身工程设计：白车身是保证整车强度的封闭结构。白车身由车身覆盖件、梁、支柱以及结构加强件组成。该阶段的主要工作任务是确定车身结构方案，对各个组成部分进行详细设计，并进行工艺性分析。完成装配关系图及车身焊点图。

4）底盘工程设计：底盘工程设计的内容是对底盘的4大系统进行详细的设计，包括传动系统设计、行驶系统设计、转向系统设计以及制动系统设计。

5）内、外饰工程设计：内、外饰包括汽车外装件以及内饰件，因其安装在车身本体上，也称为车身附属设备。

6）电器工程设计：电器工程设计负责全车的所有电器设计，包括刮水器系统、空调系统、各种仪表、整车开关、前后灯光以及车内照明系统。

经过以上各个总成系统的设计，工程设计阶段完成，最终确认整车设计方案。

4. 样车试验阶段

工程设计阶段完成以后，进入样车试制和试验阶段。在样车试制阶段，根据工程设计的数据和试验需要制作各种试验样车。样车的试验包括两个方面：性能试验和可靠性试验。

试验应根据国家制定的有关标准逐项进行，不同车型有不同的试验标准。根据试制、试验的结果进行分析总结，对出现的问题进行改进设计、试制和试验，直至产品定型。

5. 量产阶段

投产启动阶段的主要任务是进行投产前的准备工作，包括制订生产流程链，各种生产设备到位、生产线铺设等。

投产启动阶段大约需要半年的时间，在此期间要反复地完善冲压、焊装、涂装以及总装生产线，在确保生产流程和样车性能的条件下，开始小批量生产，进一步验证产品的可靠性，确保小批量生产3个月产品无重大问题的情况下，可正式启动量产。

二、汽车生产流程概述

一辆汽车的制造需要完成冲压、焊装、涂装、总装等多种工艺的制造流程，功能完善的企业还会有试车以及多种路况测试。

汽车制造工艺概述

1. 冲压工艺

冲压工艺是用冲压设备和冲压模具将制造车身的钢板，按照设计的尺寸和精度制作，压制成车身上的各种形状、结构复杂的零部件，为下一步的焊接工艺做好准备。图1-3所示为冲压完成的车身侧围。

2. 焊装工艺

焊装工艺把冲压成形的车身零部件，通过焊接的方式组焊在一起，形成一个完整的车身。为了保证车身焊装的高效和品质的安全可靠，焊装车间不仅有各种各样的夹具，而且布局了许多焊接机器人。图1-4所示为焊装车间的焊接机器人在进行车身焊接作业。

3. 涂装工艺

涂装工艺是为了满足汽车外观的装饰性和汽车的使用寿命要求，在车身的表面喷涂相应涂料的工艺过程。涂装工艺主要包括涂装前处理、底漆和面漆工艺。图1-5所示为涂装机器人在进行车身喷涂作业。

4. 总装工艺

总装工艺是将汽车的各种零件、部件、合件或总成，按规定的技术条件和质量要求连接、组装到车身，形成完整汽车整车的生产工艺过程。图 1-6 所示为工人在进行总装作业。总装工艺的模块化、自动化、柔性化及智能化等优势技术正在被大量应用。

图 1-3　冲压完成的车身侧围

图 1-4　焊装车间的焊接机器人在进行车身焊接作业

图 1-5　涂装机器人在进行车身喷涂作业

图 1-6　工人在进行总装作业

三、车身结构

1. 白车身简介

广义的汽车车身结构主要包括车身壳体、车门、车窗、车身内外装饰件与车身附件、座椅，以及空气调节装置等，在货车和专用汽车上还包括车厢和其他装备。

白车身是指未加装其他任何附装件、未完成喷涂的车身，是汽车的一个重要组成部分，它是具有特定形状的车载结构，能保证人和部分生活资料的运输功能，为乘员提供一个舒适的局部环境和一定的保护措施。

白车身又称为车身壳体，是一切车身部件的安装基础。图 1-7 所示为常见轿车白车身结构。客车车身多数具有明显的骨架，而轿车车身和货车驾驶室没有明显的骨架。车身壳体通常还包括在其上敷设的隔声、隔热、防振、防腐、密封等材料及涂层。

图 1-7　常见轿车白车身结构

2. 白车身的结构

轿车白车身的结构主要由车身骨架和覆盖件总成两部分组成。

（1）车身骨架　车身骨架是汽车承载的主体。图1-8所示为某型轿车的车身骨架。它由梁、支柱、加强板等车身结构件组合成框架结构，使车身形成一个整体式的壳体结构，具有一定的强度和合适的刚度，起主体承载作用。

图1-8　某型轿车的车身骨架

（2）车身覆盖件　车身覆盖件是指覆盖车身骨架结构的表面板件，包括车门、发动机舱盖、前翼子板、侧围、行李舱盖和顶盖等。图1-9所示为某车型的车身覆盖件。

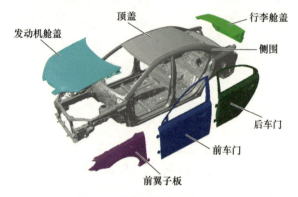

图1-9　某车型的车身覆盖件

车身覆盖件覆盖安装在车身本体上，使车身形成完整的封闭体，并满足车室内乘员乘坐的要求。同时，通过覆盖件来体现汽车的外形并能适当增强汽车车身的强度和刚度。

【画龙点睛】

车身覆盖件主要由四门（前、后、左、右门）、三盖（发动机舱盖、行李舱盖和顶盖）、两侧围和两前翼子板（一般整体式侧围无后翼子板）组成。

1）侧围总成。侧围总成连接前车身和车顶盖形成乘员室，在行驶中这些板件把从车底部传来的负载分布到汽车的上部部件，并阻止车身向左、右侧弯曲，起到使整体式车身承受载荷的作用。

侧围总成构件也是车门的门框，能在汽车翻倒时保持乘员室的完整性。侧围总成由于开了车门，其强度被削弱，因此要用内部和外部构件加强板来加强，形成一个强度较好的厢形结构。图1-10所示为侧围总成的主要组成。

2）发动机舱盖。发动机舱盖包含了外板、内板和加强板，并在内板和外板的四周施加包边以取代焊接。为了确保发动机舱盖铰链和发动机舱盖锁支架的刚性和强度，应将加强板点焊于内板上。此外，将密封胶涂敷于内板和外板的间隙当中，可以确保外板有足够的张力。图1-11所示为发动机舱盖的主要组成。

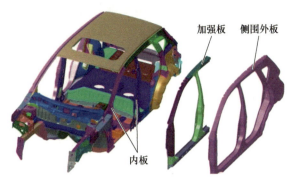

图1-10　侧围总成的主要组成

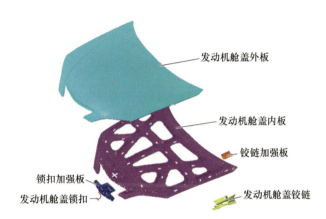

图1-11　发动机舱盖的主要组成

3）车门。车门本体主要包括内板、外板、窗框、车门防撞梁和加强板等。图1-12所示为车门的主要组成。

车门外板一般用薄钢板冲压而成，其形状取决于车身侧围的造型和门框的尺寸，一般为空间曲面。内板和加强板一般采用焊接连接，内板和外板通过四周包边的方式形成封闭的结构，内装门锁和玻璃升降装置等。

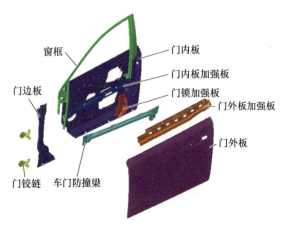

图1-12　车门的主要组成

4) 行李舱盖。行李舱盖的构造类似于发动机舱盖,包含外板、内板和加强板,并在内板和外板的四周施加包边工艺,而加强板和支座由点焊焊接于行李舱盖铰链和支座区域。此外,要将密封胶涂敷于内板和外板的间隙当中,以确保外板有足够的张力。图 1-13 所示为行李舱盖的主要组成。

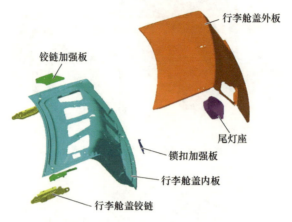

图 1-13　行李舱盖的主要组成

5) 顶盖。车身顶盖是车厢顶部的盖板。图 1-14 所示为顶盖简图。一般在顶盖下增加一定数量的加强梁,顶盖内层敷设绝热衬垫材料,以阻止外界温度的传导及减少振动时噪声的传递。

6) 前翼子板。前翼子板是汽车前部的重要组成部分,与多个部件有邻接关系,因此具有复杂的外形。其外形的线条构造影响着整个车辆的美观。翼子板安装在前轮处,因前轮有转向功能,所以必须要保证前轮转动时有最大极限空间。由于翼子板外形较复杂,设计时应充分考虑其分块与工艺性的关系。图 1-15 所示为前翼子板。

图 1-14　顶盖简图

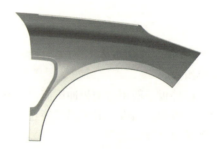

图 1-15　前翼子板

3. 非承载式车身与承载式车身

车身按是否承受载荷来分,一般可分为承载式车身和非承载式车身。非承载式车身有刚性车架,承载式车身无刚性车架。车架是支撑车身的基础构件,一般也称为底盘大梁架。

(1) 非承载式车身　非承载式车身由车架与车身组成。图 1-16 所示为常见的非承载式车身。车架与车身由螺栓连接,同时两者之间加有弹性元件。车身内部的载荷作用在车架上,车身本身不受力,主要起"罩子"的作用。车架是非承载式车身的一个重要部件。

车身本体悬置于车架上,车架的振动通过弹性元件传到车身,大部分振动被减弱或消除,发生碰撞时车架能吸收大部分冲击力,在路况不好时对车身起到保护作用,因此车厢变形小,平稳性和安全性好,而且车厢内噪声小。

车架是架装在汽车前、后轴上的梁式结构。图 1-17 所示为常见的车架结构,它是汽车各总成的安装基体,它将发动机、底盘和车身等总成连成一个整体,使各总成组成为一辆完整的汽车。车架承受着各个方向的力和力矩,因此必须具有足够的强度、刚度和韧性。车架增加了整车高度,也增加了整车风阻系数。车架是单独制造的,其制造工艺比车身简单。货车车身和早期轿车车身均采用非承载式车身结构。

图 1-16 常见的非承载式车身

图 1-17 常见的车架结构

(2)承载式车身 承载式车身的汽车没有刚性车架。图 1-18 所示为典型的承载式车身(未展示车身覆盖件)。承载式车身将整个车身与车架融为一体,使车架隐藏在侧围下方。承载式车身整车采用薄钢板材料,使质量明显减小;由于底盘与车身之间没有车架,降低了整车高度,风阻系数明显减小,适应现代流线型车身的制造特点。

承载式车身具有较大的抗弯曲和抗扭转的刚度,高速行驶稳定性较好,无论在安全性还是在稳定性方面都有很大的提高。它具有质量小、高度低、装配容易等优点,大部分轿车采用这种车身结构。但承载式车身增加了制造成本,必须采用大量的隔振材料;另外改型较困难,抗扭性较差,不适宜小批量生产。

承载式车身各分总成均为封闭的圈梁结构,目的是增加刚度,如图 1-19 所示。

图 1-18 典型的承载式车身(未展示车身覆盖件)

图 1-19 封闭圈梁结构的承载式车身

【画龙点睛】

从总体看,轿车车身前、后柱及中立柱组成六立柱结构,顶篷圈梁和地板圈梁组成两圈梁结构。这种六立柱、两圈梁结构有效提高了车身的刚度。

4. 车身壳体强度分析

通常整个车身壳体按强度等级分为三段。图 1-20 所示为车身壳体强度分段,图中 A、B、C 分别代表车身前部、中部及后部。车身设计时,应使乘员室尽可能具有最大的刚度,乘员室的前、后部位则应具有较大的韧性。车身碰撞受力传递分析如下（以承载式车身为例）：

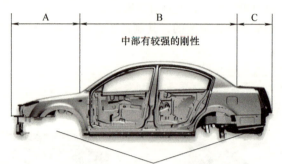

图 1-20　车身壳体强度分段

（1）正面碰撞受力传递　正面碰撞受力传递主要通过纵向受力元件，如图 1-21 所示，包括前纵梁、地板边梁（门槛）、顶盖及其边梁等。

正面碰撞时，较小的碰撞力通过保险杠、前纵梁、前围和前桥架梁分散到车辆左右两侧。碰撞力较大时，固定在保险杠支架上的防撞元件继续将力传递到发动机支架内，前桥架梁与弹簧支座共同作用，可达到变形吸能的作用。

（2）侧面碰撞受力传递　侧面碰撞受力传递主要通过横向受力元件，如图 1-22 所示，包括前围板、前部斜地板、前后座椅支撑梁、后横梁或后围板等，顶盖也是横向受力元件。

侧面碰撞力首先从侧面防撞保护件和车门锁传递到 A 柱、B 柱和 C 柱。继续变形时，车门内板会支撑在车门槛上，碰撞力通过整体式的侧框架结构作用在车厢上。

图 1-21　正面碰撞受力传递

图 1-22　侧面碰撞受力传递

（3）车尾碰撞受力传递　车尾碰撞受力传递主要通过车身后部元件，如图 1-23 所示，碰撞力通过保险杠支架、行李舱及后纵梁等变形元件传递到车辆两侧。碰撞速度较高时，各纵梁才会出现变形现象。

（4）车顶碰撞受力传递　车顶碰撞受力传递主要通过车顶及立柱，如图 1-24 所示，主要受力元件是车顶、A 柱、B 柱和 C 柱等。碰撞力在车顶分散，由车顶边梁及横梁分别传向两侧的 A 柱、B 柱和 C 柱。在车顶受力及翻滚事故中，车顶的强度对于保护车内人员的安全作用巨大。

四、车身材料

在现代车身结构的制造材料中，车身覆盖件使用材料相对单一，但车身骨架使用的材料多元化,不仅使用钢和有色金属,还不断地应用复合材料和多种高分子材料。图 1-25 所示的某车身骨架,使用材料类型达 6 类。这些材料绝大多数都采用冲压的方式进行加工。

图 1-23　车尾碰撞受力传递

图 1-24　车顶碰撞受力传递

图 1-25　某车身骨架

1. 车身冲压材料选用要求

由于金属材料具有优良的工艺性能和力学性能,是汽车工业中应用最广泛的材料,其中钢铁的用量最大。车身零部件大多数采用冲压加工而成,所以选用的材料不仅要满足产品的使用要求,还应当满足冲压工艺的要求及后续加工(如焊接、切削加工、喷涂等)要求。

(1) 对冲压成形性能的要求　汽车车身零部件外形复杂,且成形精度要求高。冲压成形性能是指板材对各种冲压成形方法的适应能力,主要包括抗破裂性、贴膜性和定形性等。

为了保障冲压成形顺利进行和提高制件质量,通常要求材料屈服强度均匀、屈强比(R_e/R_m)小、弹性模量大、厚向异性指数大、板平面各向异性指数小等。

(2) 对厚度公差的要求　材料的厚度公差应符合国家标准。若材料厚度公差太大,不仅直接影响制件的质量,还可能导致模具和压力机的损坏。

(3) 对表面质量的要求

1)表面光洁。表面不应有气泡、缩孔、划痕、麻点、裂纹、分层等缺陷,否则,在冲压成形过程中,缺陷部位可能因应力集中而产生破裂。

2)表面平整。如果板料表面不平,在剪切或冲压时容易因定位不稳而出现废品;在冲裁过程中,会因板料变形展开而损坏模具;在拉延时,可能使压料不均匀而引起开裂或起皱。

3)表面无锈。如果板料表面有锈,不仅对冲压不利,损伤模具,而且影响后续的焊装、涂装工序的正常进行及质量。

2. 车身冲压材料

汽车车身钣金件常用的金属材料有黑色金属和有色金属两大类,由于性能及价格的原因,大部分材料选用黑色金属,采用厚度为 0.6~3mm 的冷轧薄钢板冲压成形。车身常用冲压材料如下。

（1）优质碳素结构钢　为了满足良好的成形和焊接加工性能，车身大多采用低碳钢。它的特点是屈服强度低、复合成分多，其抗拉强度可达到440MPa，同时它的拉延性极好，可轧制成很薄的钢板。常用的优质碳素结构钢牌号有08、08F、10、20等。

（2）高强度钢　高强度钢不仅强度高，可以抵御高速碰撞的冲击变形，而且具有很好的吸能性，可使整车的质量显著减小，是车身轻量化的重要材料。常用高强度钢的种类如下：

1）低合金高强度钢：在低碳钢内加入适当的微量元素，经各种处理轧制而成。其抗拉强度高达550MPa，是普通低碳钢的2~3倍，拉延性能极好，可轧制成很薄的钢板，是车身轻量化的重要材料。

2）烘烤硬化冷轧（BH）钢：经过冲压、拉延变形及烤漆高温时效处理，屈服强度得以提高。这种烘烤硬化钢既薄又有足够的强度，是车身外板轻量化设计首选材料之一。

3）冷轧双相（DP）钢：主要组织是铁素体和马氏体，其中马氏体的含量为5%~20%。它具有屈强比低和加工硬化高、兼备高强度及高塑性的特点，若经烤漆后其强度可进一步提高，适用于形状复杂且要求强度高的车身零部件，主要用于要求拉延性能好的零部件，如车门加强板、保险杠等。

4）相变诱导塑性（TRIP）钢：通过热轧变形热处理或冷轧+热处理，具有高的屈服强度和抗拉强度，延展性强、冲压成形能力高，特别适用于一些形状复杂而强度要求高的冲压零部件。

5）高强度无间隙原子（IF）钢：晶格无间隙，铁素体的中间晶格内无碳原子和氮原子，碳和氮的含量极低。其成形能力强，焊接性好。

6）轻量化复合钢板：在两层超薄钢板之间压入塑料的复合材料，表层钢板厚度为0.2~0.3mm，塑料层的厚度占总厚度的25%~65%。与具有同样刚度的单层钢板相比，其质量只有单层钢板的57%。其隔热防振性能良好，主要用于发动机舱盖、行李舱盖、车身地板等部件。

7）MnB钢或热成形钢：其主要元素是Mn和B等元素，它具有非常好的淬透性。其热成形过程：将毛坯件加热至奥氏体化，然后在红热状态将钢板冲压成形，利用模具的冷却能力将零件淬硬成马氏体。整个成形过程需要15~25s。

（3）铝合金材料　与汽车用钢板相比，铝合金具有密度小、比强度高、耐腐蚀、热稳定性好、易成形、可回收及可再生等优点，而且技术也较成熟。铝合金材料在汽车上的运用，可以提高汽车安全性，减小车身质量。例如全新奥迪A8通过使用性能更好的大型铝铸件和液压成形部件，车身零件数量从50个减至29个，车身框架完全闭合。这种结构不仅使车身的扭转刚度提高了60%，与同类车型的钢制车身质量减小50%。

【拓展】

汽车车身新材料应用趋势

类多达40多种，其中，金属材料占比为72%，非金属材料（包括油漆、橡……%。从整车材料发展趋势来看，今后的发展方向是轻量化，主要围绕上……铝材料底盘。

……2027年中国汽车新材料行业市场深度调研及投资策略预测报告》……分为两大类，第一类是金属材料，包括钢板、铸铁等重金属……合金材料、泡沫金属等材料；第二类是非金属材料，包括工……、非金属泡沫材料、非金属复合材料等。随着汽车技术的发展，……来汽车中广泛应用。

项目一　车身结构与材料

汽车材料正逐步向"轻量化、功能化、环保化"发展，非金属材料在汽车环保、舒适和美观等方面起到了极为重要的作用。相关数据显示，就普通乘用车而言，非金属材料质量占比约为1/3，部分车型这一占比更大。

汽车轻量化主要通过结构轻量化设计和材料轻量化实现，目前主要依赖材料轻量化的方法。因而汽车企业及零部件生产企业的侧重点更多地放在轻质材料的开发及应用方面。

汽车轻量化材料在保证汽车车体的强度、刚度、模态以及碰撞性能的前提下，尽可能地降低了汽车的整体质量，从而提高汽车的动力性和安全性，减少燃料消耗，降低排气污染。

【任务实施】

仪器设备及工具准备

1. 汽车车身结构图、覆盖件或车身骨架图。
2. 常用汽车车身冲压材料的选用资料。

任务实施内容

车身构件图识别及冲压材料选用。

学院		专业		班级	
姓名		学员		日期	
指导教师					

构件名称	构件类别（覆盖件或车身骨架）	冲压材料选用	车身构件图
			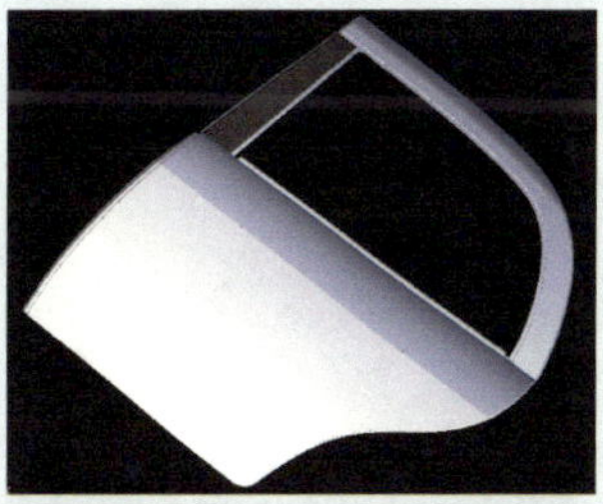

			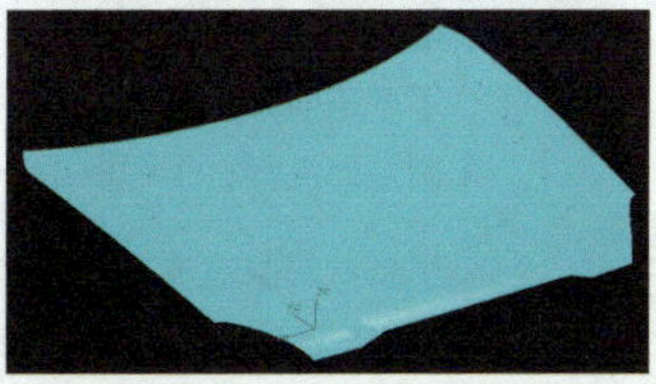

(续)

构件名称	构件类别（覆盖件或车身骨架）	冲压材料选用	车身构件图
			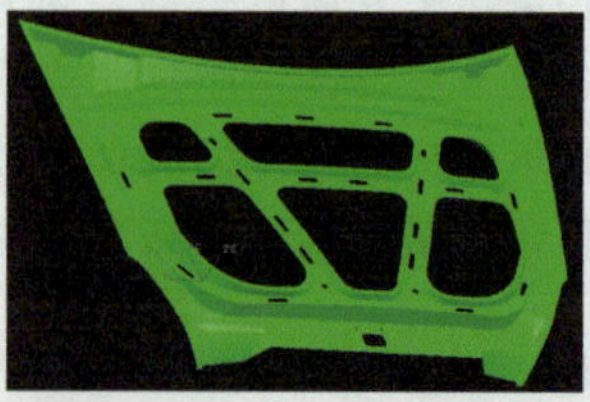

			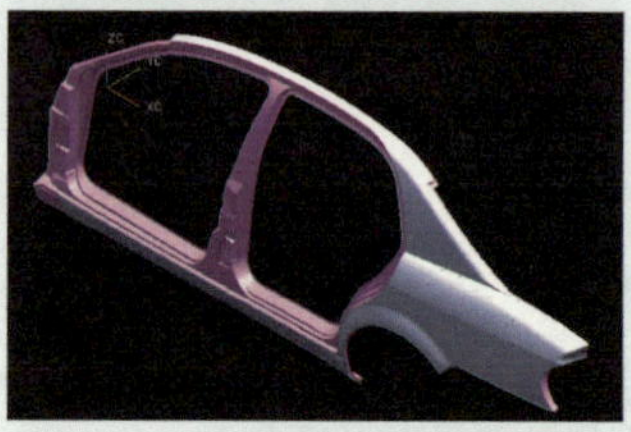
			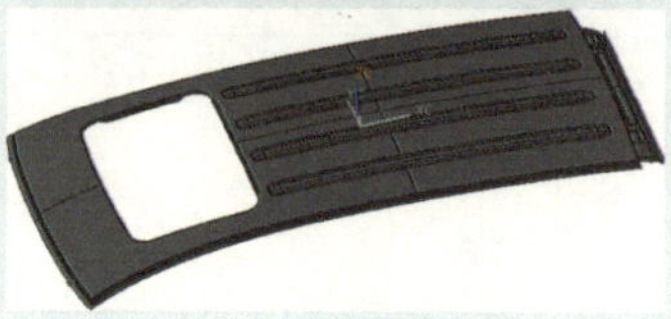
			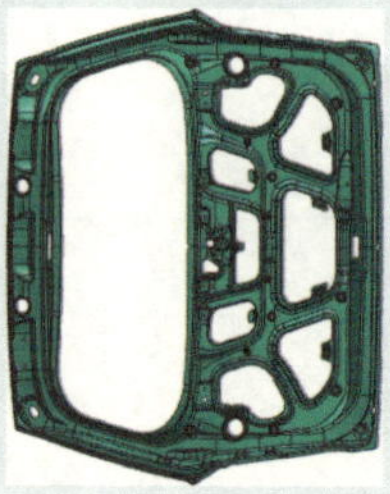

【评价反馈】

评价项目	评价标准	小组评价（占总评分的40%）	教师评价（占总评分的60%）
知识准备（30分）	了解正向开发量产汽车一般的研发流程；了解汽车制造的流程；了解白车身的基本结构		
	了解汽车制造流程的四大工艺；了解车身结构的主要组成；了解承载式车身和非承载式车身的特点		
	了解车身冲压材料的选用要求		

(续)

评价项目	评价标准	小组评价 （占总评分的40%）	教师评价 （占总评分的60%）
知识拓展 （10分）	养成自主学习的习惯，树立职业目标		
任务实施 （40分）	构件名称每正确1个得1分，构件类别每正确1个得1分，材料选用每正确1个得3分		
综合表现 （20分）	能与同学密切合作，积极实践，安全地完成学习活动，具备严谨规范的工作作风		
合计			
总评分			

教师评语：

日期： 年 月 日

【情智故事】

榜样的力量——艾爱国

艾爱国精通技艺，是焊接领域的"大国工匠"。他在焊工岗位上工作50多年，攻克焊接技术难关400多个，改进工艺100多项，多次参与我国重大项目焊接技术攻关和特种钢材焊接性能试验；指导实施、参与某试验型导弹焊接工艺，将中碳调质钢弹壳与发射座焊接相连，X射线检验100%达到一级标准。海军某在研先进舰艇的推进动力装置，要在仅$0.2m^2$的纯铜导板上密集施焊，制造方历时半年也没能完成。艾爱国受邀前往，采用熔化极氩弧焊接工艺重新制订焊接方案，并现场指导，成功解决了产品一直焊缝渗漏、质量不合格的技术难题。

【课后测评】

一、单项选择题

1. 下列部件属于车身骨架的是（　　）。
   A. 车门　　　　　　　　　　B. 翼子板
   C. 侧围　　　　　　　　　　D. 前纵梁
2. 组成车身刚性框架结构的是两圈梁和（　　）。
   A. 发动机舱　　　　　　　　B. 行李舱
   C. 后围板　　　　　　　　　D. 六立柱
3. 属于车身结构吸能区的是（　　）。
   A. 前部　　　　　　　　　　B. 中部
   C. 顶部　　　　　　　　　　D. B柱
4. 以下材料不属于高强度钢的是（　　）。
   A. IF钢板　　　　　　　　　B. BH钢板
   C. DP钢板　　　　　　　　　D. Q235钢板

二、判断题

1. 承载式车身的汽车有独立的刚性车架。（　　）

2. 车门内板和外板是用焊接工艺进行连接的。（   ）
3. 车身覆盖件包括五门、两盖、两侧围和两翼子板。（   ）
4. 屈强比小，说明板料容易产生塑性变形而不易破裂。（   ）
5. 车身门槛属于车身骨架。（   ）

三、简答题

1. 汽车研发的一般过程主要包括哪些阶段？
2. 汽车制造主要包括哪些制造工艺？
3. 承载式车身与非承载式车身的区别是什么？

项目二

车身冲压工艺

【项目导航】

冲压成形是一种金属压力加工的方法，目前，冲压工艺在现代汽车、交通、电器、仪表、航空航天及各种民用轻工等行业中已成为主要的生产工艺之一。

车身冲压工艺作为汽车车身制造技术的三大工艺之一，就是利用压力机和模具对板料等施加外力，将板料冲压成汽车的车身主体（即车身覆盖件及结构件）的过程。冲压件具有较高的尺寸精度，同模件尺寸均匀一致，有较好的互换性，不需要进一步机械加工即可满足一般的装配和使用要求，而且在冲压过程中材料的表面不能受到破坏，因此冲压件也具有较好的表面质量，外观光滑美观，这为后期表面喷漆、电镀、磷化及其他表面处理提供了方便条件。

任务 1　零件的基本冲压工序认知

【任务导入】

冲压加工是一种常用的金属加工方法，用冲压加工方法可以得到形状复杂、难以用普通方法加工的工件，该工件具有尺寸稳定、互换性好、材料利用率高、刚性好、强度高等特点，而且冲压过程耗能少、操作简单、易于实现机械化与自动化、生产率高。

观察汽车翼子板，如图 2-1 所示，请说说它是如何加工而成的，初步判断它的成形需要哪些冲压工序，描绘出它冲压变形的过程，预测出它可能会出现的失效形式，并分析其原因。

图 2-1　汽车翼子板

【学习目标】

素养目标：
1. 树立文明生产、文明操作的意识。
2. 培养学生对冲压件质量精益求精的工匠精神。

知识目标：
1. 了解冲压的定义及基本要素；了解冲压工艺的类型及特点。
2. 了解金属塑性变形基本概念；了解金属塑性变形力学基础。

能力目标：
1. 能够描述冲压定义及要素；能够区分冲压工艺的类型及特点。
2. 能够描述冲压塑性变形的原理；能对由于材料原因造成的冲压成形失效进行分析。

【知识准备】

一、冲压工艺

1. 冲压的定义

冲压是一种金属加工方法，它是建立在金属塑性变形的基础上，利用模具和冲压设备对板料施加压力，使板料产生塑性变形或分离，从而获得具有一定形状、尺寸和性能的零件。

2. 冲压工艺的特点

与其他加工方法（如切削）相比，冲压加工在技术、经济上有许多优点：

1) 它是无屑加工，材料利用率高，一般为70%~85%。

2) 在压力机简单冲压下，能得到形状复杂的零部件，而这些零部件用其他的方法是不可能或者很难得到的，如薄壳件。

3) 制得的零部件一般不进一步加工，可直接用来装配，并具有一定的精度和互换性。

4) 被加工的金属在再结晶温度以下产生塑性变形，不产生切屑，变形中金属产生加工硬化，在耗料不大的情况下，能得到强度高、有足够刚度而质量小的零部件，由于加工过程中不损坏原材料的表面质量，制得的零部件外表光滑、美观。

5) 生产率高，压力机冲一次一般可得到一个零部件，而压力机每分钟的行程少则几次，多则几百次、上千次。同时，毛坯和零件形状规则，便于实现机械化和自动化。

6) 冲压零部件的质量主要靠冲模保证，所以操作简单，对工人技术等级要求不高，便于组织生产。

7) 在大量生产的条件下，产品的成本低。

冲压工艺特点和冲压工序分类

冲压的缺点是模具要求高、制造复杂、周期长、制造费用高，因而在小批量生产中受到限制。

冲压零件的加工以及质量好坏，主要受冲压设备、冲压模具和板料等因素的影响，如图2-2所示。其中，冲压设备提供变形所需的力；模具是冲压所需的工装之一，模具对板料塑性变形加以约束，并直接使板料变成所需的零部件；板料多为金属材料。

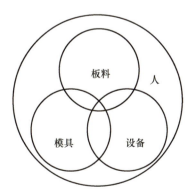

图2-2　冲压加工的影响因素

3. 冲压工序的分类

由于各种冲压零件的形状、尺寸和精度等不同，所采用的工序也不同。根据材料变形性质可以将冲压工序分为分离工序和成形工序两类。

（1）分离工序　分离工序是将冲压件或毛坯在冲压过程中沿一定的轮廓线相互分离，同时冲压零部件的分离断面要满足一定的断面质量要求。分离工序包括落料、冲孔、剪切、切边等基本工序，如图2-3所示。分离工序的名称及特征见表2-1。

图 2-3 分离工序

表 2-1 分离工序的名称及特征

类别	组别	工序名称	工序简图	工序特征
分离工序	冲裁	落料		将板料沿封闭轮廓分离，切下部分是工件
		冲孔		将板料沿封闭轮廓分离，切下部分是废料
		剪切		将板料沿不封闭的轮廓分离
		切边		将工件边缘的多余材料冲切下来

（2）成形工序　成形工序是在板料不产生破坏的前提下，使毛坯发生塑性变形，获得所需形状及尺寸的零部件。成形工序由弯曲、拉延、成形等基本工序组成，如图 2-4 和表 2-2 所示。

图 2-4 成形工序

表 2-2　成形工序的名称及特征

类别	组别	工序名称	工序简图	工序特征
成形工序	弯曲	压弯	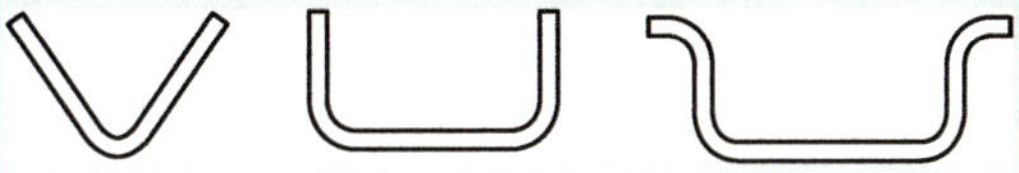	将材料沿弯曲线弯成各种角度和形状
		卷边	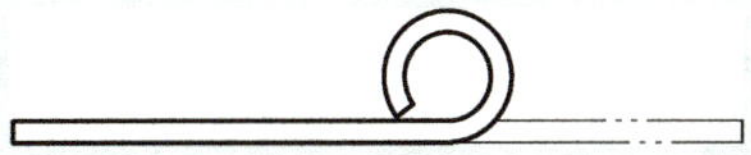	将条料端部弯曲成接近封闭的圆筒形
	拉延	拉延		将板料毛坯冲制成各种开口的空心件
	成形	翻边	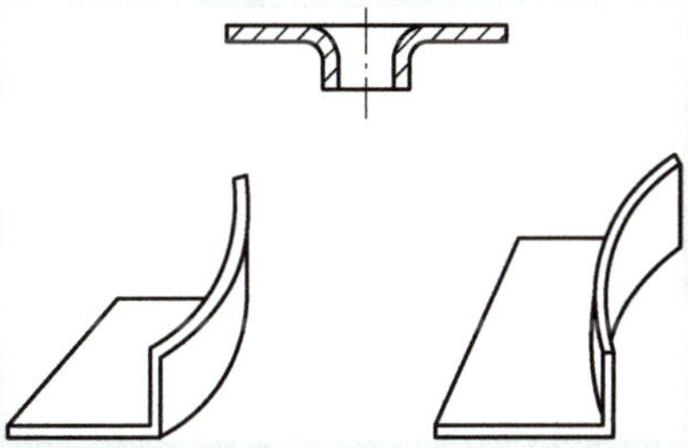	将工件的孔边缘或工件的外缘翻成竖立的边
		缩口	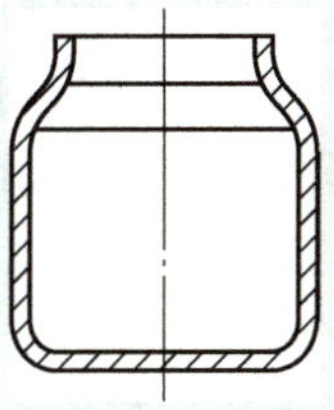	使空心件或管状毛坯的径向尺寸缩小
		胀形	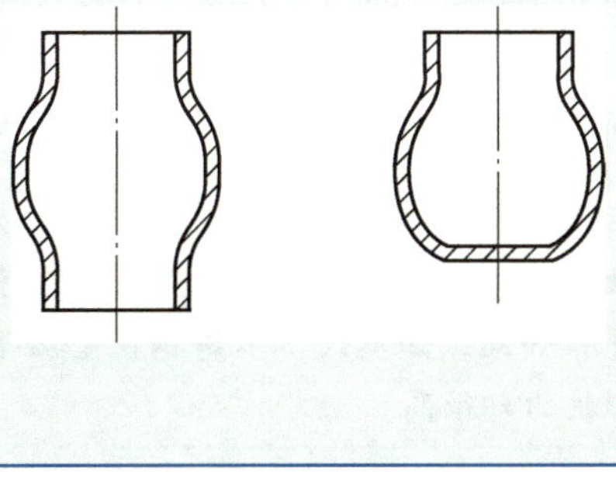	使空心件或管状毛坯向外扩张,胀出所需的凸起曲面

> 【画龙点睛】
>
> 汽车覆盖件的冲压工艺，通常由拉延、修边冲孔、翻边整形等工序组成，有的还需要落料或冲孔，或需要多次修边、冲孔或翻边，有的工序可以合并。因此，对于一个汽车车身覆盖件来说，要确定其冲压工艺，就必须具体地分析该零部件的形状、结构、材料和技术要求，结合生产批量和生产设备条件，才能最后确定。

二、冲压变形基本原理

1. 金属塑性变形的基本概念

金属在外力作用下产生形状和尺寸的变化称为变形。变形分为弹性变形和塑性变形两种。冲压加工是利用金属的塑性变形进行成形制件的一种金属加工方法。

所有的固体金属都是晶体，原子在晶体所占的空间内有序排列。在没有外力作用时，金属中原子处于稳定的平衡状态，金属物体具有自己的形状与尺寸。施加外力，就会破坏原子间原来的平衡状态，造成原子排列畸变，引起金属形状与尺寸的变化。若除去外力，金属中原子立即恢复到原来稳定平衡的位置，原子排列畸变消失且金属完全恢复自己的原始形状和尺寸，这样的变形称为弹性变形。增大外力，原子排列的畸变程度增大，移动距离有可能大于受力前的原子间距离，这时晶体中一部分原子相对于另一部分产生较大的错动。外力除去以后，原子间的距离虽然仍可恢复原状，但错动了的原子并不能再回到其原始位置，金属的形状和尺寸都发生了永久改变。这种在外力作用下产生的不可恢复的永久变形称为塑性变形。

受外力作用时，原子总是离开平衡位置而移动。因此，在塑性变形条件下，总变形既包括塑性变形，也包括除去外力后消失的弹性变形。

2. 金属的塑性与变形抗力

金属板料冲压工艺可使毛坯的形状和尺寸发生变化并成为成品或半成品零部件。在这个过程中，毛坯的变形都是模具对毛坯施加外力所引起内力或由内力直接作用的结果。

（1）塑性及塑性指标　塑性是指固体材料在外力作用下发生永久变形而不破坏其完整性的能力。塑性不仅与材料本身的性质有关，还与变形方式和变形条件有关。所以，材料的塑性不是固定不变的，不同的材料在同一变形条件下会有不同的塑性，而同一种材料，在不同的变形条件下，会表现不同的塑性。塑性反映金属的变形能力，是金属的一种重要加工性能。

塑性指标是衡量金属在一定条件下塑性高低的数量指标。它以材料开始破坏时的塑性变形量来表示，可借助于一些试验方法测定。

（2）变形抗力　塑性成形时，使金属发生变形的外力称为变形力，而金属抵抗变形的反作用力，称为变形抗力。变形力和变形抗力大小相等、方向相反。变形抗力一般用单位接触面积上的反作用力来表示。在某种程度上，变形抗力反映了材料变形的难易程度。它的大小不仅取决于材料的流动应力，还取决于塑性成形时的应力状态、摩擦条件以及变形体的几何尺寸等因素。

> 【画龙点睛】
>
> 塑性和变形抗力是两个不同的概念，前者反映金属塑性变形的能力，后者反映金属塑性变形的难易程度，它们是两个独立的指标。人们常认为塑性好的材料，变形抗力低，塑性差的材料变形抗力高，但实际情况并非如此，如奥氏体不锈钢在室温下可经受很大的变形而不破坏，说明这种钢的塑性好，但变形抗力却很高。

【知识拓展】

冲压先进技术

1. 热冲压成形概述

热冲压成形技术是一项专门用于成形超高强度钢板冲压件的先进制造技术，也是汽车冲压件制造领域内较为先进的技术。热冲压成形技术是利用金属热塑性成形的原理，将钢板加热到高温后进行冲压，在冲压成形的同时在模具内完成淬火，从而提高材料的成形性能，实现零件强度大幅提高的一种加工方法。

热冲压成形中所使用的钢板，在常温下的强度不是很高，抗拉强度仅有400~600MPa，当它进行热冲压时，通过热成形工艺进行成形和热处理淬火后，零件的显微组织由原来的铁素体和珠光体转变成均匀的马氏体，抗拉强度可以达到1500MPa以上，硬度可以达到50HRC，而且基本没有回弹。

2. 热冲压成形工艺过程

热冲压成形技术按工艺过程分为直接热冲压工艺和间接热冲压工艺两大类。在直接热冲压工艺中，坯料被加热后，直接送至闭式模具内进行冲压成形和淬火，然后进行冷却、切边冲孔（或激光切割）、表面清理等后续工艺，如图2-5所示。在间接热冲压工艺中，先进行冲压预成形后，再进行加热、热冲压、切边冲孔、表面清理等工艺，如图2-6所示。两者的区别是间接热冲压工艺在加热前比直接热冲压工艺多了冲压预成形工序，直接热冲压工艺送进加热炉的是板料，间接热冲压工艺送进加热炉的是冲压预成形件。

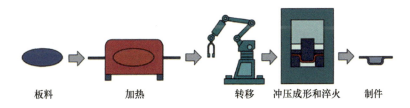

图2-5　直接热冲压工艺

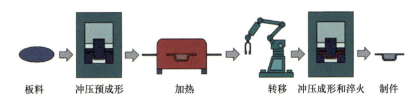

图2-6　间接热冲压工艺

3. 热冲压成形技术在汽车车身上的应用

采用热冲压成形零部件可显著提高汽车的碰撞安全性，实现汽车车身的轻量化，但是由于设备复杂、价格昂贵等因素的制约，它在车身上的应用还比较有限。目前典型的车身热冲压零部件有车门防撞梁，前、后保险杠横梁，A柱、B柱、C柱加强板，地板中通道和车顶加强梁等。

【任务实施】

仪器设备及工具准备
1. 冲压工序的分类资料。
2. 冲压基本工序及特征的相关资料。

任务实施内容
冲压基本工序及特征认知。

学院		专业		日期	
班级		姓名		学号	
指导教师					
工序类型	工序名称	工序特征	工序简图		
分离工序	1			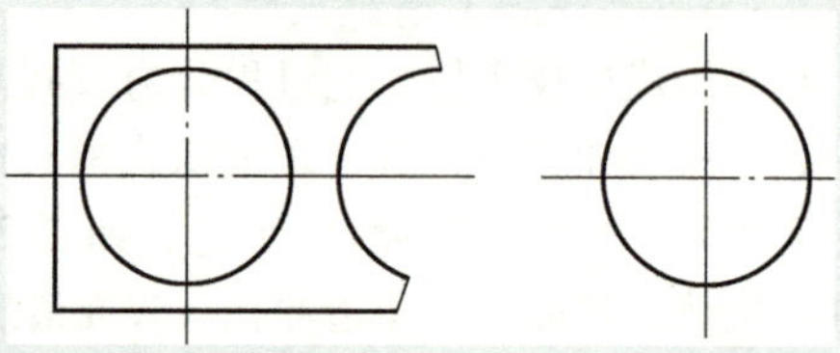	
	2			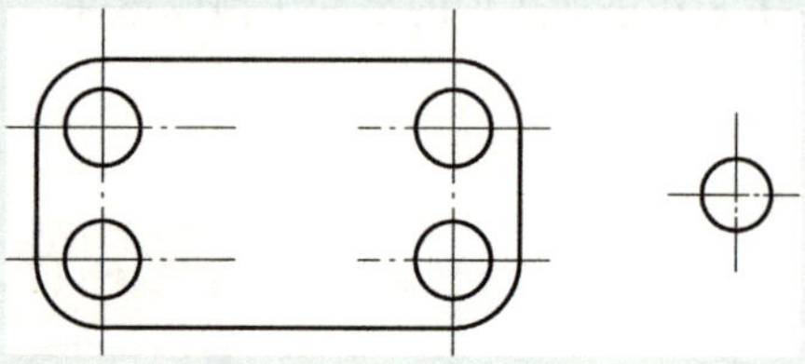	
	3			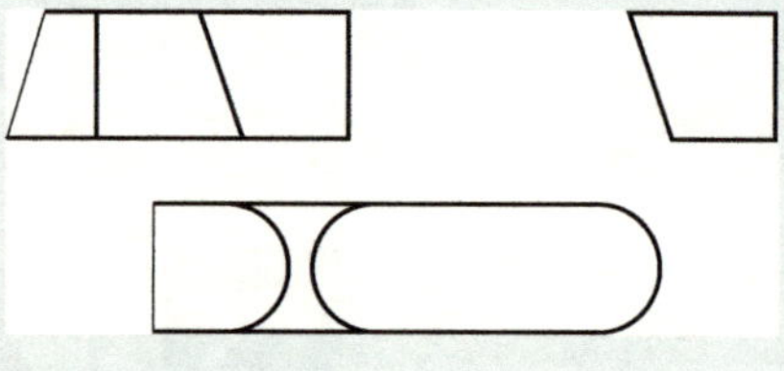	
	4			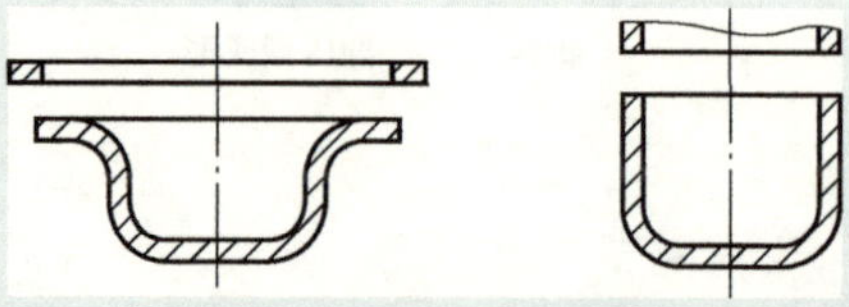	
成形工序	5			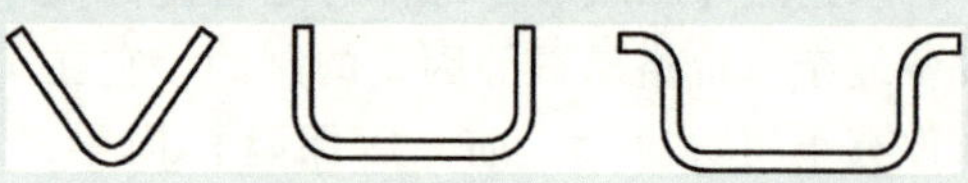	

(续)

工序类型	工序名称	工序特征	工序简图
成形工序	6 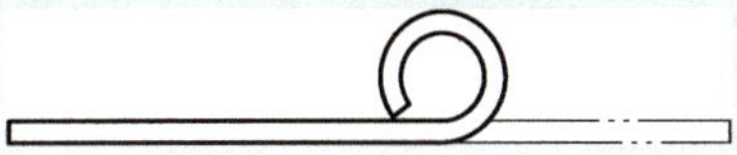		
	7 		
	8 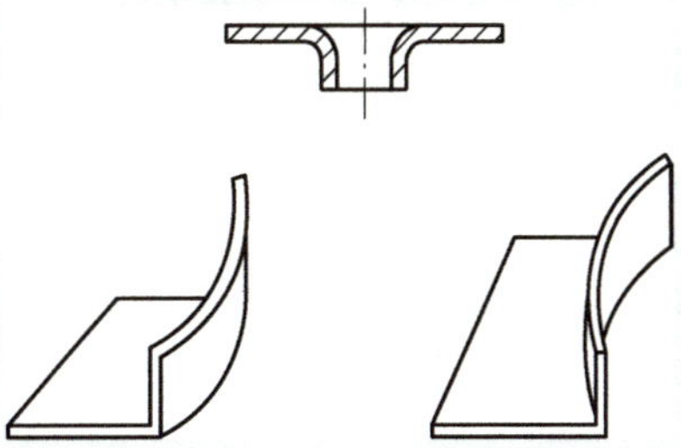		
	9 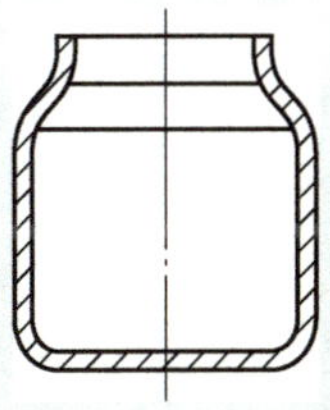		
	10 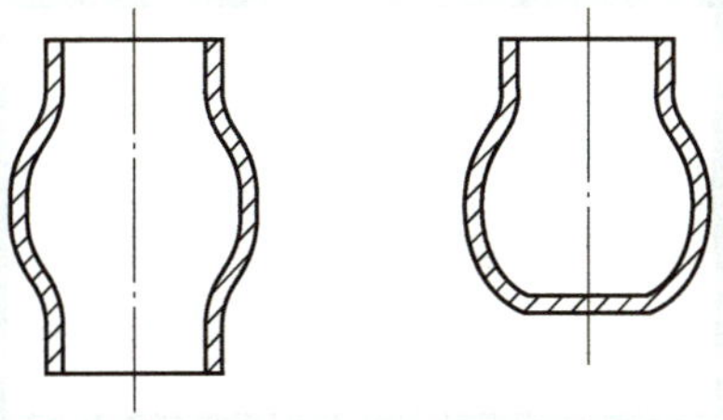		

【评价反馈】

评价项目	评价标准	小组评价（占总评分的40%）	教师评价（占总评分的60%）
知识准备（30分）	了解冲压的定义及基本要素；了解冲压工艺的类型及特点		
	了解金属塑性变形基本概念		
	了解金属塑性变形力学基础		

(续)

评价项目	评价标准	小组评价 （占总评分的 40%）	教师评价 （占总评分的 60%）
知识拓展 （10 分）	养成自主学习的习惯，树立职业目标		
任务实施 （40 分）	工序名称每正确 1 个得 2 分，工序特征描述每正确 1 个得 2 分		
综合表现 （20 分）	能与同学密切合作，积极实践，安全地完成学习活动，具备严谨规范的工作作风		
合计			
总评分			

教师评语：

日期： 年 月 日

【情智故事】

中国汽车之父——饶斌

饶斌是新中国汽车工业的创始人，亲手缔造了一汽和二汽，带领制造出解放汽车、红旗轿车和东风汽车。1953 年 7 月，饶斌带领一汽职工开始建厂。建厂期间，他带领广大职工边学边干，攻坚克难，完成了 3 年建厂的光荣任务。1956 年，解放牌载货汽车的诞生结束了新中国不能批量制造汽车的历史。1958 年，他带领一汽制造了国产第一辆东风牌小轿车，后来开发了红旗牌高级轿车，开创了我国的轿车工业。1964 年，筹建二汽的重担又落到了饶斌的肩上。他虽深受疾病缠身之苦，但在建设过程中对很多工作仍亲力亲为，既是组织者又是劳动者。在他的不懈努力下，第二汽车制造厂圆满建成并成为我国又一重要汽车工业基地。

20 世纪 80 年代初期，为改变我国"缺重少轻、轿车为零"的局面，饶斌带领工作组，积极引进先进技术和设备，在他的主持推动下，创建了北京吉普汽车有限公司、上海大众汽车有限公司等第一批中外合资企业，结束了我国汽车产品几十年一贯制的历史，加快了我国汽车工业的成长和壮大，提升了我国汽车工业的技术水平。

【课后测评】

一、单项选择题

1.（　　）工艺是根据金属塑性变形的原理，利用模具和冲压设备对板料施加压力，使板料产生塑性变形或分离，从而获得具有一定形状、尺寸和性能的零部件。
A. 锻造　　　　B. 焊接　　　　C. 冲压　　　　D. 铸造

2.（　　）是将冲压件或毛坯在冲压过程中沿一定的轮廓线相互分离，同时冲压零件的分离断面要满足一定的断面质量要求。
A. 成形工序　　B. 分离工序　　C. 简单工序　　D. 组合工序

3. 将板料沿封闭轮廓分离，切下部分是工件，这种冲压工艺称为（　　）。
A. 切断　　　　B. 落料　　　　C. 冲孔　　　　D. 切边

4. 将板料毛坯冲制成各种开口的空心件,这种冲压工艺称为(   )。
   A. 弯曲   B. 拉延   C. 胀形   D. 冲裁
5. 在外力作用下产生的不可恢复的永久变形称为(   )。
   A. 弹性变形   B. 塑性变形   C. 黏性变形   D. 非线性变形
6. (   )是利用金属热塑性成形的原理,将钢板加热到高温后进行冲压,在冲压成形的同时在模具内完成淬火,从而提高材料的成形性能,实现零件强度大幅提高的一种加工方法。
   A. 内高压成形技术   B. 热冲压成形技术
   C. 等温精密成形技术   D. 粉末成形技术

二、判断题

1. 冲压零件的加工以及质量好坏主要受冲压设备、冲压模具和板料等因素的影响。(   )
2. 冲压生产制得的零件一般不用进一步加工,可直接用来装配,并具有一定的精度和互换性。(   )
3. 冲压加工就是利用金属的弹性变形进行成形制件的一种金属加工方法。(   )
4. 材料的塑性不是固定不变的,不同的材料在同一变形条件下会有不同的塑性,而同一种材料,在不同的变形条件下,会表现不同的塑性。(   )

三、简答题

1. 常见的冲压基本工序有哪些?各自的变形特点是什么?
2. 金属的塑性和变形抗力有哪些区别?
3. 请叙述金属塑性变形与应力之间的关系。

任务2　冲压设备认知

【任务导入】

冲压是汽车生产四大工艺的第一道工序,冲压车间是汽车车身制造的第一个主要工作场所,主要承担原材料卷料、板料的存放,卷料的开卷剪切,板料的剪切,各车型大、中、小型冲压件的冲压生产,冲压件的存放,废料处理以及设备的日常维修和维护等任务。

【学习目标】

素养目标:

1. 树立安全生产、精益求精的职业意识。
2. 培养学生重视整理、遵守规则的职业素养。
3. 培养学生自主思考,重视技能培训的意识。

知识目标:

1. 了解压力机的主要分类;了解压力机的工作原理。
2. 了解冲压生产线;了解冲压车间安全生产注意事项。

能力目标：

1. 能够描述冲压定义及要素；能够区分冲压工艺的类型及特点。
2. 能够描述冲压塑性变形的原理；能对由于材料原因造成的冲压成形失效进行分析。

【知识准备】

一、冲压设备认知

1. 冲压设备概述

冲压设备认知

常见的冲压设备有剪切机、压力机等。其中，压力机是汽车生产冲压工艺中最主要、最常用的设备之一，它主要是依靠压力机的压下能量做功于模具中的钢板，使之成形，变成汽车车身的壳体。

(1) 压力机的类型　压力机的种类很多，按照不同的分类方法可以将其分成不同的类别，见表2-3。

表 2-3　压力机的分类

序号	分类方法	类别
1	按压力机的动力传递形式	机械压力机、液压压力机、气动压力机
2	按压力机的滑块数目	单动压力机、双动压力机
3	按压力机的床身形式	开式压力机、闭式压力机
4	按压力机的连杆数目	单点压力机、双点压力机、四点压力机
5	按压力机的公称压力	小型压力机、中型压力机、大型压力机

(2) 压力机的型号　压力机是一种常见的锻压设备。锻压设备型号编号的组成如图2-7所示。

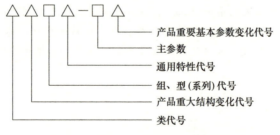

图 2-7　锻压设备型号编号的组成

锻压设备按工艺和机构不同可分为8类，用汉字拼音字母表示。锻压设备的类别及字母代码见表2-4。

表 2-4　锻压设备的类别及字母代码

类别	机械压力机	液压机	线材成形自动机	锤	锻机	剪切机	弯曲校正机	其他
字母代码	J	Y	Z	C	D	Q	W	T

其中，机械压力机属于锻压设备的8类中的第1类，用汉语拼音字母"J"表示；第1类分为10列，

前4列是常用的曲柄压力机；每列细分为10组。常用的机械压力机的列、组代号及应用见表2-5。

表 2-5　常用的机械压力机的列、组代号及应用

类别	列别		组别		应用
	代号	含义	代号	含义	
机械压力机	1	开式单柱	1	固定台压力机	第1~3列为通用单动（只有一个滑块）压力机；用于不需要压边的工艺（冲裁、弯曲、成形等）
			2	活动台压力机	
			3	柱形台压力机	
	2	开式双柱	1	固定台压力机	
			2	活动台压力机	
			3	可倾式压力机	
			4	转台式压力机	
			5	双点式压力机	
	3	闭式	1	单点压力机	
			6	双点压力机	
			9	四点压力机	
	4	拉延	3	开式双动压力机	第4列为专用于拉延的压力机（有压边滑块）
			4	底传动双动压力机	
			5	闭式双动压力机	
			6	闭式双点双动压力机	
			7	闭式四点双动压力机	
			8	闭式三动压力机	

【画龙点睛】

机械压力机的型号举例：某冲压车间压力机的型号为JG39—800A。

其中：J代表机械压力机；G代表次要参数与基本参数不同的第G次变形；39代表闭式四点单动压力机；800代表公称压力为8000kN；A代表结构和性能相比原型做了第1次改进。

2. 压力机的工作原理

机械压力机按滑块驱动机构种类可分为曲柄压力机和摩擦压力机等。曲柄压力机的特点是生产效率高，适应性广。目前选用的机械压力机多为曲柄压力机，下面以曲柄压力机为例介绍压力机的工作原理。如图2-8所示，曲柄压力机由曲柄、连杆和滑块等组成；冲压时，电动机通过小齿轮、大齿轮及离合器将回转运动传递给曲柄，曲柄的回转运动通过连杆变成滑块的上下往复直线运动，模具的上模固定在滑块上，下模固定在床身的工作台面上，导轨保证滑块运动方向准确，使上、下模具之间不产生水平错移，床身是所有运动部分的支撑件，并且把压力机的全部机构连成一个整体。压力机的操纵是通过脚踏板、离合器和制动器的配合实现的。为了使负荷均匀，能量利用经济，压力机上装有飞轮，在小型压力机中大齿轮即起飞轮作用。

3. 压力机的主要参数

压力机的技术参数反映了压力机的工艺能力、应用范围、生产率等，是正确选用压力机的主要依据。表2-6中列出了压力机的主要参数。

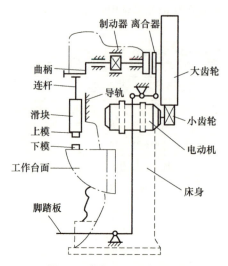

图 2-8 曲柄压力机的组成

表 2-6 压力机的主要参数

序号	参数名称	含义
1	公称压力	公称压力是指滑块到下死点前,某一特定距离时,压力机结构能够安全地承受的最大容许冲压力 选择压力机时,为了满足冲压件的精度要求,提高模具和压力机的使用寿命,减低噪声,一般按公称压力的60%~85%来选择设备(或按说明书的规定)
2	滑块行程	滑块行程是指压力机滑块从上死点到下死点所经过的距离 下死点是压力机滑块上下运动的下端终点,上死点是压力机滑块上下运动的上端终点
3	滑块行程次数	滑块行程次数是指滑块每分钟从上死点到下死点,然后回到上死点的往复次数
4	压力机的装模高度	压力机的装模高度是指滑块在下死点时,滑块底面到工作台上平面(即垫板下平面)之间的距离
5	装模高度调节量	装模高度调节量是指压力机连杆所能调节的长度
6	工作台尺寸	工作台尺寸是指工作台垫板上表面的尺寸。工作台上有压板槽、托杆孔等,其中压板槽用于模具与压力机的固定,托杆孔用于托杆穿过托杆孔连接气垫与拉延模的压料圈(或整形模的下压料板)
7	气垫数量	气垫主要用作拉延模的压料圈或整形模的下压料板的动力源,也用于制件的顶出。气垫数量是指工作台垫板下气垫的个数,多数拉延压力机只有1个气垫,少数有2个甚至3个气垫,使用多气垫压力机时需考虑气垫平衡和模具平衡
8	气垫力	气垫力是指气垫能够提供的最大压料力
9	气垫有效行程	气垫有效行程是指气垫能提供的最大压料行程或退料行程
10	工作台最大承载	工作台最大承载是指该压力机所能承受的最大模具质量
11	滑块最大吊重	滑块最大吊重是指该压力机所能承受的最大上模质量

4. 压力机的组成

压力机主要由压力机机身、移动工作台、横梁主传动机构、离合器/制动器、滑块、空气管路系统、平衡器、润滑系统等部件组成。某冲压车间的压力机如图2-9所示。

（1）压力机机身　压力机机身由一个底座、4个立柱（或2个立柱）组成，与横梁通过4个穿过机身的四角拉紧螺栓预紧后，组成一个足够承受冲压力的刚性整体。在它们的结合面上装有定位键，以保证横梁、立柱、底座之间的相互装配关系，防止工作时可能出现的相互位移。

（2）移动工作台　移动工作台由工作台板、小车体、滚轮、驱动系统等组成。工作台板上开有T形槽、废料孔。它通过螺钉、固定销与小车体连成一体，具有足够的强度和刚度。压力机的移动工作台如图2-10所示。

图2-9　某冲压车间的压力机

图2-10　压力机的移动工作台

工作台上平面为压力机精度的测量基准面，也是模具的安装基面。保持与维护工作台台面的制造精度与表面粗糙度是十分重要的，应避免台面的磕碰、划伤或锈蚀。

（3）横梁主传动机构、离合器/制动器　横梁安装在立柱上面，具有足够的强度与刚度，横梁体内封有压力机的主传动齿轮、轴、偏心体、连杆等，在横梁右前面安装有主电动机支架，横梁前面装有飞轮支撑、飞轮、离合器、制动器、飞轮制动器，横梁上面装有凸轮开关组件。它是压力机传递动力的重要部件。

由于长期在冲击载荷状态下使用，横梁主传动机构部分连杆销固定螺钉、连杆瓦挡板固定螺钉、各支撑套与铜套的固定螺钉可能会松动而引发故障。因此，维修人员应严格按要求进行检查。

（4）滑块　滑块由滑块体、连接器、装模高度调整系统、液压保护系统、装模高度指示装置、模具夹紧器等组成。整个滑块通过固定在滑块体上的连接器与主传动机构的连杆连接，使滑块在主传动的带动下，沿立柱侧面的导轨做上下往复运动。

液压保护系统用于防止由于操作不慎或意外因素造成的设备过载，它主要由气动泵、卸荷阀、卸荷油箱、液压垫、控制阀及管路组成。

（5）空气管路系统　压力机的空气管路系统主要由空气过滤器、组合阀、油雾器、压力继电器、电磁阀、手控阀、储气罐等元件组成。它为各需要压缩空气的部件提供气源。来自总气源的压缩空气进入左前立柱内的组合控制板上的空气过滤器、分水滤清器，经组合阀、手控阀及其他支路到各执行部位。

气路系统中的调压阀、压力继电器应按规定压力调整，不得随意乱调，以免引发设备安全事故，应由具备资质的专业人员定期检查各储气罐安全阀的工作可靠性，并从排污口排除污物。

（6）平衡器　平衡器的主要作用是通入压缩空气后平衡滑块部件、上模及连杆等的质量，以消除连杆系统、调节螺杆等受力部位的间隙，避免滑块上下行程过程中，因间隙换向而引起的附加冲击力,保证滑块运动平稳和压力机精度稳定,防止制动器失灵引起滑块由于自重下滑引发事故,保证压力机的使用安全性。此外,平衡器有助于飞轮能量的迅速恢复。

(7)润滑系统 压力机润滑系统主要由油箱、润滑控制板组成的泵站和各分油器等组成。它为各需要润滑的部位提供定量润滑油。

二、冲压生产线认知

汽车车身冲压生产除了采用新工艺、新技术和先进的冲压设备外,提高冲压生产过程的机械化和自动化程度,才能有效地提高冲压设备的生产率,保证产品质量、降低成本、改善劳动条件,做到安全文明生产。

汽车冲压车间主要由模具和生产设备组成,其中,生产设备主要由开卷落料线、冲压线以及桥式起重机、叉车等生产辅助设备组成。汽车冲压全自动化生产线如图2-11所示。

图2-11 汽车冲压全自动化生产线

冲压生产的机械化和自动化表现在:
1)坯料准备,包括使用卷料、带料,实现卷料的开卷、校平和钢板的剪切、落料自动化。
2)大型冲压件冲压,采用不同形式的自动化冲压生产线和机械化冲压生产线。
3)小型冲压件冲压,采用连续或自动冲模,采用高速压力机实现冲压生产的高速化。
4)形状规则的零件,采用多工位自动压力机。
5)废料排除,采用废料处理的自动化系统。

冲压生产的全自动化是在单机自动化的基础上,统一协调配置工序间零件输送装置、翻转装置、废料排出装置等各单机或各种装置的动作,使工件按预定的程序自动地逐步进入各种冲压工位,全部冲压成形而被送出的冲压生产形式。某冲压车间的冲压生产线如图2-12所示。

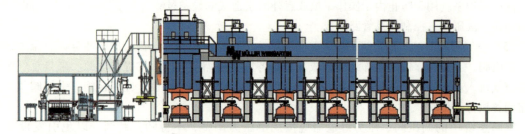

图2-12 某冲压车间的冲压生产线

1. 开卷落料线

开卷落料设备配有自动上料机构、开卷机、校直机、落料压力机及自动堆垛装置,当需要开卷落料时，设备对卷料实现自动上料、开卷、料头剪、校直、落料（剪切）、自动堆垛。某冲压车间的开卷线如图2-13所示。该设备先进可靠，自动化程度高，能确保产品尺寸精度、表面质量，达到精密下料水平，满足冲压产品的质量要求。

2. 冲压自动生产线的机械化装置

冲压自动生产线的机械化装置由上料、下料、翻转和传送等装置构成。

（1）板料的上料装置　图2-14所示为某冲压生产线板料的上料装置。

图2-13　某冲压车间的开卷线

图2-14　板料的上料装置

（2）板料的下料装置　图2-15所示为某冲压生产线板料的下料装置。

3. 废料处理的机械化和自动化

大批量汽车车身冲压生产中，冲压后废料的排送和处理是车身制造中不可缺少的工艺过程，因为冲压生产的废料所占的比例高达25%～40%。图2-16所示为某冲压生产线废料处理设备。

图2-15　板料的下料装置

图2-16　某冲压生产线废料处理设备

三、冲压车间安全

冲压生产安全技术是指在冲压加工过程中，为了防止和消除人身、设备安全事故，保障冲压工人的安全和健康，根据冲压加工的特点和生产环节的需要而采取的各种安全技术措施。它包括冲压设备安全技术、冲压模具安全技术、冲压机械化和自动化技术等。其中，实现冲压生产的机械化和自动化是防止冲压作业事故的有效措施，也是提高劳动效率、降低劳动强度、实现安全生产的根本途径。

1. 冲压作业事故原因分析

冲压加工虽然简单高效，但在作业中发生的人身事故，特别是重伤事故的频率比其他机械加工方式要高。冲压作业事故发生的原因非常复杂，其与人员、设备、工艺和环境等因素密切相关。表2-7列举了冲压事故的常见原因。

表 2-7 冲压事故的常见原因

类别		原因
人员	管理人员	安全管理不善；生产组织不当；指挥不当
	冲压工人	违章操作；轻率急躁；疲劳过度
设备		设计不合理；缺乏安全防护装置；设备故障
模具		设计不合理；缺乏安全防护装置；调整不当
工艺		工艺不合理；工艺文件缺乏安全技术要求
环境		照明不足；噪声大；现场杂乱

2. 冲压作业事故安全对策

为了有效防止冲压作业事故，必须严格执行安全技术、安全教育、安全管理这 3 项安全对策。

（1）安全技术

1）冲压设备安全技术。冲压设备除在进行机械、电子设计时考虑安全因素外，还应使用适当的安全装置。

① 机械式防护装置。机械式防护装置主要有推手式、拉手式、摆杆式等。一般而言，机械式防护装置结构简单、制造容易、价格低廉，但会在一定程度上影响操作人员。

② 控制式安全装置。控制式安全装置用电器联锁的方式控制滑块的起动。控制式安全装置有双手按钮式、光电式、电容式等。

2）冲压模具安全技术。冲压模具在设计时应考虑安全因素，如在活动部件处应增加防护板，上模紧固限位应有防松、防脱措施，废料滑出部位应避开操作工人等。除此之外，在对模具进行安装、调试、维护时也应考虑安全因素。

（2）安全教育

1）对管理人员、技术人员和冲压工人进行安全思想教育，使其牢固树立"安全第一，预防为主"的思想。

2）对冲压工人进行安全技术教育，使其熟练掌握冲压设备、冲压模具和手用安全工具的安全操作技术。

3）对各级管理人员进行安全法制观念和安全生产责任教育，使安全生产得以真正落实。

（3）安全管理　安全管理包括建立并切实执行安全技术管理制度、安全教育管理制度、安全生产管理制度、安全生产检查和奖惩制度等。

【知识拓展】

6S 管理，培养完整的人

6S 就是整理（Seiri）、整顿（Seiton）、清扫（Seiso）、清洁（Seiketsu）、素养（Shitsuke）、安全（Security）6 个项目，因均以"S"开头，简称 6S。6S 管理即在生产现场中将人员、机器、材料、方法等生产要素进行有效管理。它针对企业中每位员工的日常行为提出要求，倡导从小事做起，力求使每位员工都养成事事"讲究"的习惯，切实把现场管理、现场工作做精做细，从而达到提高整体工作质量的目的。

人，特别是现场生产人员，是影响产品质量的重要因素之一，人员的职业素养不足会导致产品质量事故频发，因此，在学习过程中，要重视职业素养的养成。6S 素养是最基本的职业素养之一，即养成整理现场、清洁设备、排查隐患、改善工作环境的良好习惯。例如在冲压车间要保持模具的清洁，重视压力机的点检和日常维护，重视现场环境的定置管理，为冲压生产的顺利进行和冲压件的产品品质提供有力的保障。

【任务实施】

仪器设备及工具准备
1. 压力机设备型号的相关资料。
2. 压力机组成及各部件作用的相关资料。

任务实施内容
冲压设备的认知。

学院		专业		日期	
班级		姓名		学号	
指导教师					

1）根据下图，说说该压力机型号各字符的含义。

压力机型号	字符含义
设备型号：JB36-800-4000-1800	J：
	B：
	36：
	800：
	4000：
	1800：

2）请写出压力机的组成及各部分的作用。

压力机组成名称	作用
①：	①：
②：	②：
③：	③：
④：	④：
⑤：	⑤：
⑥：	⑥：
⑦：	⑦：

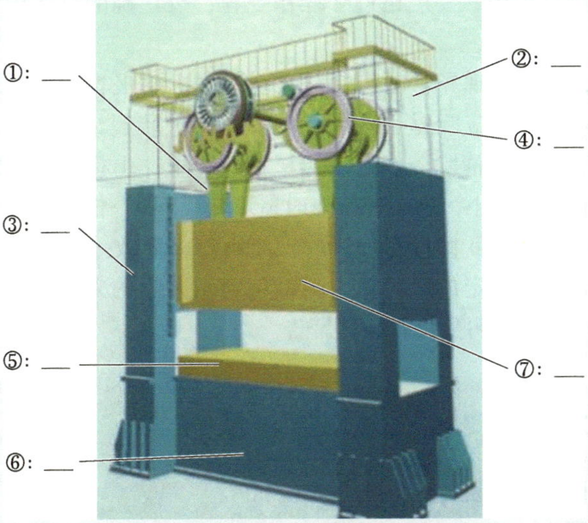

【评价反馈】

评价项目	评价标准	小组评价 （占总评分的40%）	教师评价 （占总评分的60%）
知识准备 （30分）	了解压力机的主要分类；了解压力机的工作原理		
	了解冲压生产线		
	了解冲压车间安全生产注意事项		
知识拓展 （10分）	养成自主学习的习惯，树立职业目标		
任务实施 （40分）	压力机的型号含义描述每正确1个得2分；冲压设备组成名称每正确1个得2分，作用描述每正确1个得2分，全部正确得2分		
综合表现 （20分）	能与同学密切合作，积极实践，安全地完成学习活动，具备严谨规范的工作作风		
	合计		
	总评分		

教师评语：

日期： 年 月 日

【情智故事】

安全生产重于泰山

冲压加工是事故发生率相对较高的作业之一，许多血淋淋的教训不时地提醒着我们，安全工作必须常抓不懈。冲压车间的每位员工都应该将"安全"二字铭记在心，秉承"安全第一，预防为主"的安全方针。在冲压生产过程中，要严格遵守操作规程，按正确的方法操作，并提高安全意识。

冲压生产现场噪声非常大，一旦出现异常的声响，应立即停机并报告现场管理人员，切不可听而不闻，冒险蛮干。设备危险区内，应配置一种以上的安全保护装置，且可靠、有效。压力机模具上面或模腔中有安全块或有异物未清除，或送入二层钢板，上、下模装夹不牢，上、下模安装位置有误差，上、下模合模的间隙过小，均会在操作时造成模具崩裂。

生产过程中的调试品、不良品、不良材料不可以放入废料箱，要放入指定的箱内。较长的不良材料和料头、料尾必须折叠后放入指定的废料箱内，以免划伤周围的人员。停机检修时，应采取保护措施，防止机器突然起动，并在明显位置挂牌警告。

【课后测评】

一、单项选择题

1. 按照床身形式不同，可以将压力机分为开式压力机和（　　　）。
   A. 关式压力机　　　B. 闭式压力机　　　C. 单动压力机　　　D. 双动压力机

2. 压力机的滑块每分钟从上死点到下死点，然后回到上死点往复的次数是（　　）。
   A. 滑块行程　　　B. 滑块行程次数　　　C. 滑块有效行程　　　D. 滑块单程
3. （　　）主要用作拉延模的压料圈或整形模的下压料板的动力源，也用于制件的顶出。
   A. 滑块　　　B. 气垫　　　C. 工作台　　　D. 模具
4. （　　）平面为压力机精度的测量基准面，也是模具的安装基面。
   A. 机身　　　B. 工作台　　　C. 平衡器　　　D. 滑块

二、判断题

1. 车身零件冲压生产的机械化和自动化程度是衡量汽车车身制造技术水平的重要指标之一。（　　）
2. 按连杆数目来分，压力机可分为单动压力机和双动压力机。（　　）
3. 滑块从上死点到下死点经过的距离称为滑块行程。（　　）
4. 压力机离合器和制动器的作用是在电动机和飞轮连续转动情况下，使压力机曲柄连杆机构运动或者停止。（　　）
5. 光电式保护装置利用发光器和受光器形成一束或多束光栅，将操作者与危险区隔离开来，当操作者身体的一部分进入危险区时，光线被隔断，发出电信号，使滑块停止运动。（　　）

三、简答题

1. 常见的冲压生产用压力机的类型有哪些？它们是如何工作的？
2. 压力机的主要参数有哪些？
3. 冲压车间的主要设备有哪些？操作时有哪些安全注意事项？

任务3　车身覆盖件的冲压工艺制订

【任务导入】

汽车车身覆盖件主要指车身的发动机舱盖、车门、顶盖、翼子板、地板等部件。和一般冲压件相比，车身覆盖件具有材料薄、形状复杂、多为空间曲面且曲面间有较高的连接要求、结构尺寸较大、表面质量要求高、刚性好等特点。所以车身覆盖件冲压成形工艺相对于一般零件的冲压工艺较复杂，一般需要多道工序才能完成。因此，车身覆盖件的冲压工艺设计与制订、模具设计和制造难度都较大，并具有其独自的特点。

【学习目标】

素养目标：

1. 培养学生严谨的工作态度、责任心；培养学生诚实守信、尽职尽责的工作态度。
2. 培养学生自主查阅、整理、分析资料的能力；树立学生安全生产、质量第一的思想意识。
3. 培养学生团队协作、沟通表达能力。

知识目标：

1. 了解车身后轮罩内板的冲压工艺；掌握冲裁工艺的变形过程及冲裁件的断面特征；了解冲裁模具的结构及组成；掌握弯曲工艺的变形过程及弯曲回弹的预防措施。
2. 了解车身顶盖的冲压工艺；掌握拉延工艺的设计方法及原则；掌握拉延模具的类型、结构特点及工作原理。
3. 了解车身地板的冲压工艺；了解B柱主加强板的冲压工艺；掌握局部胀形工艺变形特点；掌握翻边工艺类型及变形特点。
4. 掌握整形工艺的作用及变形特点。

能力目标：

1. 能够正确描述车身后轮罩内板的冲压工艺流程；能够进行冲压件冲裁工艺分析及工艺参数设置与调整。
2. 能够正确认识冲裁模具的结构；能够正确描述车身顶盖的冲压工艺流程。
3. 能够进行简单冲压件拉延工艺分析与工艺设计；能够正确认识拉延模具的类型与结构。
4. 能够正确描述车身地板的冲压工艺流程；能够进行车身零件翻边、胀形、整形工艺分析。

【知识准备】

一、后轮罩内板的冲压工艺

1. 汽车覆盖件的结构特征、成形特点及常用的冲压工艺

汽车的白车身通常是由覆盖件和车身骨架构成的，其中车身骨架是由车身内板件和中小冲压件（如加强板、加强梁、支撑架等）组成，具体如图2-17所示。汽车覆盖件是构成驾驶室和车身的表面零部件，以及覆盖发动机和底盘等其他部件的表面零部件，如轿车的挡泥板、顶盖、车门外板、发动机舱盖、行李舱盖、骨架等。

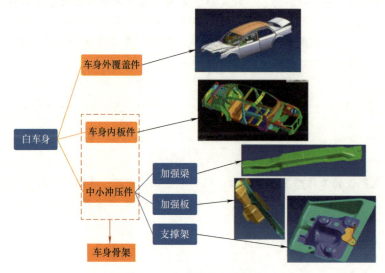

图2-17 汽车白车身的组成

（1）覆盖件的结构特征　汽车覆盖件的总体结构特点决定了其冲压成形过程中的变形特点。由于其结构复杂，难以从整体上进行变形特点分析。因此，为了能够比较科学地分析、判断汽车覆盖件的变形特点，生产出高质量的冲压件，必须以现有的冲压成形理论为基础，对这类零部件的结构组成进行分析，把一个汽车覆盖件的形状看成是由若干个"基本形状"（或其一部分）组成的。这些"基本形状"有直壁轴对称形状、变异的直壁椭圆形状、曲面轴对称形状、圆锥体形状和盒形形状等。每种基本形状都可分解成法兰形状、轮廓形状、侧壁形状和底部形状。通过对基本形状的零部件冲压变形特点的分析，并考虑各基本形状之间的影响，就能够分析出覆盖件的主要变形特点，判断出各部位的变形难点。

（2）覆盖件的成形特点　由于覆盖件有形状复杂、表面质量要求高等特点，与普通冲压加工相比有如下特点：

1）汽车覆盖件冲压成形时，内部的毛坯不是同时贴模，而是随着冲压过程的进行而逐步贴模。这种逐步贴模过程，使毛坯保持塑性变形所需的成形力不断变化。

2）成形工序多。覆盖件的冲压工序一般要4~6道工序，多的有10多道工序。要获得一个合格的覆盖件，通常要经过下料、拉延、修边、翻边、冲孔等工序才能完成。其中，拉延、修边和翻边是最基本的3道工序。

3）覆盖件拉延往往不是单纯的拉延，而是拉延、胀形、弯曲等的复合成形。不论形状如何复杂，常采用一次拉延成形。

4）由于覆盖件多为非轴对称、非回转体的复杂曲面形状零部件，拉延时变形不均匀，主要成形障碍是起皱和拉裂。为此，常采用增加工艺补充面和拉延筋等控制变形的措施。

5）对大型覆盖件拉延，需要较大和较稳定的压边力。所以，广泛采用双动压力机。

6）材料多采用冲压性能好的钢板，且要求钢板表面质量好、尺寸精度高。

2. 后轮罩内板的结构特征与成形特点

汽车后轮罩位于车身后地板处，左右对称，起连接地板和侧围，形成车厢空间的作用；同时对驾驶舱内的人员起到保护作用，当车辆发生侧面撞击或翻滚时，后轮罩能有效地抵抗冲击力以避免驾驶舱的形变。

整个后轮罩内板呈空间曲面结构，整体形状不对称且复杂，带凸缘，有较大深度，形状变化较为剧烈，在成形过程中很容易开裂，如图2-18所示。

图2-18　后轮罩内板结构

3. 后轮罩内板的冲压工艺流程

通过对后轮罩内板的结构和成形特点进行分析，可知后轮罩内板的冲压工艺一般通过4个步骤完成，具体如图2-19所示。后轮罩内板的拉延件如图2-20所示。

图2-19　后轮罩内板冲压工艺流程

图 2-20　后轮罩内板的拉延件

【画龙点睛】

　　由于车身左、右后轮罩是对称结构，因此，在生产的过程中一般都会成对生产，只需要在最后一步通过切断工艺将冲压件分割成左、右两个后轮罩内板，如图 2-21 所示。这就是后轮罩冲压工艺流程中切断工序的作用。

图 2-21　后轮罩内板的切断分割

4. 冲裁工艺

　　从后轮罩内板的冲压工艺流程可以看出，落料、冲孔、修边、切断等冲裁工艺在其成形过程中起到重要作用，是冲压生产中必不可少的工艺。实际上这些工艺也是车身零件最常见的冲裁工序，因此，了解冲裁工艺过程对冲压生产和产品质量保证尤为重要。

　　冲裁工艺是利用模具使板料沿着一定的轮廓形状产生分离的一种冲压工序。它包括冲孔、落料、修边、切口等冲压工序。冲裁既可以直接冲制出成品零部件，也可为其他成形工序准备坯料或在已成形的零部件上进行修边、切口和冲孔等工作。狭义的冲裁主要是指落料和冲孔工序。从板料上冲下所需的零件或毛坯称为落料，如图 2-22a 所示，在工件上冲出所需形状的孔称为冲孔，如图 2-22b 所示。

　　（1）冲裁变形过程　冲裁是冲压工艺中的分离工序。在冲裁过程中，在压力机压力作用下凸模逐步下降时，板料从弹性变形开始变为塑性变

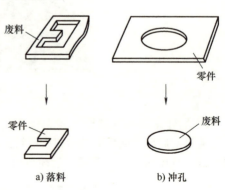

图 2-22　落料和冲孔

形，直至全部分离，完成冲裁。冲裁过程可分为弹性变形阶段、塑性变形阶段和断裂分离阶段3个阶段，如图2-23所示。

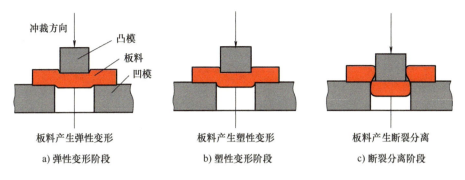

图2-23 冲裁的变形过程

（2）冲裁件断面特征　冲裁件正常的断面特征并不是光滑垂直的，它包括4个特征区，依次为圆角带、光亮带、断裂带和飞边，如图2-24所示。

图2-24 冲裁件的断面特征

1）圆角带。圆角带是在弹性变形阶段形成的，冲裁时刃口压入板料，刃口附近板料产生弯曲和伸长变形，材料被拉入间隙。

2）光亮带。光亮带是在塑性变形阶段形成的。当刃口切入材料后，材料与切刃侧表面挤压形成光亮垂直的断面。光亮带越宽，断面质量越好。

3）断裂带。断裂带是在断裂分离阶段形成的，是由刃口附近的微裂纹在拉应力作用下不断扩展而形成的撕裂面。其断面粗糙，具有金属本色，且略带斜度。

4）飞边。飞边的形成是由于在塑性变形后期，凸模和凹模的刃口切入被加工的板料一定深度时，刃口正面材料被压缩，刃尖呈高静水压应力状态，使微裂纹的起点不会在刃尖处发生，而是在模具侧面距刃尖不远的地方发生。在拉应力的作用下，裂纹加长，材料断裂而产生飞边。在普通冲裁中产生飞边是不可避免的。

圆角带、光亮带和断裂带在冲裁件断面上必然存在，三者所占的比例随板料的机械性能、凸凹模间隙、模具结构等的不同而变化。要想提高冲裁件断面的表面粗糙度和尺寸精度，可通过增加光亮带的高度或采用整修工序来实现。增加光亮带高度的关键是延长塑性变形阶段，推迟裂纹产生，这可以通过增加金属的塑性和减少刃口附近的变形与应力集中来实现。

5. 冲裁模具

（1）模具概述　冲压模具是在冲压加工中，将材料（金属或非金属）加工成零件（或半成品）的一种特殊工艺装备。

1）模具的类型。按所完成的冲压工序分，模具可分为冲裁模、拉延模、翻边模、整形模等。按冲模的轮廓尺寸分，模具可分为大型冲模、中型冲模和小型冲模。按所完成冲压工序的数量及组合程度分，模具可分为单工序模、复合模和级进模。

2)模具的结构。冲压模具一般由上模和下模两部分组成,上模固定在压力机滑块上,下模固定在压力机工作台垫板上。随着滑块的上下运动,冲模不断开模、合模,从而完成冲压作业。

冲压模具由各种不同的零件组成,其主要结构见表2-8。

表2-8 冲压模具的主要结构

主要结构	部件	定义	所含零件
工艺构件	工作零件	它是指直接进行冲压加工的零件	凹模
			凸模
			凹凸模
	定位零件	它是指能保证板料在冲压时在模具上有正确位置的零件	定位板、定位销
			挡料销
			导正销
			导尺、侧刃
	压料、卸料及出件零件	冲压后由于材料的弹性恢复,往往会将工件留在凹模内或将条料紧箍在凸模上;卸料零件的作用是把工件从凹模内顶出,或从凸模上卸下	卸料板
			推件装置
			压边圈
			弹簧、橡胶垫
辅助构件	导向零件	它是保证模具各相对运动部位具有正确位置及良好运动状态的零件	导柱
			导套
			导板
			导筒
	固定零件	它是固定凸模和凹模,并与冲压机滑块和滑块工作台相连接的零件	上、下模座
			模柄
			凸凹模固定板
			垫板
			限位器
	紧固及其他零件	它是在装配模具时,为了保证零件间相互正确位置,把相关联的零件固定或连接起来的零件	螺钉、销钉
			键
			其他

(2)冲裁模 冲裁件的品种式样繁多,因此,冲裁模结构的类型也多种多样,对其按不同的特征进行分类如下:

按工序性质分,有落料模、冲孔模、切断模、切口模、切边模、剖切模等。
按工序组合方式分,有单工序模、复合模和级进模。
按导向方式分,有无导向的开式模和有导向的导板模、导柱模、导筒模等。
按凸、凹模的材料分,有硬质合金冲模、钢皮冲模、锌基合金冲模、聚氨酯冲模等。
按凸、凹模的结构和布置方法分,有带固定卸料板冲模和弹性卸料板冲模。
按自动化程度分,有手工操作模、半自动模、自动模。

1)落料模。

① 落料模的结构。它由模具、凸模、凹模、凸模固定板、凸模垫板、卸料板、导柱、导套等零件组成。

② 落料模的工作过程。导柱式单工序落料模的工作过程：将板料前送一个步距，而后上模下压，凸模切入凹模将工件切开，开模时上模上行，卸料板将卡在凸模上的板料卸下。上、下模依靠导柱、导套导向，间隙容易保证，并且该模具采用弹压卸料和弹压顶出的结构，冲压时材料被上、下压紧完成分离，零件的变形小、平整度高。落料模广泛用于材料厚度较小且有平面度要求的金属件加工。

2) 冲孔模。其工作过程：将半成品零件送入下模，用定位圈做好定位，接着上模下压，然后使凸模切入凹模将孔冲离。开模时，上模上行一段距离后压力板开始上行，用卸料板将工件留在定位板内，操作工人将其取出。

3) 修边模。覆盖件修边模是特殊的冲裁模，与一般冲孔模、落料模的主要区别：所要修边的冲压件形状复杂，模具分离刃口所在的位置可能是任意的空间曲面；制件通常存在不同程度的弹性变形；分离过程通常存在较大的侧向压力等。因此，修边模具的设计应考虑冲压方向、制件定位、模具导正、废料的排除、工件的取出、侧向力的平衡等问题。

覆盖件修边模可分为垂直修边模、水平修边模和倾斜修边模。其中，垂直修边模的修边方向与压力机滑块运动方向一致，由于模具结构简单，是最常用的形式，修边时应尽量为垂直修边创造条件。某覆盖件的修边模具如图 2-25 所示。

水平修边模和倾斜修边模有一套将压力机滑块运动方向转变成工作镶块沿修边方向运动的斜楔机构，所以结构较复杂。采用斜楔机构可以将压力机滑块的上下垂直运动，变成模具工作镶块的水平或倾斜运动，从而完成成形。斜楔机构不仅可以用于覆盖件的修边或冲孔工艺，也可以用于覆盖件的翻边工艺。模具中的斜楔机构如图 2-26 所示。斜楔机构由主动斜楔、从动斜楔和滑道等部件构成。

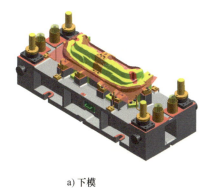

a) 下模　　　　　　　　　　　　b) 上模

图 2-25　某覆盖件的修边模具

图 2-26　模具中的斜楔机构

二、车身顶盖的冲压工艺

1. 车身顶盖的结构特征与成形特点

1) 车身顶盖的结构特征。某汽车车身顶盖的产品模型如图 2-27 所示，产品长达 2135mm，整体成形深度比较深，有 135mm，材料厚度仅 0.7mm，对它的结构特征分析如下：

① 材料薄、轮廓尺寸大、外形复杂且不对称、拉延深度相对较深、成形后其空间曲面的曲率半径较大。

② 轮廓内部带有局部形状，这些内部形状的成形往往对整个冲压件的成形有很大的影响，甚至是决定性的影响。

图 2-27　某汽车车身顶盖的产品模型

③ 作为汽车的"脸面",其外观质量要求很高,表面不允许有皱纹、凹痕、划伤、破裂以及其他可能破坏表面完美的缺陷。

④ 与侧围、天窗、横梁等零件存在搭接关系,尺寸精度要求高,且要求能充分拉延,具有较好的刚性。

2) 车身顶盖的成形分析。车身顶盖的结构特点和成形要求决定了其冲压成形特点,经分析,车身顶盖冲压成形特点如下:

① 拉延表面既靠压料面下的材料补充,又靠内部表面材料延伸而拉延成形。

② 制件各处应力、变形很不均匀,大部分区域已充分塑性变形,且应力已临近材料的抗拉强度时,个别区域尚有变形不足的状态。

③ 若材料不合格或压料力调整不当,容易出现废品。

2. 车身顶盖的冲压工艺流程

通过车身顶盖的结构和成形分析,结合冲压工序,可以得出其冲压工艺流程,如图 2-28 所示。顶盖冲压工序后实物如图 2-29 所示。

图 2-28 车身顶盖的冲压工艺流程

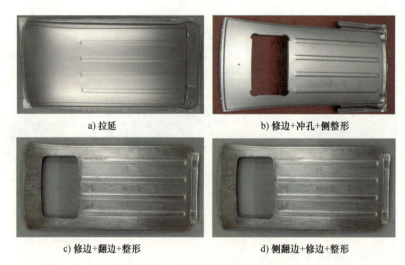

a) 拉延　　　　　　　　　　　b) 修边+冲孔+侧整形

c) 修边+翻边+整形　　　　　　d) 侧翻边+修边+整形

图 2-29 顶盖冲压工序后实物

拉延工艺

3. 拉延工艺

拉延又称为拉深,是利用模具将平板毛坯冲压成各种开口的空心零件,或将已制成的开口空心件压制成其他形状和尺寸空心件的一种冲压加工方法。用拉延工艺可以成形圆筒形、阶梯形、球形、锥形、抛物线形等旋转体零部件,也可成形盒形等非旋转体零部件,若将拉延与其他成形工艺(如胀形、翻边等)复合,则可加工出形状非常复杂的零部件,如汽车车门等。因此拉延的应用非常广泛,是冲压的基本成形工序之一。

(1) 拉延的成形过程　圆筒件的拉延如图 2-30 所示。其过程是随着凸模的下行,留在凹模端面上的毛坯外径不断缩小,圆形毛坯逐渐被拉进凸模与凹模间的间隙中形成直壁,而处于凸模底面下的材料则成为拉延件的底,当板料全部拉入凸、凹模间的间隙时,拉延过程结束,平板毛坯就变成具有一定的直径和高度的开口空心件。与冲裁工序相比,拉延凸模和凹模的工作部分不应有锋利的刃口,而应具有一定的圆角,凸模与凹模之间的单边间隙应稍大于料厚。

在拉延过程中,毛坯受凸模拉延力的作用,在凸缘毛坯的径向产生拉应力,切向产生压应力,在它们的共同作用下,凸缘变形区材料发生了塑性变形,并不断被拉入凹模内形成筒形拉延件。

(2)拉延成形的障碍及防止措施 拉延成形过程中主要的破坏形式是起皱和拉裂。

1)起皱和防皱措施。起皱主要是由于凸缘的切向压应力超过了板材临界压应力所引起的。一般来说,最大切向压应力产生在凸缘外缘处,起皱首先在此处开始。某车门内板的起皱如图2-31所示。

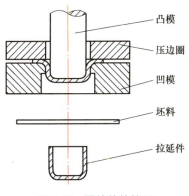

图2-30 圆筒件的拉延

图2-31 某车门内板的起皱

常见的防皱措施如下:

① 采用便于调节压边力的压边圈,把凸缘紧紧压在凹模表面上。

② 在满足使用要求的前提下,尽可能降低拉延深度,以减小圆周方向的压应力。

③ 避免形状的急剧改变。

④ 减少零件的平直部分,使平直部分稍有曲率,或增设凹坑、凸肋以加强其刚度,从而减少出现起皱的可能性。

⑤ 零件的圆角半径,特别是转角半径的设计要恰当,稍大的半径有利于防止起皱。

⑥ 在考虑拉延工序的安排时,尽可能使拉延深度均匀,使侧壁斜度较小。

⑦ 设置合理的拉延筋,以增加材料的进料阻力,防止起皱。

2)拉裂和防裂措施。拉延时,若材料受到的应力超过材料的强度极限,零部件就会产生拉裂,即使未被拉裂,由于材料变薄过于严重,也可能使产品报废,如图2-32所示。

为了防止拉裂,应从冲压件的结构、工艺以及模具等多方面采取相应的措施。

① 结构方面可采取的措施:各圆角半径应大一些,曲面形状在拉延方向的实际深度应浅一些,各处深度均匀一些,形状尽量简单且变化尽量平缓一些等。

图2-32 某拉延件的开裂

② 工艺方面可采取的措施:拉延方向尽量使凸模与坯料的接触面积大,设计合理的压料面形状和压边力使压料面各部位阻力均匀适度,降低拉延深度,开工艺孔和工艺切口(图2-33),合理润滑等。

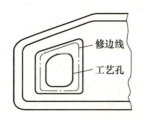 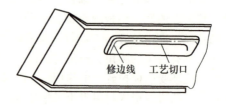

图 2-33 工艺孔和工艺切口

③ 模具方面可采取的措施：设计合理的拉延筋，采用较大的模具圆角，使凸模与凹模间隙合理等。

4. 覆盖件的拉延工艺设计

覆盖件冲压成形众多工序中，拉延工序最为关键，它从根本上决定了整形、修边、翻边和冲孔等工序的内容和顺序，主要有以下特点：

1) 拉延是车身覆盖件的第一道成形工序。

2) 覆盖件一般都采用一次成形法，为了创造一个良好的拉延条件，通常将翻边展开，窗口补满，再添加上工艺补充部分，构成一个拉延件。车身顶盖的拉延件模型如图 2-34 所示。

3) 合理的拉延工艺不但要求方便实施拉延，而且要求拉延后能方便修边，同时为翻边创造有利条件。拉延件确定下来以后，覆盖件冲压工艺也就基本上确定了。

因此，如何合理设计拉延工艺就显得尤为重要。

覆盖件的拉延工艺分析与设计主要包括：确定零件的冲压方向、确定零件的压料面、创建拉延件合理的工艺补充、拉延筋的合理设计与布置。

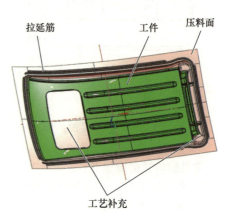

图 2-34 车身顶盖的拉延件模型

(1) 确定零件的冲压方向　一般说来，覆盖件各工序的冲压方向及工序内容不是孤立的，而是存在着很大程度上的内在联系。拉延工序的冲压方向对后序相应内容的影响是最大的，一般在能满足冲压工艺要求的前提下，应尽可能使各个工序的冲压方向一致或少变化。

确定冲压方向通常有以下原则：

1) 保证凸模能够顺利进入凹模，尽量避免负角。

图 2-35 所示为某制件冲压方向确定的方案。若采用图 2-35a 中的方案 a，在拉延时会出现冲压负角，凸模不能全部进入凹模，造成零件右下部的 A 区成为"死区"，不能成形出所要求的形状。选择图 2-35b 中的方案 b，则可以使凸模全部进入凹模，成形出零件的全部形状。

2) 保证凸模与毛坯具有良好的初始接触状态，以减少毛坯与凸模的相对滑动，具体包括：①开始拉延时，凸模与板料的接触面积要大，接触面应尽量靠近凸模中心，如图 2-36a 所示；②凸模两侧的包容角尽可能保持一致（$\alpha=\beta$），即凸模的接触点处在凸模的中心附近，而不偏离一侧，这样有利于拉延过程中各部位材料较均匀地向凹模内流入，如图 2-36b 所示；③凸模表面与毛坯的接触点要多而分散，且尽可能均匀分布，以防止局部变形过大、毛坯与凸模表面产生相对滑动，如图 2-36c 所示。

3) 尽可能减少拉延深度和深度差，压料面各部分进料阻力要均匀。

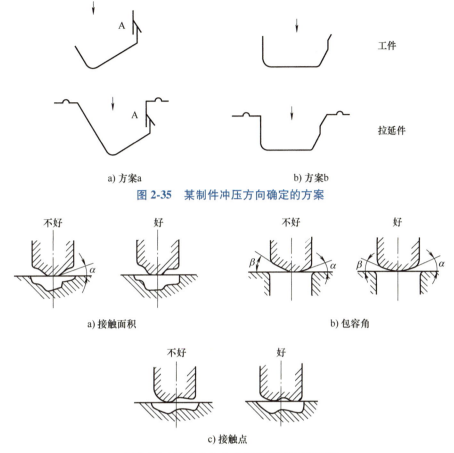

图 2-35 某制件冲压方向确定的方案

图 2-36 冲压方向之良好的初始接触状态

【画龙点睛】

依据以上原则,试比较图 2-37 中两种冲压方向的方案哪种更合理。

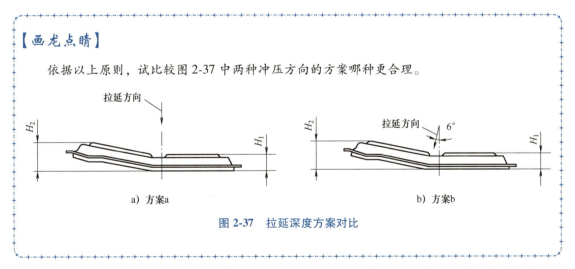

图 2-37 拉延深度方案对比

(2) 确定零件的压料面 压料面是指压边圈下面的毛坯凸缘部分,压料面形状是保证拉延过程中材料不破裂和顺利成形的首要条件。压边圈将拉延毛坯压紧在凹模压料面上,凸模对拉延毛坯拉延,不但要使压料的材料不皱,更重要的是保证拉入凹模的材料不皱又不裂。

压料面一般分为两种情况:

1) 压料面直接使用覆盖件本身的凸缘部分。此方法简单并且节省毛坯材料,但往往工艺上会出现较多质量问题。汽车轮罩内板的凸缘可作为拉延工序的压料面，如图2-38所示。

图 2-38　汽车轮罩内板拉延工序的压料面

2）压料面由工艺补充构造而成。此方法较复杂且技术难度较大，并且会增加毛坯材料消耗，但它能保证成形工艺质量，使板料在拉延过程中处于张紧状态，并能平稳地包住凸模，增强材料刚度，防止起皱破裂。图2-39所示为汽车行李舱盖内板拉延工序的压料面，它经过工艺补充设计构造而得，后序可以通过切边工序切掉。

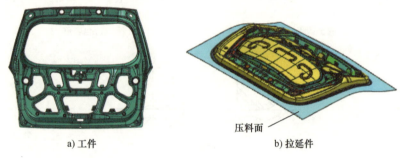

图 2-39　汽车行李舱盖内板拉延工序的压料面

确定压料面的形状时应满足以下条件：

① 压料面形状应尽量简单化，常为平面或曲率很小的曲面。

② 压料面任一断面的曲线长度要小于拉延件内部相应断面的曲线长度（图2-40），一定要有拉延状态产生，压料面所形成的夹角必须比凸模的夹角大（图2-41），否则在拉延件上就会出现余料、松弛、皱折等情况。

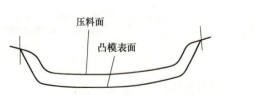

图 2-40　压料面内断面长度与拉延件内断面长度的关系　　图 2-41　压料面夹角与凸模夹角的关系

③ 压料面应使成形深度小且各部分深度接近一致，这样可使材料流动和塑性变形趋于均匀，减小成形难度。

④ 当覆盖件底部有反成形时，压料面必须高于反成形形状的最高点。否则，在拉延时，毛坯首先与反成形形状接触，定位不稳定，压料面不容易起到压料的作用，造成在成形过程中产生破裂、起皱等现象，不能保证得到合格零件。

另外，确定压料面时，还应该考虑定位的稳定、可靠，送料与取料的方便。

【画龙点睛】

根据以上原则，车身顶盖的压料面如图2-42所示。

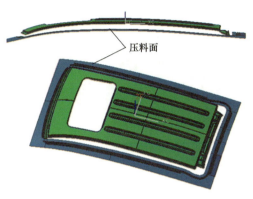

图2-42　汽车车身顶盖的压料面

（3）工艺补充的设计　工艺补充是为了拉延成形顺利进行，在冲压件的基础上添加一部分材料。由于这部分材料是成形需要而不是零件需要，故在拉延成形后要将工艺补充部分切除。工艺补充是拉延件设计的重点也是难点，其目的主要是改善覆盖件成形条件，通过工艺延伸，能形成局部侧壁高度，使拉延件各处拉延深度较为均匀，促使材料各处的变形均匀一致，方便覆盖件成形中的定位和后续修边、整形、翻边等工序。

图2-43所示为汽车前轮罩内板是否设置工艺补充对比。未设置工艺补充的前轮罩内板尚未成形，就已发生严重开裂现象，无法顺利成形，而设置了工艺补充的零件则可以顺利成形。

a）未设置工艺补充　　　　　　　　b）设置了工艺补充

图2-43　汽车前轮罩内板是否设置工艺补充对比

工艺补充一般分为两种情况：

1）内部工艺补充。它主要是为填补零部件上的孔洞，以创造适合于拉延成形的良好条件，在局部变形程度较大的地方可以开工艺孔或工艺切口，以释放变形过程中过大的拉应力，防止破裂。

2）外部工艺补充。在将零部件沿轮廓边缘展开（包括翻边展开部分）的基础上添加材料，主要包括拉延部分补充的材料和压料面材料。

【画龙点睛】

根据以上内容，请指出图2-44中汽车车身顶盖的工艺补充。

图 2-44　汽车车身顶盖的工艺补充

（4）拉延筋的设计与布置　在覆盖件拉延成形时，在压料面上敷设拉延筋或拉延槛，是调节和控制压料力的一种最有效和常用的方法。它通过改变拉延筋的参数可以较容易地改变进料阻力，调整进料速度，使板料均匀成形，而且对防止起皱具有明显的效果。

1）拉延筋的作用。

① 增加进料阻力。压料面上的毛坯在通过拉延筋时，要经过4次弯曲和反弯曲，使毛坯向凹模流动的阻力大大增加，也使凹模内部的毛坯在较大的拉力作用下产生较大的塑性变形，从而提高覆盖件的刚度和减少由于变形不足而产生的回弹、松弛、扭曲、波纹及收缩等，防止拉延成形时悬空部位的起皱和畸变。

② 调节进料阻力的分布。通过改变压料面上不同部位拉延筋的参数，可以改变不同部位进料阻力的分布，从而控制压料面上各部位材料向凹模内流动的速度和进料量，调节拉延件各变形区的拉力及其分布，防止出现"多则皱、少则裂"的现象。

③ 扩大压料力的调节范围。拉延筋可以配合压边力的调节在较大范围内控制材料的流动情况，降低对压料面的要求及对与设备吨位的要求。

④ 拉延筋外侧已经起皱的板料可通过拉延筋进行一定程度的矫平。

2）拉延筋的种类。拉延筋按照不同的情况有不同的分类方法，根据沿拉延型面周围的分布情况可分为单筋和重筋两大类。

① 拉延筋。拉延筋的形状有圆形筋、矩形筋、三角形筋等，一般情况下圆形筋产生的阻力最小，而矩形筋、三角形筋产生的阻力较大，一般用于不允许进料或只允许少量进料的胀形工艺成形部位。

② 拉延槛。拉延槛与圆形拉延筋相比，能提供更大的附加拉力，即具有更强的阻止凸缘区的材料流入凹模的能力，主要用于成形小曲率或深度浅的覆盖件。

③ 重筋。重筋包括双筋和三重筋，其本身形式多为圆筋。在相同几何参数前提下，重筋产生的阻力要大于单筋，三重筋阻力要大于双筋。因此，重筋多用于需要拉延筋阻力较大的成形工艺或冲压件中不允许进料或少量进料的部位，如图2-45所示。

3）拉延筋的布置。拉延筋的合理设计与布置，对压料力的调整、材料进料速度以及流动阻力的大小等都起到非常重要的作用。设计拉延筋的数目及位置时，必须根据拉延件形状特点、拉延深度及材料流动特点等情况而定。根据所要达到的目的不同，拉延筋的布置也不同，通常有以下原则：

① 如从改变、平衡不均匀的流动阻力，调整进入凹模的材料流量的目的出发，可在拉延深度大的直线部位设置1~3条拉延筋，外边一条筋每端要短40mm，拉延深度大的圆弧部位不设拉延筋，拉延深度相差较大时，深的部位不设筋，浅的部位设筋。

② 若为了补偿变形阻力不足，提高材料变形程度，可设置1~3条整圈的或间断的拉延筋。

③ 若为了增加径向拉应力，减小切向压应力，防止坯料起皱，可在容易起皱的部位设置局部的短筋。

④ 拉延筋应尽量靠近凹模圆角，这样可增加材料利用率和减少模具外廓尺寸，但要注意不要影响修边模的强度。

车身顶盖的拉延筋布置如图2-46所示。

图2-45 某汽车车身零件上的重筋

图2-46 车身顶盖的拉延筋布置

【画龙点睛】

根据以上内容，请说一说图2-47所示的拉延筋的特征，并分析为什么要这样设置。

图2-47 某冲压件的拉延筋布置

5. 覆盖件的拉延模具

拉延模具（简称拉延模）是保证压制出合格覆盖件最重要和最关键的工艺装备，其作用是将平板状的板料经过拉延工序的塑性变形，使板料成形为稳定的立体空间形状的工件。根据覆盖件的大小和所使用的冲压设备不同，汽车覆盖件拉延模可分为在单动压力机上用的拉延模（简称单动拉延模）和在双动压力机上用的拉延模（简称双动拉延模）两大类。

（1）单动拉延模

1）安装方式。单动拉延模的凹模安装在压力机滑块上，凸模安装在压力机的工作台面上，为倒装结构，压边圈为活动零件，由气顶杆与调整垫支撑，气垫压紧力只能整体调节，压紧力在拉延过程中保持不变，压紧力较小。单动拉延模实物安装图如图2-48所示。

图 2-48　单动拉延模实物安装图

2）主要结构及工作过程。单动拉延模的主要结构为凹模、凸模和压边圈，其结构如图 2-49 所示。

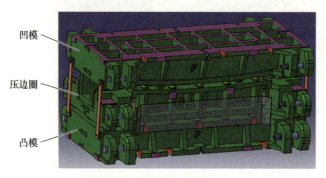

图 2-49　单动拉延模的结构

① 凹模。单动拉延凹模的作用是通过凹模压料面和凹模圆角对坯料进行拉延成形，一般与上底板做成一体，当拉延深度大或板料厚度大时，应分镶块。车身顶盖拉延模的凹模如图 2-50 所示。

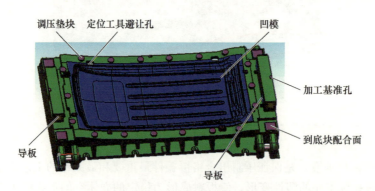

图 2-50　车身顶盖拉延模的凹模

② 压边圈。压边圈的作用是通过压边圈压料面与凹模压料面将板料压紧，起到压料作用，其通常为活动零件，底部通过托杆与气垫相连，当拉延深度大或板料厚度大时，应分镶块制造而成。车身顶盖拉延模的压边圈如图 2-51 所示。

③ 凸模。凸模固定在下底板上或与下底板做成一体，其轮廓与压边圈通常有 3mm 的间隙。通过凸模的形状，能使板料成形为稳定的立体空间形状制件。车身顶盖拉延模的凸模如图 2-52 所示。

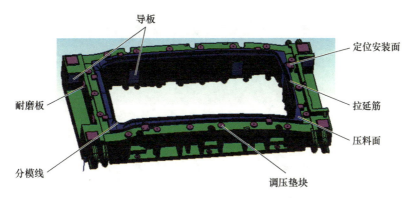

图 2-51　车身顶盖拉延模的压边圈

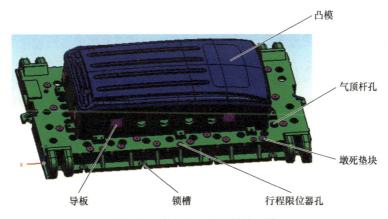

图 2-52　车身顶盖拉延模的凸模

单动拉延模的工作过程：将坯料沿滚轮式辅助送料杆送到压边圈上，通过定位工具对坯料进行定位，接着压力机滑块带动凹模下压，凹模与压边圈压料面先接触并压住坯料，随后继续下行，凸模将压料面的材料逐渐拉入凹模进行拉延成形；凹模下行至止点后，成形结束，压力机滑块带动凹模返程开模，顶料机构将留在下模的制件顶出，拉延件可沿辅助取料杆取出。

（2）双动拉延模

1）安装方式。双动拉延模的凸模、凹模与压边圈在压力机上的安装位置与单动拉延模相反，凹模在下，安装在压力机的工作台面上；凸模与压边圈在上，凸模安装在双动压力机内滑块上，压边圈安装在双动压力机外滑块上。

2）主要结构及工作过程。双动拉延模的主要结构是凹模、凸模和压边圈，其结构如图 2-53 所示。

双动拉延模的工作过程：将坯料送入凹模；接着内、外滑块分别带动凸模和压边圈下压，压边圈先与凹模接触并压紧毛坯，到底后外滑块停止运动，内滑块继续下行，带动凸模下压将材料沿凹模圆角拉入凹模；拉延成形结束后，上模返程开模，内滑块带动凸模上行一段距离后外滑块开始带动压边圈上行，顶料机构将留在下模的拉延件顶出。

与单动拉延模相比，双动拉延模分别由压边（外滑块）和拉延（内滑块）两个滑块带动，压边力大，且压边力可局部调节，适用于变形力和压边力都较大的大型覆盖件的成形，但安装的双动压力机价格较高。单动拉延模安装在带气垫的单动压力机上，压边力相对较小，并且压边力调节的可能性小，不适合形状复杂、拉延深度较大的覆盖件成形，但价格相对较便宜，生产上较常用。

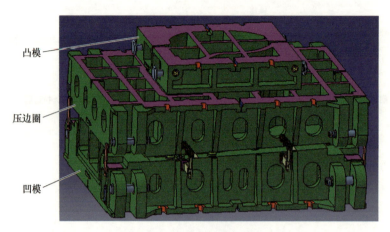

图 2-53　双动拉延模的结构

（3）模具上的辅助零件　为了顺利进行拉延成形，拉延模上还需要设置排气孔、到底标记、调压垫块、墩死垫块、定位板、导向结构、行程限位器等工艺辅助零件。

1）排气孔。拉延时在上、下模之间会形成密闭空间，凹模中的空气若不排出，被压缩的气体将产生很大的压力，把坯料压入凹模空隙处产生多余的变形，而形成废品。同时，凸模和制件间的空气也应排出，否则制件可能被凸模贴紧带出，导致变形。因此，凸模和凹模都应该设置适当的排气孔。原则上排气孔位置以不破坏拉延件表面为宜，一般设置在凸模或凹模的凹角及最后成形墩死部位。排气孔设置时须考虑防尘，应加排气管或在出气孔上方整体加盖板，如图 2-54 所示。

图 2-54　排气孔的设置及防尘

2）到底标记。为了验证拉延的充分程度，需要在凹模上安装到底标记，以检测模具是否压到底。到底标记原则上设置在废料处，并且较晚接触板料的位置，一般拉延件上要设置 2 处，距离尽量远，如图 2-55 所示。

3）调压垫块和墩死垫块。为了调整压边力以及限制压边圈下行的行程止点，通常在相应位置设置调压垫块和墩死垫块。其中，调压垫块的作用是调整凸、凹模间隙，实现对进料压力的调整，保证合理的压料力拉延出合格的制件，如图 2-56 所示。墩死垫块的作用是当压边圈在上模作用下下行时，承受机床加载在模具上的压力。它一般设置在下模座上，并与调压垫块位置相对应，有加强筋支撑，如图 2-57 所示。

4）定位板。定位板是在压边圈上对板料进行起初始定位的装置，保证工序件在模具内有不变的位置，其主要作用是防止坯料在拉延过程中发生窜动，如图 2-58 所示。

图 2-55 到底标记

图 2-56 调压垫块

图 2-57 墩死垫块

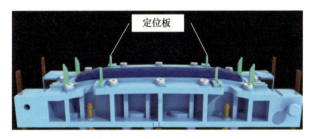
图 2-58 定位板

5) 导向结构。根据不同的工艺方法,模具对导向精度和导向刚度的要求不同,模具的导向形式也不同。汽车覆盖件冲压模具中,常用的导向形式有导柱导套导向、导板导向、导块导向等,其中导板导向最为常见。

导板为带有起导向作用的石墨点的板状零件,导板导向能保证模具的运动平稳,保证凸、凹模的相对位置并有稳定的间隙,如图 2-59 所示。

凸模和压边圈之间的导向方式称为内导向,一般布置在凸模外轮廓直线部分或曲线最平滑的部位,并且与中心线平行。凹模和压边圈之间的导向方式称为外导向,导向面可考虑一边装导板,另一边精加工,磨损后可在导板后加垫片调整。

6) 行程限位器。开模时,压边圈在气顶托杆的作用下返程上行,将工件顶出,为了限制压边圈上行止点,通常设置行程限位器加以控制。行程限位器通常在压边圈的外围处布置,一般在四角对称布置，距离应尽量大，长度需保证压边圈在上死点时，调压垫块与墩死垫块间有15~20mm的间隙，如图2-60所示。

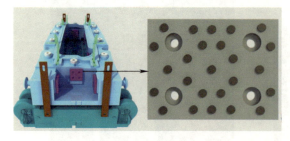

图2-59　导板

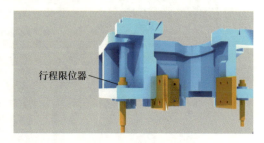

图2-60　压边圈行程限位器

（4）拉延模的调试　模具设计制造出来后，要在现场进行调试，通过钳工对模具的修配来消除模具制造工序间的加工误差和不合理的设计，以确保冲制出合格产品。拉延模调试主要有调试前的准备和上压力机调试两个阶段。

1）调试前的准备。首先是进行调试前的确认工作，包括确认制造依据是否清楚（数学模型、产品图等），上、下模基准侧是否清楚，是否按图样要求选用的调试设备，托杆布置图是否合理，试冲板料的材质、规格、形状是否合适，模具存放状态的闭合高度是否合适，初调气垫压力是否合适等。然后对模具主要工作零件的尺寸精度和型面的表面粗糙度、清洁度等进行检查，依次对拉延凸模、凹模和压料圈进行研磨、抛光与修正。最后，对拉延模进行研配，其目的是使凸模、压料圈与凹模之间保证均匀合理的工作间隙及良好的接触状态。图2-61所示为某车型顶盖拉延模研配时，以凸模为基准，对其进行研磨与抛光，然后再研磨与抛光凹模压料面，保证拉延筋的完整性和表面粗糙度，模具装配完成后，合模等待上压力机准备调试。

2）上压力机调试。在调试阶段，可以验证模具功能是否齐全，拉延件冲压成形工艺性如何。作业内容包括：调整模具使用状态、标识工序件、填写记录卡。若因模具结构、冲压工艺、拉延件设计及产品设计不合理等原因导致拉延件出现拉裂、起皱、缩颈等明显缺陷，就要采取相应措施，修改模具或工艺设计，调整拉延毛坯形状和尺寸。图2-62所示为车身顶盖的拉延试制件，其在转角处出现了开裂和凹陷。

图2-61　拉延模研配

图2-62　车身顶盖的拉延试制件

根据模具试制情况，对模具结构进行钳工调整，例如顶盖转角处试制拉裂后，不能按照一般的原则随便将拉延筋放松，因为顶盖要求的刚度较高，零件成形时中间的材料要向两边流动，拉延筋外边的材料向里基本不流动，因此需要找到材料流动的平衡点，保证零件的成形质量。处理办法是修模具圆角至光滑圆顺，或者对上模对应处侧壁做适当修整，保证材料在不流动的情况下零件不开裂。同时，要注意零件压料面不能有皱，不然会影响后面的二次成形。调整后的车身顶盖的拉延试制件如图 2-63 所示。

制件调试出来后，将凹模和压边圈淬火，提高工作硬度，然后将其进行研配，研配好后，再次进行调试，若着色不均，再进行研配和抛光等工作，直至合格为止。

（5）拉延模的维护

1）日常维护。

① 维护时间：生产结束后或更换模具前。

② 维护内容：清除模具上的残留废料；将模具表面、型面、压料面、刃口等擦拭干净；根据实际情况润滑导向零件的导向面。

图 2-63　调整后的车身顶盖的拉延试制件

2）预见性维护。

① 维护时间：重要大中型模具生产 1 次（或 2500~3000 件）维护 1 次，其他的大中型模具 3 个月（或 10000~15000 件）维护 1 次，小冲模具 1 年（或 40000~60000 件）维护 1 次。

② 维护内容：详见表 2-9。

表 2-9　模具预防、预见性维护内容及要求

维护内容	维护要求
外观	无裂纹、杂物
起重装置	无裂纹、杂物
型面、压料面、压料板	表面粗糙度符合要求，无杂物、锈蚀，动作平稳、无干涉
导向零件	无杂物、拉毛，润滑正常，间隙合理
顶料装置	动作平稳、无松动
废料槽、废料盒	无废料堆积
侧销、卸料螺钉	无裂纹、松动
斜楔机构	动作平稳，复位正常，无干涉
拉延模排气孔	无杂质，排气顺畅
修边刃口	锋利，无裂纹，间隙合理
冲孔凹模	无裂纹，积料合理
气缸	动作平稳、无漏气
弹簧	按规定行程和载荷使用，无断裂、漏气
缓冲器	无裂纹、变形

3）模具的清洗。

① 清洗时间：重要模具生产 1 次（或 2500~3000 件）清洗 1 次，其他的大中型模具 3 个月（或 10000~15000 件）清洗 1 次，小模具 1 年（或 40000~60000 件）清洗 1 次；模具维修后清洗。

② 清洗部位：压料面、型面、刃口；导向零件的导向面；拉延模排气孔及排气管道。

③ 清洗方式：

a. 干洗。将模具各部分拆开，先用干净布将其擦拭干净，然后在粘有油渍的部位喷上干洗剂

并用黏性纱布擦拭干净；再用压缩空气将拉延模气孔及排气管道逐个吹干净；在导向零件的导向面涂上润滑油，然后将模具重新装好并按模具定置图存放整齐。

b. 清洗液清洗。去油污时，将需要清洗的模具各部分拆开吊至模具清洗区，在导向零件的导向面涂上煤油。清洗时，首先打开高压喷枪，用清洗液将模具上的油污、铁屑、灰尘等清洗干净，然后翻转模具倒掉积水，使用高压气管吹干模具型腔、表面、导板、刃口、底部等地方的积水，如图2-64所示。

c. 润滑。在导向零件的导向面涂上润滑油，而后将模具重新装好并按模具定置图存放整齐。

a) 模具清洗　　　　　　　　b) 模具吹干

图2-64　模具的清洗

三、车身地板的冲压工艺

1. 车身地板的结构特征与成形特点

车身地板是车身结构的重要部件，其长度可以从前围板一直延伸到汽车的尾部，一般分为前地板、中地板和后地板三部分，其两侧分别和左、右侧围总成连接，从而形成稳定的驾乘空间，保证车辆具有良好的强度和刚度。车身地板的结构模型如图2-65所示。

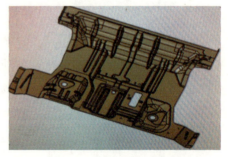

图2-65　车身地板的结构模型

车身地板结构的尺寸比较大，成形的深度较浅，材料的流动比较均匀，在边缘处分别与后地板后段、座椅安装板、纵梁等零部件形成搭接关系，所以需要翻边工艺来成形。另外，车身地板内部分布有大小、形状不一的孔洞，需要冲孔工序成形。

2. 车身地板的冲压工艺流程

通过车身地板的结构和成形分析，结合冲压工序，可以得出车身地板的冲压工艺流程，如图2-66所示。

图2-66　车身地板的冲压工艺流程

3. 翻边工艺

翻边是沿着工序件的外形边缘将工件坯料边部或坯料上预制孔边部窄带区域的材料弯折成竖边的塑性加工方法。翻边不仅应满足制件与其他零部件装配、连接的要求，还应增加覆盖件的刚度，强化零部件边部强度，使覆盖件边缘光滑、整齐和美观。

翻边是覆盖件冲压的关键工序之一。当翻边线为直线时，翻边就成了弯曲变形，但弯曲时毛坯的变形仅局限于弯曲线的圆角部分，而翻边时毛坯的圆角部分和边缘部分都是变形区，所以翻边变形比弯曲变形复杂得多。覆盖件上的翻边线大多是不规则的直线或者曲线轮廓，因此，各部分翻边的变形因翻边轮廓形状而异。

（1）翻边的分类　翻边的种类和形式有很多，根据成形过程中边部材料长度的变化情况，可将翻边分为伸长类翻边和压缩类翻边；根据变形工艺特点，翻边可分为内孔（圆孔或非圆孔）翻边、外缘翻边等，外缘翻边可以分为外缘外曲翻边和外缘内曲翻边，如图2-67所示。

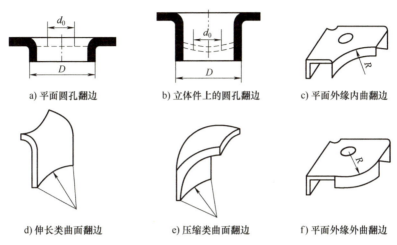

图2-67　翻边常见的类型

圆孔翻边、外缘内曲翻边等属于伸长类翻边，其变形特点是变形区材料受拉应力，切向伸长，厚度变薄，易发生破裂。外缘外曲翻边属于压缩类翻边，其变形特点是变形区材料受切向压缩应力，产生压缩变形，厚度增加，易起皱。非圆孔翻边通常是伸长类翻边、压缩类翻边和弯曲成形的组合形式。

1）圆孔翻边。圆孔翻边的过程就是把平板上或空心件上预先制好的孔扩大成带有竖边的孔（图2-68）。翻边前毛坯孔的直径为 d，翻边过程中，凸模底部材料孔内径在凸模的作用下不断扩大，材料逐渐靠近凹模内壁而形成侧壁，直到翻边结束，变形区内径的尺寸 D 等于凸模的直径，即形成了竖直的边缘。

翻边的变形区在凹模圆角区内，凸模底部的材料为主要变形区，变形区材料处于切向、径向受拉的应力状态。切向应力在孔边缘处最大，径向应力在孔边缘处为零。

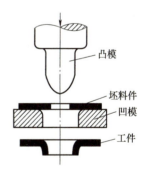

图2-68　圆孔翻边

2）外缘翻边。

① 外缘内曲翻边。用模具将毛坯上内凹的边缘翻成竖边的冲压加工方法称为外缘内曲翻边。其应力和应变情况与圆孔翻边相似，属于伸长类翻边，如图2-69所示。

② 外缘外曲翻边。用模具将毛坯上外凸的边缘翻成竖边的冲压加工方法称为外缘外曲翻边。其应力和应变情况类似于浅拉延，属于压缩类翻边，如图2-70所示。

外缘外曲翻边时，由于切向压应力的作用，产生较大的压缩变形，容易起皱，故成形极限主要受压缩起皱的限制。当翻边高度较大，起皱趋势增大时，为避免起皱，可采用压边装置。

3）非圆孔翻边。非圆孔翻边的变形性质与其孔缘轮廓性质有关。凡是内凹弧线部分，其变形性质与圆孔翻边相同，变形区材料主要产生切向拉伸变形；凡是外凸弧线部分，其翻边属于压缩类变形。非圆孔翻边时，伸长类翻边区的变形可以扩展到与其相连的弯曲变形区域或压缩类翻边区，从而可减轻伸长类翻边区的变形程度。

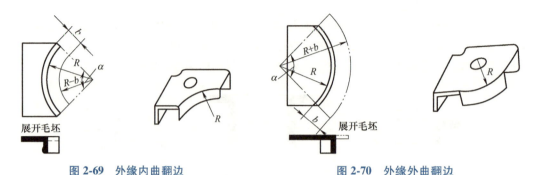

图 2-69 外缘内曲翻边　　　　　图 2-70 外缘外曲翻边

4. 覆盖件的翻边模具

覆盖件的翻边一般是沿着轮廓线向内或向外翻边。由于覆盖件平面尺寸很大，翻边时只能水平方向摆放，因此，其向内、向外翻边可以采用斜楔结构。根据翻边模具的结构特点和复杂程度，覆盖件的翻边模具大致可以分为垂直翻边模、斜楔翻边模、斜模两面开花翻边模、斜楔圆周开花翻边模、斜楔两面向外翻边模和内外全开花翻边模等。

车身地板的翻边模采用的是垂直翻边模，翻边凸模或凹模做垂直方向运动，对覆盖件进行翻边。这类翻边模结构简单，翻边后工件包在凸模上，退件时退件板要顶住翻边边缘，以防工件变形。图 2-71 所示为某车身地板的翻边模具，其中上模为凸模，下模为凹模，翻边时，上模做垂直方向的运动，当上、下模具合模时，完成翻边。

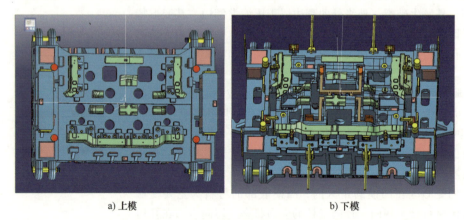

a) 上模　　　　　　　　　　b) 下模

图 2-71 车身地板的翻边模具

5. 胀形工艺

胀形是利用模具强迫板料局部厚度变薄和表面积增大以获得所需零件的加工方法。胀形主要用于平板毛坯的局部胀形、圆柱空心毛坯胀形及胀拉成形等。

胀形塑性变形区局限于与凸模接触部分，如图 2-72 所示。在凸模力的作用下，变形区材料受双向拉应力作用，沿切向和径向产生伸长变形，材料既不从变形区流向外部，也不从外部流入变形区，成形面积的扩大主要靠毛坯厚度变薄而获得。

（1）局部胀形　局部胀形是一种使材料发生拉伸，形成局部的凹进或凸起，借以改变毛坯形状的方法。它主要用于加强筋和凸包的压制、零部件及艺术装饰品的浮雕压制、不对称开口零部件的冷压成形，如图 2-73 所示。

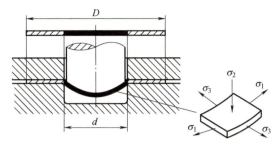

图 2-72 胀形变形分析

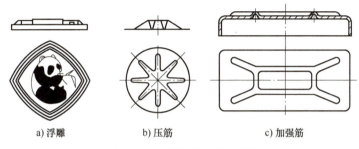

a) 浮雕　　　　　b) 压筋　　　　　c) 加强筋

图 2-73 局部胀形的几种形式

【画龙点睛】

在汽车覆盖件的成形过程中,毛坯的变形不是简单的拉延变形,而是拉延和胀形变形同时存在的复合成形。由于覆盖件的轮廓内部有局部形状,在冲压成形时压料面上的毛坯受到压边圈的压力,随着凸模的下行而首先产生变形并向凹模内流动。当凸模下行到一定深度时,局部形状开始成形,并在成形过程的最终时刻全部贴模。所以,局部形状外部的毛坯难以向该部位流动,该部位的成形主要靠毛坯在双向拉应力下的变薄来实现面积的增大,即局部胀形成形,如图 2-74 所示。

 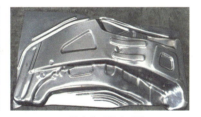

a) 某车身底板零件　　　　　b) 某车身零件拉延件

图 2-74 车身覆盖件的局部胀形

(2) 圆柱形空心毛坯的胀形　将圆柱形空心毛坯(管状或桶状)向外扩胀成曲面空心零件的冲压方法称为圆柱形空心毛坯胀形。用这种方法可获得许多形状复杂的零件。圆柱形空心毛坯胀形时,材料主要为切向伸长变形,材料的破坏形式均为开裂。

圆柱形空心毛坯胀形的方法有刚性模具胀形、软模胀形和液压成形等。其中,液压成形技术是一种制造空心轻体构件的先进制造技术,现在广泛应用于汽车制造领域,主要用来生产排气系统零部件、底盘、框架结构和凸轮轴等。液压成形的零部件如图 2-75 所示。

a) 发动机排气歧管

b) 底盘管类零件

图 2-75　液压成形的零部件

（3）胀拉成形　汽车车身覆盖件大都是一些底部曲率半径很大的制件，如车身顶盖、发动机舱盖等，底部曲面的变形性质属于胀形，但曲面部分变形量很小，通常称之为大曲率半径胀形。此类胀形因其曲面变形量很小，破裂不是生产中的主要问题，经常发生的情况是贴模不良而使零部件脱模后曲面回弹造成较大的形状误差。

为解决这类零部件的回弹问题，生产中常采用胀拉成形，如图 2-76 所示。胀拉成形原理与拉弯成形相似，即在毛坯贴靠凸模曲面成形时，对毛坯附加胀拉力，胀拉力一方面增大材料变形程度，另一方面减小甚至消除弯曲时材料内部的压应力，从而达到减小零部件回弹，增强零部件刚度的目的。

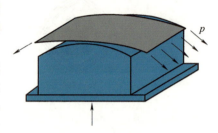

图 2-76　车身覆盖件的胀拉成形

四、B 柱主加强板的冲压工艺

1. B 柱主加强板的结构特征与成形特点

汽车的 B 柱位于驾驶舱的前座和后座之间，左右对称，从车顶延伸到车底部，起支撑车顶和车门的作用，且对驾驶舱内的成员起到保护作用。在车辆发生侧面撞击或翻滚时，B 柱能有效地抵抗冲击力，避免驾驶舱的形变。另外，B 柱是安全带、线束、车门锁等一些辅助装置的安装主体，因此，B 柱需要保证具有足够的刚度和强度，防止变形。

B 柱主加强板是一个复杂的空间曲面的结构，如图 2-77 所示，整体呈弓字形，两头大，中间小，形状不对称且复杂，左、右两端头台阶深度较深，中间凸台较高，形状变化较剧烈，截面变化较为复杂，深度起伏比较大，这些都容易导致成形过程中发生开裂；此外，其内部还有大小不一的孔洞，局部还有加强筋，这都增加了变形的难度。

图 2-77　B 柱主加强板

2. B 柱主加强板的冲压工艺流程

通过 B 柱主加强板的结构和成形分析，结合冲压工序，可以得出其冲压流程，具体流程：下料→拉延→冲孔+切边→整形→切断+冲孔+侧冲孔。

其中，第一步下料是为了获取所需大小的坯料。第二步拉延是为了获得 B 柱主加强板的拉延件。第三步是冲孔和切边的组合工序，由于截面变化较为复杂，这些孔并不在同一截面内，无法一次全部冲出，因此，本工序中的冲孔将主要针对图 2-77 中标识的 6 个孔进行；切边则是沿着外部轮廓将多余的材料切掉。第四步是整形工序，由于 B 柱主加强板上的棱线较多，因此，需要对这些棱线、圆角等进行整形处理，保证产品的尺寸精度要求。第五步是切断、冲孔和侧冲孔的组合工序，主要针对外部轮廓边缘的修整和零件内部其他孔洞的成形。

> 【画龙点睛】
> 用于冲压的覆盖件坯料可以采用激光拼焊技术进行板料拼接后，再对拼后的板料进行冲压，这样不仅可以满足零部件对材料性能的不同要求，用最小质量、最优结构和最佳性能实现汽车轻量化的目的，还可以节省原材料，降低成本。

3. 弯曲工艺

弯曲是覆盖件冲压的关键工序之一。在拉延成形过程中，因覆盖件的结构特点不同，部分毛坯材料的变形是拉延和弯曲变形同时存在的复合成形。

弯曲工艺是指把材料（包括板料、毛坯料、管材、型材、棒料等）沿弯曲线弯曲成一定形状和角度的冲压工序，它是冲压生产基本成形工序之一，应用非常广泛。图 2-78 所示为常见的弯曲零件。根据所用的工具和设备的不同，常见的弯曲成形方法有压弯、折弯、拉弯、滚弯、辊压等，如图 2-79 所示。尽管弯曲方法不同，但它们的变形过程及特点有着共同的规律，下面主要介绍压弯工艺。

弯曲工艺

图 2-78 常见的弯曲零件

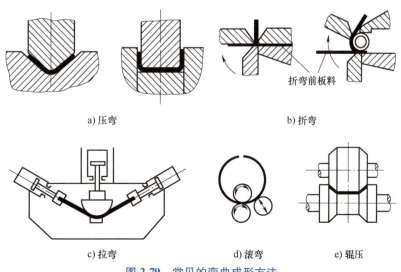

图 2-79 常见的弯曲成形方法

（1）弯曲的变形过程　板料的 V 形弯曲是最基本的弯曲变形之一，其他复杂形状件的弯曲可以看作由多个 V 形弯曲组成，其变形机理与 V 形弯曲基本相同。下面以最简单的 V 形件为例，分析板料的弯曲变形过程。V 形零件的弯曲过程如图 2-80 所示。

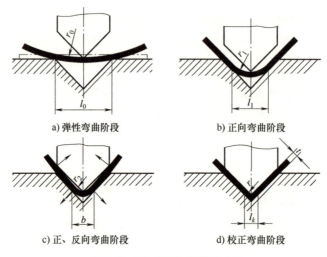

a）弹性弯曲阶段　　b）正向弯曲阶段
c）正、反向弯曲阶段　　d）校正弯曲阶段

图 2-80　V 形零件的弯曲过程

1）弹性弯曲阶段。弯曲前，毛坯定位在凹模开口面上，凸模随着压力机滑块向下运动，开始进行弯曲。凸模最先接触板料中部，同时在凹模开口面与板料接触形成左、右 2 个支承点，因此在凸、凹模的作用力下板料内部形成了弯矩，使板料弯曲，产生弹性变形。此阶段，弯曲圆角半径 r_0 很大，弯曲力矩很小。

2）正向弯曲阶段。随着凸模进入凹模深度的增大，凹模与板料的接触位置发生变化，弯曲力臂 l_1 逐渐减小，弯曲圆角半径 r_1 随之逐渐减小，弯曲夹角与弯曲半径也不断减小。凹模对板料的支承点不断向内移动，毛坯弯曲变形区逐渐缩小，直到与凸模 3 点接触。

3）正、反向弯曲阶段。随着凸模继续下压与板料 3 点接触时，正向弯曲阶段结束，开始了正、反向弯曲阶段。中间部位材料在凸模作用下继续正向弯曲，毛坯两侧直边部分材料朝反方向弯曲，当凸模在最低位置时，板料的角部与直边均受到凸模的压力，弯曲件的圆角半径和夹角完全与凸模吻合，弯曲过程结束。生产中通常把上述阶段完成的变形称为自由弯曲。

4）校正弯曲阶段。由于之前阶段的弹性变形在压力消失后会产生弯曲回弹，影响制件的尺寸精度。因此，在自由弯曲结束后，凸模继续下压使已成形的制件与凸、凹模贴紧压力增大，以校正定形。

（2）弯曲卸载后弯曲件的回弹　在弯曲发生塑性变形的过程中伴随有弹性变形，当弯曲力卸除后，板料弯曲变形结束，塑性变形保留下来，而弹性变形恢复，使弯曲件变形区的形状和尺寸发生变化并与模具的形状尺寸不一致，这种现象称为回弹，如图 2-81 所示。回弹是弯曲成形中常见的现象，也是生产中不易解决的棘手问题。

（3）减小回弹的措施　由于在塑性变形的同时伴随着弹性变形，所以很难完全消除回弹，生产中可采取一些措施来减小回弹，以提高弯曲件尺寸精度。一般可从以下几方面考虑：

1）改进零件的结构。尽量避免选用过大的相对弯曲半径 r/t；在不影响工件外观要求的情况下，可在弯曲变形区压制加强筋，如图 2-82 所示，以提高工件的刚度，抑制回弹。

在弯曲件材料选择上，尽量选用弹性模量大、屈服强度低、力学性能稳定的材料，有利于减小其回弹量。

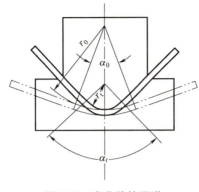

图 2-81 弯曲件的回弹

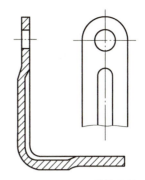

图 2-82 改进零件的结构

2)从工艺方面采取措施。

① 增加校正工序。运用校正弯曲工序,对弯曲件施加较大的校正压力,可以改变其变形区的应力应变状态,以减少回弹量。通常,当弯曲变形区材料的校正压缩量为板厚的 2%~5% 时,就可以得到较好的效果。

② 采用热处理工艺。对于一些硬材料或冷作硬化材料,弯曲前可先进行退火,使其硬度降低,以减小回弹,弯曲完成后再淬硬。对回弹较大的材料,必要时可采用加热弯曲措施。

③ 采用拉弯工艺。弯曲相对弯曲半径很大的工件时,由于变形区大部分处于弹性变形状态,变形程度很小,回弹量很大,甚至无法成形,这时可采用拉弯工艺,可有效减小其回弹量,如图 2-83 所示。

拉弯时,工件在弯曲变形的过程中受到切向拉伸力的作用。施加的拉伸力应使变形区内的合成应力大于材料的屈服强度,使中性层内侧压应变转化为拉应变,从而使材料的整个横断面都处于塑性拉伸变形的范围(变形区内、外侧都处于拉应变范围)。由于卸载后内、外两侧的回弹趋势相互抵消,因此,可大大减少弯曲件的回弹。

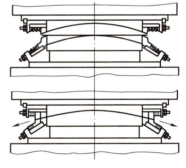

图 2-83 拉弯工艺

大曲率半径弯曲件的拉弯可以在拉弯机上进行。拉弯时,弯曲变形与拉伸的先后次序对回弹量有一定影响,先弯后拉比先拉后弯好。先弯后拉的不足之处是已弯坯料与模具摩擦加大,拉力难以有效地传递到各部分,因此实际生产中采用"拉+弯+拉"的复合工艺方法。

3)从模具结构上采取措施。

① 补偿法。利用弯曲件不同部位回弹方向相反的特点,按预先估算或试验所得的回弹量,修正凸模和凹模工作部分的尺寸和几何形状,以相反方向的回弹来补偿工件的回弹量。图 2-84a 所示为双角弯曲时的凸、凹模补偿形式。双角弯曲时,可以将弯曲凸模两侧修去回弹角,并保持弯曲凸模的单面间隙等于最小料厚,促使工件贴住凸模,开模后工件两侧回弹至垂直。图 2-84b 是将凹模底部做成圆弧形,利用开模后底部向下的回弹作用来补偿工件两侧向外的回弹。

② 校正法。校正法是通过改变凸模的形状使校正压力集中在弯曲圆角区,如图 2-85 所示,增大其校正变形力,以减小弯曲件的回弹。但这种凸模结构容易在工件上产生压痕。

③ 纵向加压法。纵向加压法是在弯曲过程完成后,利用模具的突肩在弯曲件的端部纵向加压,使弯曲变形区横断面上都受到压应力,卸载时工件内、外侧的回弹趋势相反,使回弹大为降低,如图 2-86 所示。利用这种方法可获得较精确的弯边尺寸,但对毛坯精度要求较高。

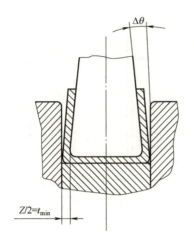
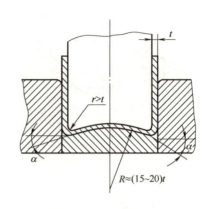

a) 弯曲凸模两侧修去回弹角　　　b) 凹模底部做成圆弧形

图 2-84　补偿法修正模具结构

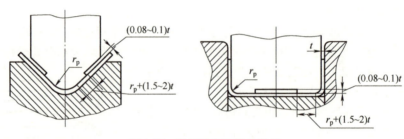

图 2-85　校正法修正模具结构

④ 软模弯曲法。软模弯曲法是利用聚氨酯凹模代替刚性金属凹模进行弯曲，弯曲时金属板料随着凸模逐渐进入聚氨酯凹模，激增的弯曲力将会改变圆角变形区材料的应力应变状态，达到类似校正弯曲的效果，从而减少回弹，如图 2-87 所示。

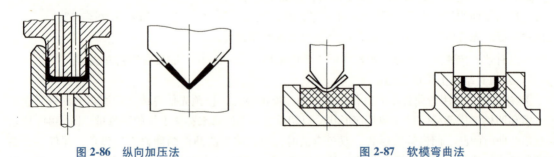

图 2-86　纵向加压法　　　　　　图 2-87　软模弯曲法

(4) 弯曲成形工艺

1) 最小弯曲半径。弯曲时，变形区内弯曲半径越小，变形程度越大。但当其半径过小以至变形程度过大时，板料的外侧面将超过材料的变形极限而产生裂纹。为了保证实际弯曲时板料不会因为变形程度过大导致材料破坏，弯曲半径不能小于其极限值，通常把该极限值称为最小弯曲半径 r_{min}。生产中常用 r_{min}/t 来表示弯曲变形成形极限，r_{min}/t 越小，板料弯曲的变形极限越大。

影响最小弯曲半径的因素主要有：

① 材料机械性能。材料的塑性越好，其变形能力越强，最小弯曲半径越小。

② 板料边缘及表面状态。弯曲件的坯料多为冲裁件，其断面边缘处产生的飞边、冷作硬化以及表面留下的裂纹划伤等缺陷，在弯曲时受拉应力作用引起应力集中，容易造成材料破裂。因此对断面质量和表面质量较差的板料进行弯曲时，不宜采用较小的弯曲半径。若生产中这些板料需要用较小弯曲半径，可采取相应的工艺措施提高其变形极限，如弯曲前去除坯料飞边和表面缺陷，将有少量飞边的边缘放在弯曲内侧，使其受压，另外可采用退火处理提高材料的塑性。

③ 板料折弯方向。板料一般为冷轧钢板，其纤维组织具有方向性。沿不同方向的变形其塑性指标不同。如图2-88所示几种情况，沿与纤维线垂直方向折弯时，材料变形极限较大且不易弯裂，r_{min}/t最小，如图2-88a所示；而沿与纤维线平行方向折弯变形时，容易弯裂，r_{min}/t最大，如图2-88b所示，因此在弯曲r_{min}/t较小的工件时，若工件为单侧弯曲，毛坯排样应尽量使折弯线垂直于纤维线方向；若工件为双侧或多侧弯曲时，排样应设法使各折弯线与板料纤维线方向呈一定的角度，如图2-88c所示。

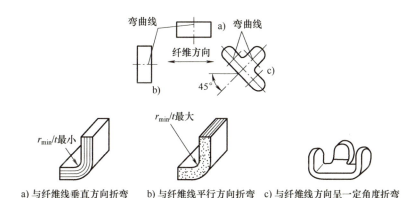

图 2-88 板料纤维方向对最小弯曲半径的影响

④ 弯曲中心角α。虽然弯曲变形程度与α无关，但由于纤维相互制约作用，其变形影响到了圆角附近的直边，扩大了弯曲变形区范围，使变形区变形得到了一定程度分散与缓解，从而有利于降低r_{min}/t的数值。α越小，变形分散效果越明显，其r_{min}/t越小。

由上述可知，最小弯曲半径是受各方面因素综合影响的一个工艺参数，因此，其数值一般由生产中试验方法确定。

2）弯曲工序的安排。生产中多数弯曲件不能一次弯曲成形，因此需要安排多次弯曲工序。工序安排的好坏将直接影响工件质量、模具结构、生产效率、废品率、生产成本等。所以在进行工序安排时，应依据零件的生产批量，零件的形状和材料，零件的尺寸及精度等因素综合考虑。弯曲工序的安排原则如下：

① 对于多角弯曲件，因变形会影响弯曲件的形状精度，故一般应先弯外角，后弯内角。前次弯曲要给后次弯曲留出可靠的定位部分，并保证后次弯曲不破坏前次已弯曲的形状。

② 对于结构不对称弯曲件，弯曲时毛坯容易发生偏移，应尽可能采用成对弯曲后再切开的工艺方法。

③ 对于批量大、尺寸小的弯曲件，应采用级进模弯曲成形工艺，以提高生产率。

图2-89所示为一次弯曲成形的示例，图2-90所示为二次弯曲成形的示例，图2-91所示为三次弯曲成形的示例，图2-92所示为多次弯曲成形的示例。

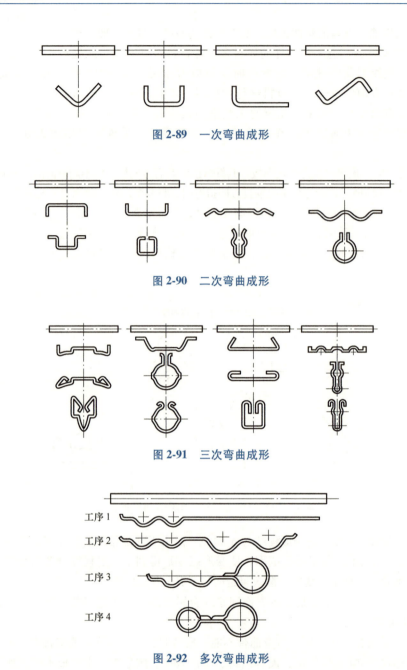

图 2-89　一次弯曲成形

图 2-90　二次弯曲成形

图 2-91　三次弯曲成形

图 2-92　多次弯曲成形

4. 整形工序

整形属于修整性成形工序,是依靠材料流动,少量改变工序件形状和尺寸,以保证工件精度的一种冲压工序,通常用于弯曲、拉延等成形工序之后。整形工序通常包括校平凸缘平面、校小根部与底部的圆角半径、校直侧壁和校平底部等。

整形的目的主要是提高冲压件表面的平面度或把冲压件的圆角半径及某些形状尺寸修整到符合零件要求。整形时,必须根据制件的形状特点和精度要求,正确地选定产生塑性变形的部位、变形的大小和适当的应力状态。

整形模与一般成形模具相似,只是工作部分的定型尺寸精度更高,表面粗糙度值要求更低,圆角半径和间隙值都较小。图 2-93 所示为 B 柱主加强板的整形模具。

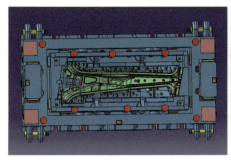
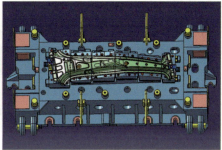

a) 上模　　　　　　　　　　　　　　b) 下模

图 2-93　B 柱主加强板的整形模具

【知识拓展】

汽车覆盖件的常见缺陷与质量检验

1. 冲压件的常见缺陷

冲压件可分为外板件和内板件两类。外板件为车身上用户可以看到、接触到的冲压件，内板件是不能被用户直接看到，或必须打开车身部件才能看到的冲压件。

车身冲压件常见的缺陷有起皱、开裂、暗伤、拉毛、变形、飞边、少孔、叠料等。外板件是汽车的"脸面"，它覆盖在车身的外表面，对其表面品质要求更高。有些缺陷对内板件来说是可以接受的，甚至是微不足道的，但对外表件而言，则是不合格的，甚至是严重的缺陷。因此，除了具有和内板件相同的缺陷外，外板件的缺陷还有麻点、凹坑、凸包、划伤、波浪、油痕和圆角不顺。

表 2-10 中列出了几种常见的冲压缺陷。

表 2-10　几种常见的冲压缺陷

序号	缺陷种类	缺陷图片	序号	缺陷种类	缺陷图片
1	开裂		4	飞边	
2	起皱		5	变形	
3	暗伤		6	麻点	

2. 冲压件的质量检验方法

冲压件的质量检验主要包括尺寸精度检验和表面质量检验。

（1）冲压件的尺寸精度检验　冲压件的尺寸精度检验通常要在专用检具或三坐标仪上进行全面定量检测，其中专用检具检验是生产过程中最常见的一种检验方法。

1）检具概述。检具是汽车制造过程中冲压件和焊接件等在线检测检验夹具的简称，用于控制产品各种尺寸（例如孔径、空间尺寸等），是一种按需求专门制造的检测工具，通常用于汽车车身尺寸精度的检测，如图2-94所示。

冲压件的尺寸精度检验

图 2-94　某车型 B 柱检具

2）检具的操作方法。检具检测的操作步骤主要包括

① 准备工作。检查检具各部分是否齐全，有无损坏；检查测量工具（游标卡尺、段差尺、钢直尺、塞尺等）是否准备齐全。

② 打开检具上所有夹紧器，有些检具还要打开样板刀、镶块等可转动部件。将擦拭干净的检测件放入检具本体，使其与基面紧密贴合。

③ 将定位销依次插入相应的定位销套中。

④ 按顺序合上夹紧器，有些检具还要合上样板刀、镶块等可转动部件。

⑤ 目视检查表面质量，观察检测件上是否有划伤、褶皱、压坑、拉薄甚至裂纹等质量问题。

⑥ 用钢直尺、游标卡尺等工具检查型面间隙与轮廓边线；用检测销、游标卡尺等工具检查各孔的孔径、孔位。

⑦ 根据检测结果，将检测数据依次记录在冲压件检验单中。尺寸检验结束后，质检员可以分析检测记录数据，判定产品尺寸质量是否达标。

（2）冲压件的表面质量检验　冲压件表面质量的检验可以采用目视检查、手感检查、油石检查等外观检测方法。

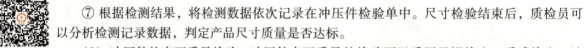

冲压件的表面质量检验

1）目视检查。目视检查就是通过人眼直接发现坑的位置及类型，这种检查方法容易、快捷，但需要有丰富的实际生产经验，如图2-95所示。

2）手感检查。手感检查是利用手掌的灵敏度触摸冲压件表面，以发现表面坑、包，如图2-96所示。

手感检查适合冲压件各个部位，不受工作环境、光线的限制，能够检查出一些比较小的坑、包缺陷，但是无法确定坑、包的位置及其大小，通常需要在修复前用其他辅助工具

图 2-95　目视检查

确定位置和大小。

（3）油石检查　相比于目视检查和手感检查，油石检查可以准确检查出冲压件上的坑、包缺陷位置及大小，以及检查修复过程中缺陷变化的情况，如图2-97所示。

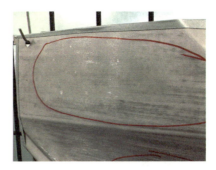

图2-96　手感检查　　　　　　　　图2-97　油石检查

以上3种检查方法是冲压件表面质量检验的主要方法，在检查时，可以根据检验要求合理选择检验方法。通常是在冲压生产线的末端设置人工检验工位，对于比较明显的缺陷采用目视检查、手感检查等方式确认，若这两种方法难以确认缺陷，则需经过油石打磨后才能看到缺陷。

【任务实施】

仪器设备及工具准备

1. 汽车车身结构图、覆盖件或车身骨架图。
2. 汽车覆盖件冲压特点及冲压工艺相关资料。

任务实施内容

根据所学习的知识和相关资料，制订车身顶盖的冲压工艺，识别顶盖的冲压模具部件，将下面的工单填写完整。

学院		专业		班级	
姓名		学号		日期	
指导教师					

1）请根据下图写出车身顶盖的冲压成形工艺。

序号	图片	成形工艺	具体工艺分析
1			
2			

（续）

序号	图片	成形工艺	具体工艺分析
3	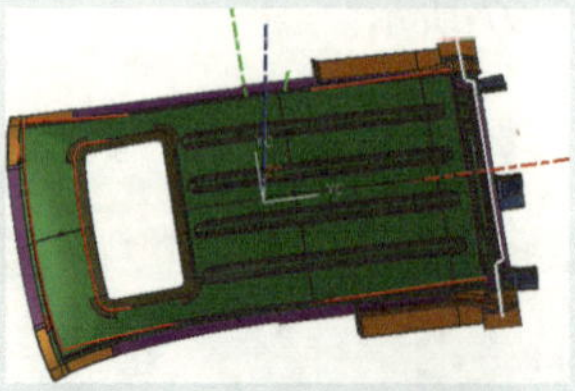		
4	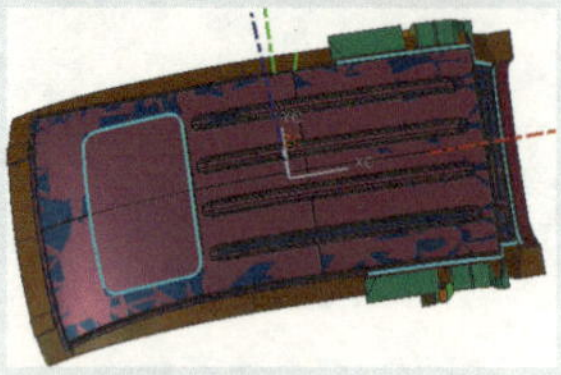		

2）请写出车身顶盖的拉延工艺设计要点及原则。

序号	设计要点	设计选择图片	设计原则
1	确定零件的冲压方向	请分析下列两种方案哪种方案的方向更合理 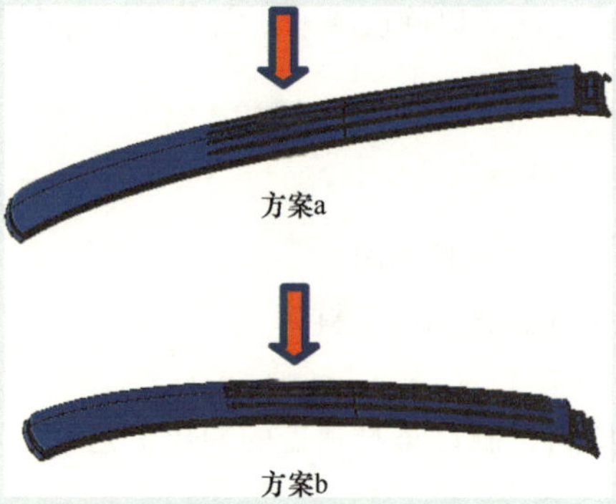 方案a 方案b	
2	确定压料面	请指出下图中顶盖的压料面 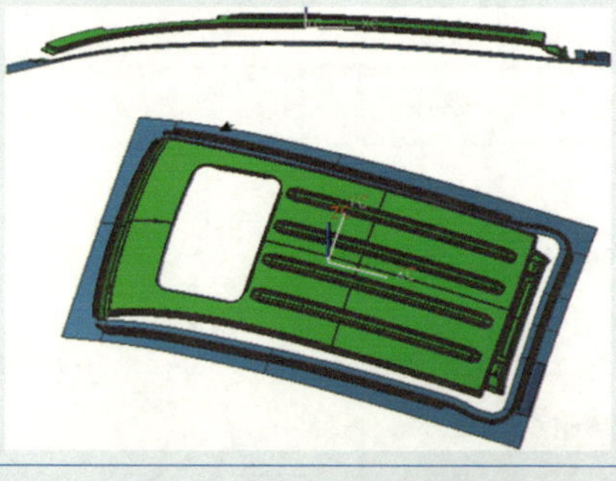	
3	确定工艺补充	请分别指出下图中顶盖的内部和外部工艺补充 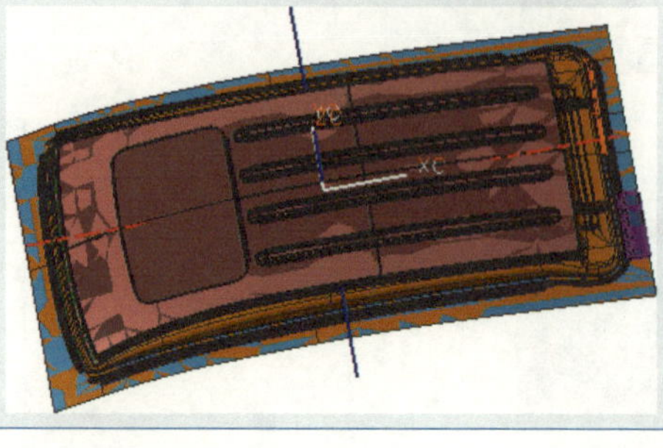	

（续）

序号	设计要点	设计选择图片	设计原则
4	拉延筋的设置	请指出下图中顶盖的拉延筋，并分析为什么这样设置 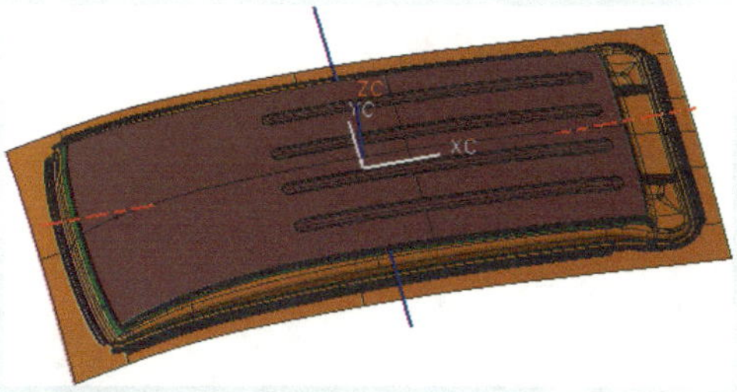	

3）请根据下图写出拉延模具各结构的名称及作用。

序号	模具名称	模具结构	模具作用
1	模具总体结构	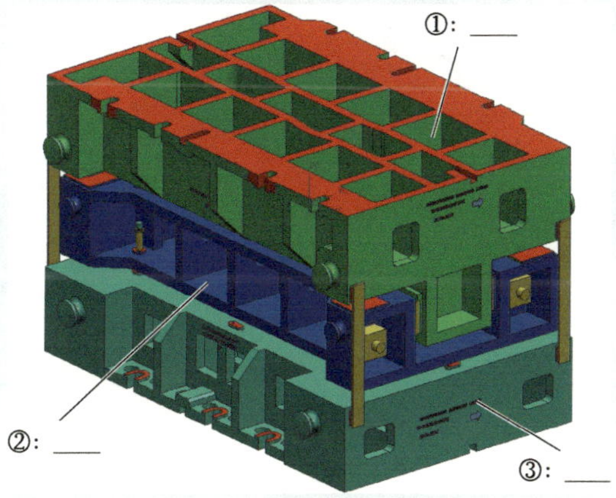 ①：___ ②：___ ③：___	①：_____ ②：_____ ③：_____
2	凹模	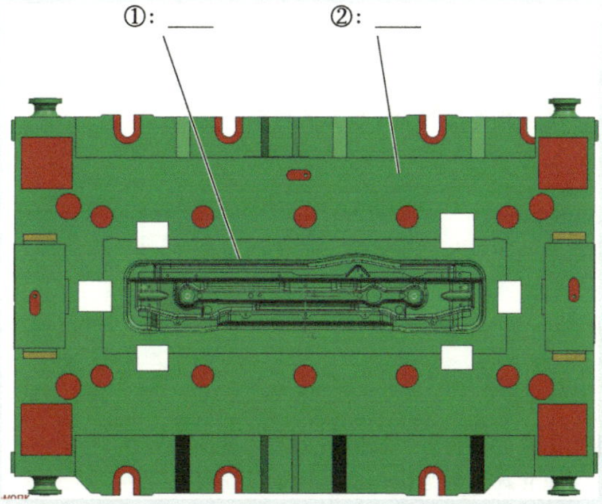 ①：___ ②：___	①：_____ ②：_____

（续）

序号	模具名称	模具结构	模具作用
3	压边圈	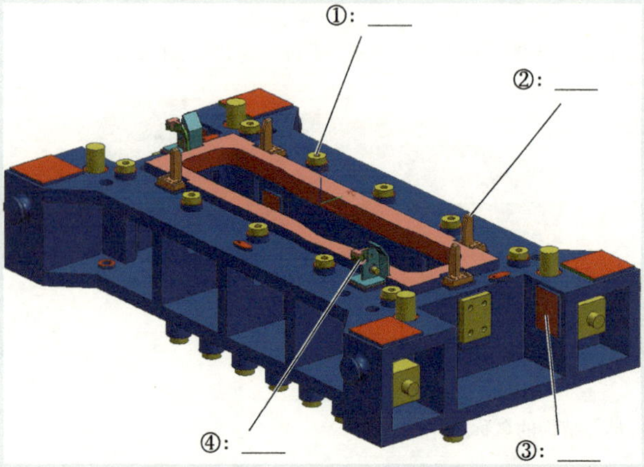 ①：____ ②：____ ③：____ ④：____	①：____ ②：____ ③：____ ④：____
4	凸模	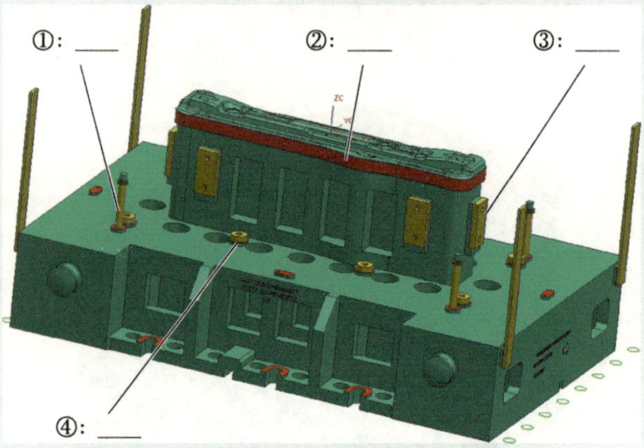 ①：____ ②：____ ③：____ ④：____	①：____ ②：____ ③：____ ④：____

【评价反馈】

评价项目	评价标准	小组评价（占总评分的40%）	教师评价（占总评分的60%）
知识准备（30分）	了解车身后轮罩内板的冲压工艺；掌握冲裁工艺的变形过程及冲裁件的断面特征；了解冲裁模具的结构及组成；掌握弯曲工艺的变形过程及弯曲回弹的预防		
	了解车身顶盖的冲压工艺；掌握拉延工艺的设计方法及原则；掌握拉延模具的类型、结构特点及工作原理；了解车身底板的冲压工艺		
	掌握局部胀形工艺变形特点；掌握翻边工艺类型及变形特点；了解B柱主加强板的冲压工艺；掌握整形工艺的作用及变形特点		

（续）

评价项目	评价标准	小组评价 （占总评分的40%）	教师评价 （占总评分的60%）
知识拓展 （10分）	养成自主学习的习惯，树立职业目标		
任务实施 （40分）	成形工艺及工艺分析，每描述正确1个得2.5分		
	车身顶盖的拉延工艺设计要点及设计原则描述，每正确1个得2.5分		
	拉延模具各结构的名称，每完整描述1个得3分；模具作用每完整描述1个得2分		
综合表现 （20分）	能与同学密切合作，积极实践，安全地完成学习活动，具备严谨规范的工作作风		
合计			
总评分			

教师评语：

日期： 年 月 日

【情智故事】

发愤图强产业报国

"为中国汽车跑遍全世界，而不是全世界的汽车跑遍全中国而顽强拼搏。"吉利控股集团董事长李书福的话掷地有声。

1997年，李书福创办了我国第一家民营汽车企业。"我决定要研究、生产汽车，真没有太多的人相信。大家都认为中国在汽车工业领域已经没有优势了，只能与外国汽车公司合资或者合作才有可能取得成功。"李书福回忆，"但我相信，中国一定会成为世界上最大的汽车市场。"

随着汽车市场大发展，自主品牌崛起，2022年，在《财富》杂志公布的排行榜中，吉利控股集团连续11年位列世界500强。李书福从昔日的放牛娃成长为汽车业巨子，折射出众多市场经济弄潮儿成长的轨迹。通过改革开放，中国经济腾飞。企业家紧抓机遇，乘势而上，大显身手。但无论走多远，飞多高，始终不变的是家国情怀。

企业营销无国界，企业家有祖国。优秀企业家始终把企业发展同国家繁荣、民族兴盛、人民幸福紧密结合在一起，对国家、对民族怀有崇高使命感和强烈责任感，干在实处，走在前列。

【课后测评】

一、单项选择题

1. 从板料上冲下所需的零件或毛坯称为（　　）。
A. 落料　　　　　B. 冲孔　　　　　C. 切断　　　　　D. 切边
2. 冲裁时，（　　）是在塑性变形阶段形成的。
A. 圆角带　　　　B. 光亮带　　　　C. 断裂带　　　　D. 飞边
3. 在一副模具中有规律地安排多个工位进行级进生产，这种模具称为（　　）。

A. 单工序模　　　　B. 复合模　　　　C. 级进模　　　　D. 多工序模

4. 模具中（　　）是保证模具各相对运动部位具有正确位置及良好运动状态的零件。

A. 工作零件　　　　B. 定位零件　　　　C. 导向零件　　　　D. 固定零件

5. 拉延变形的主变形区是（　　）。

A. 凸缘区　　　　B. 圆角区　　　　C. 筒壁区　　　　D. 筒底区

6. 拉延变形的"危险断面"在（　　）。

A. 凸缘区　　　　B. 凸模圆角区　　　　C. 筒壁区　　　　D. 凹模圆角区

7. （　　）的目的主要是改善覆盖件成形条件，通过工艺延伸形成局部侧壁高度，使拉延件各处拉延深度较为均匀，促使材料各处的变形均匀一致。

A. 拉延方向　　　　B. 压料面　　　　C. 工艺补充　　　　D. 拉延筋

8. （　　）是沿着工序件的外形边缘将工件坯料边部或坯料上预制孔边部窄带区域的材料弯折成竖边的塑性加工方法。

A. 胀形　　　　B. 翻边　　　　C. 整形　　　　D. 冲裁

9. （　　）过程是把平板上或空心件上预先制好的孔扩大成带有竖边的孔。

A. 圆孔翻边　　　　B. 外缘内曲翻边　　　　C. 外缘外曲翻边　　　　D. 曲面翻边

10. （　　）变形属于压缩类翻边。

A. 圆孔翻边　　　　　　　　　　B. 立体件上的圆孔翻边

C. 外缘外曲翻边　　　　　　　　D. 外缘内曲翻边

11. 胀形变形的特点是（　　）。

A. 厚度变厚和表面积增大　　　　B. 厚度变薄和表面积减小

C. 厚度变薄和表面积增大　　　　D. 厚度变厚和表面积减小

12. 弯曲变形时，有一层圆弧与变形前相比长度不变，该层称为（　　）。

A. 应变中性层　　　　B. 弯曲圆角　　　　C. 弯曲内层　　　　D. 弯曲外层

13. 弯曲时，若工件为单侧弯曲，毛坯排样应尽量使折弯线与纤维线方向（　　）。

A. 平行　　　　B. 垂直　　　　C. 有一定角度　　　　D. 无关

14. （　　）是冲压件开裂的前兆。

A. 起皱　　　　B. 拉毛　　　　C. 暗伤　　　　D. 麻点

二、判断题

1. 断裂带是在弹性变形阶段形成的，冲裁时刃口压入板料时，刃口附近板料产生弯曲和伸长变形，材料被拉入间隙形成断裂带。（　　）

2. 对于塑性较好的材料，冲裁时裂纹出现的时刻较迟，因而材料剪切的深度较大，所以得到的圆角带所占比例大。（　　）

3. 冲裁件的尺寸精度是指冲裁件的实际尺寸与公称尺寸的差值，差值越小，则精度越高。（　　）

4. 复合模是在单工序模的基础上发展起来的一种较为先进的冲压模。它是在压力机的一次冲压行程中，在同一工位上同时完成两道或两道以上冲压工序的模具。（　　）

5. 与冲裁工序相比，拉延凸模和凹模的工作部分不应有锋利的刃口，而应具有一定的圆角，凸模与凹模之间的单边间隙应稍大于料厚。（　　）

6. 拉延变形过程中，凸缘区板料的受力特点为径向受拉应力，切向也受拉应力。（　　）

7. 压料面是指压边圈下面的毛坯凸缘部分，压料面形状是保证拉延过程中材料不破裂和顺利成形的首要条件。（　　）

8. 拉延时，通过改变拉延筋的参数可以较容易地改变进料阻力、调整进料速度，使板料均匀

成形。（　　）

9. 导板为带有起导向作用的石墨点的板状零件，导板导向能保证模具的运动平稳，保证凸、凹模的相对位置并有稳定的间隙。（　　）

10. 圆孔翻边过程中，孔边缘处的材料承受的切向拉应力和拉应变的作用最大，材料厚度减薄最为严重。（　　）

11. 用模具将毛坯上外凸的边缘翻成竖边的冲压加工方法称为外曲翻边。其应力和应变情况类似于浅拉延，属于伸长类翻边。（　　）

12. 在汽车覆盖件的成形过程中，毛坯的变形不是简单的拉延变形，而是拉延、胀形和弯曲等变形同时存在的复合成形。（　　）

13. 液压成形的工作原理是通过内部加压和轴向加力补料把管坯压入模具型腔，使其成形为所需要的工件。（　　）

14. 校正弯曲是在自由弯曲结束后，凸模继续下压使已成形的制件与凸、凹模贴紧，增大压力，以校正定形。（　　）

15. 为了保证实际弯曲时板料不会因为变形程度过大导致材料破坏，弯曲半径不能小于其极限值，通常把该极限值称为最小弯曲半径。（　　）

三、简答题

1. 汽车车身覆盖件常见的冲压工艺有哪些？
2. 简述冲裁变形的过程。
3. 影响冲裁件断面质量的因素有哪些？
4. 如何降低冲裁力？
5. 简述覆盖件修边模与一般冲孔、落料模的主要区别。
6. 简述拉延变形的各区域的变形特点。
7. 简述覆盖件的拉延工艺分析的要点。
8. 简述单动拉延模和双动拉延模的区别。
9. 简述胀形变形的特点及常见类型。
10. 如何减小弯曲的回弹？
11. 冲压件常见的缺陷有哪些？
12. 冲压件常见的质量检验方法有哪些？

项目三

车身焊装工艺

项目三　车身焊装工艺

【项目导航】

焊接在现代工业生产中具有非常重要的作用，在制造大型结构或复杂的机器部件时，更具有优越性。因为它可以将零部件结构采用化大为小、化复杂为简单的方式进行备料，然后逐次装配焊接，完成整个产品结构或部件的制造，这是其他工艺方法难以做到的。

焊装工艺作为车身制造技术的三大工艺之一，在汽车车身制造技术中应用非常广泛。汽车车身焊装包括车身地板、侧围、车架、车顶、车门及车身总成等部分的焊装。它是利用焊接方式把车身冲压件及其他零部件连接成为白车身的重要工艺，是汽车制造过程中必不可少的工艺流程之一。焊装工艺的质量会直接影响汽车的安全性能及使用寿命。

任务1　车身焊接工艺流程制订

【任务导入】

汽车车身壳体是一个复杂的结构件，焊接是现代汽车车身制造中应用最广泛的连接方式。白车身采用了哪些焊接方式，焊点的布置有什么特点？通过本任务的学习，学生应能理解焊接的定义并制订车身焊接工艺流程，实施焊接。

【学习目标】

素养目标：
1. 培养"质量意识在我心中，产品质量在我手中"，严把产品质量关的思想。
2. 培养勤学苦练的习惯，以及精益求精的工作态度。

知识目标：
1. 了解焊接，掌握焊接的定义及分类；掌握车身常用的焊接方法。
2. 掌握车身制造常用焊接符号表示方法；掌握车身主线及各分总成焊装工艺流程。
3. 了解车身焊装生产线；了解车身焊装设备及分类。
4. 了解焊装夹具，掌握焊装夹具功能作用。

能力目标：
1. 能够正确认识焊点（焊缝），判断出是通过什么方法焊接的。
2. 能够对焊装车身典型部件制订焊接工艺。

【知识准备】

焊接是现代机械制造业中一种必要的工艺方法，在汽车制造业中得到了广泛的应用。在汽车零部件的制造中，涉及点焊、凸焊、缝焊、滚凸焊、CO_2气体保护焊、氩弧焊、气焊、钎焊、摩擦焊、电子束焊和激光焊等焊接方法。点焊、气体保护焊、激光焊接等具有生产量大、自动化程度高、高速、低耗、焊接变形小、易操作的特点，点焊是汽车车身制造中应用最为广泛的焊接方法，也是特别适用于汽车车身薄板覆盖零部件的焊接方法。

一、焊接的基本概念

1. 焊接的定义及特点

在机械制造或部件的生产中，经常需要把两个或者两个以上的零件按照一定的形式和位置连接在一起。能够实现金属连接的方法非常多，一般可以根据连接的特点将其分为两大类；一类是可拆卸的连接，又称为机械连接，例如螺栓联接、键联结、楔联接；另一类是不可拆卸的连接，包括物理连接和化学连接两种，这种连接的拆卸只有在破坏零件后才能实现，例如焊接、铆接、粘接等。

焊接是通过加热或者加压，或者两者并用，加或不加填充材料，使两分离的金属表面达到原子间的结合，形成永久性连接的一种工艺方法。

焊接与机械连接相比，优点可以概括为节省金属材料、减小结构质量、经济效益好、简化加工与装配工序、生产周期短、生产效率高、结构强度高、接头密封性好、为结构设计提供较大的灵活性、焊接工艺过程容易实现机械化和自动化。

焊接存在自身的缺点，例如焊接结构容易引起较大的残余变形与焊接内应力、焊接接头中易存在一定数量的缺陷（如裂纹、气孔、夹渣等）、焊接接头性能不均匀，焊接过程中会产生高温、强光及有毒气体，对人体有害。

2. 焊接的分类

（1）按焊缝的空间位置不同分类　如图3-1所示，分为平焊、立焊、横焊和仰焊4种。

平焊：水平面的焊接。焊条运行波纹均匀分布，成形较好，其波纹像水的波纹一样。

立焊：垂直平面、垂直方向上的焊接。焊条运行波纹为鱼鳞状三角波纹，有时呈三角沟槽状，成形较好。

横焊：垂直平面、水平方向上的焊接。横焊时，焊条不上下摆动，故无焊条运行波纹。

仰焊：倒悬平面、水平方向上的焊接。仰焊时，由于焊条摆动方式与平焊、立焊、横焊均不相同，其焊缝无平焊、立焊、横焊的运行波纹，而是许多个圆饼形纹组成的焊缝，黑度不均匀，若其背面为平焊缝，则还可见不太明显的平焊波纹。

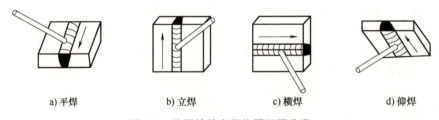

a) 平焊　　　b) 立焊　　　c) 横焊　　　d) 仰焊

图3-1　按焊缝的空间位置不同分类

（2）按焊接时的物理冶金特征进行分类　如图3-2所示，分为熔化焊、压力焊和钎焊3种。

熔化焊：将待焊处母材金属熔化以形成焊缝的焊接方法称为熔化焊。

压力焊：焊接过程中，必须对焊件施加压力（加热或加压），以完成焊接的方法称为压力焊。

钎焊：钎焊是硬钎焊和软钎焊的总称。它是采用比母材金属熔点低的金属材料作钎料，将焊件和钎料加热到高于钎料熔点、低于母材熔化温度，利用液态钎料润湿母材，填充接头间隙并与母材相互扩散实现焊件连接的方法。

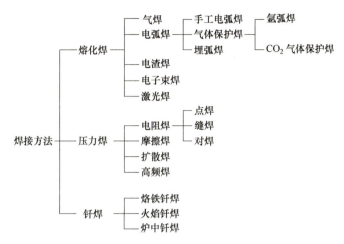

图 3-2　按焊接时的物理冶金特征进行分类

二、汽车车身焊装工艺认知

汽车车身壳体是一个复杂的结构件，它是由百余种甚至数百种（例如轿车）薄板冲压件经焊接、铆接、机械连接及粘接等方法连接而成的。由于车身冲压件的材料大都是具有良好焊接性能的低碳钢，所以焊接是现代车身制造中应用最广泛的连接方式。

1. 车身制造常用的焊接方法

车身焊装工艺是一个广义的概念，是指将冲压成形的车身各组件组装成一个完整白车身的全部工艺过程，其内容主要有焊接、包/折边、涂胶、合装、返修。由于焊接工艺的比例超过90%，因此将其统称为焊装工艺。

由于车身零部件大都是薄壁板件或薄壁杆件，其刚性很差，所以在焊装过程中必须使用多点定位夹紧的专用焊装夹具，以保证各零件或合件在焊接处的贴合和相互位置，特别是保证门窗等孔洞的尺寸等。这也是车身焊装工艺的特点之一。表3-1列出了车身制造中常用的焊接方法及典型应用实例。

表 3-1　车身制造中常用的焊接方法及典型应用实例

类型	焊接方法及设备		典型应用实例
电阻焊	单点焊	悬点焊机+手工焊钳/一体式焊钳	白车身及各大总成、分总成
		点焊机器人	白车身及各大总成、分总成
		固定点焊机、凸焊机	螺钉、螺母、小件
	多点焊	龙门式多点焊机	白车身、地板总成等
		C形（鳄鱼式）多点焊机	地板、侧围、车门、发动机舱盖、行李舱盖总成等
		组合式多点焊机	
	缝焊	悬挂缝焊机	白车身顶盖流水槽等
		固定缝焊机	燃油箱等
	凸焊		螺母、小支架

（续）

类型	焊接方法及设备		典型应用实例
熔化焊	气体保护焊	自动/半自动 CO_2 气体保焊机	白车身总成
		自动/半自动混合气体保焊机（MAG焊机）	车门铰链、消声器等
	氩弧焊（MIG焊）		车身顶盖后部两侧接缝等
	手工电弧焊		厚料零部件
	螺柱焊		各种焊接螺柱
	气体焊		白车身总成补焊
钎焊	锡钎焊		散热器等
特种焊	等离子弧焊		白车身顶盖后角板
	电子束焊		齿轮
	激光焊		车身地板、顶盖总成等
	激光复合焊		车身地板、顶盖、侧围、前后骨架等总成
	摩擦焊		后桥壳管和法兰转向杆

2. 车身焊装工艺特点

为便于制造，车身设计时，通常将车身划分为若干个分总成，各分总成又划分为若干个合件，合件由若干个零件组成。车身焊装的顺序按照上述过程的逆顺序，即先将若干个零件焊装成合件，再将若干个合件和零件焊装成分总成，最后将分总成和合件、零件焊装成车身总成。

对于有骨架的中型或大型客车的车身，一般是先焊装前、后围，左、右侧围及顶盖等几大片骨架分总成，然后在地板的基础上将这几大片分总成焊合成车身骨架总成，最后在骨架上蒙上蒙皮就成为白车身总成。

车身焊装的方式与生产效率密切相关。在单件小批量生产中，大都是采用手工焊装的方式，只有少量的焊装夹具，全部焊装工作都在一个或几个工位上完成。随着批量的增大，焊装工作转为流水线式，特别是车身总装常常是在有多个工位的流水焊装线上完成的，每个工位都有保证焊装质量的夹具。若是大批量生产，焊装工作则是在具有定位迅速准确的焊装夹具和完善的质量控制手段的自动化生产线上完成的，如今自动化生产线上广泛使用焊接机器人，以适应快的生产节奏和保证稳定的焊接质量。

3. 车身制造常用焊接符号表示方法

在技术图样或文件上需要表示焊缝或接头时，一般采用焊缝符号。焊缝符号应清晰表述所要说明的信息，不使图样增加更多的注解。

完整的焊缝符号包括基本符号、指引线、补充符号、尺寸符号及数据等。为了简化，在图样上标注焊缝时通常只采用基本符号和指引线，其他内容一般在有关的文件中（如焊接工艺规程等）明确。

（1）基本符号　基本符号表示焊缝横截面的基本形式或特征，见表3-2。

表 3-2 车身制造中常用焊接基本符号（摘自 GB/T 324—2008）

序号	名称	示意图	符号
1	角焊缝	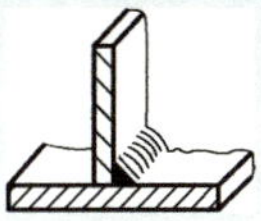	▷
2	点焊缝	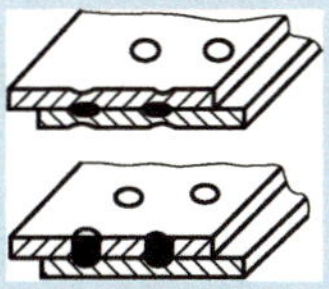	○
3	I 形焊缝		‖
4	V 形焊缝		V
5	单边 V 形焊缝		V
6	带钝边 V 形焊缝		Y

（2）补充符号　补充符号是为了补充说明焊缝的某些特征而采用的符号，见表 3-3。

表 3-3 补充符号（摘自 GB/T 324—2008）

序号	名称	符号	说明
1	平面	———	焊缝表面通常经过加工后平整
2	凹面	⌣	焊缝表面凹陷
3	凸面	⌢	焊缝表面凸起
4	圆滑过渡		焊趾处过渡圆滑
5	永久衬垫	M	衬垫永久保留
6	临时衬垫	MR	衬垫在焊接完成后拆除
7	三面焊缝	⊐	三面带有焊缝
8	周围焊缝	○	沿着工件周边施焊的焊缝 标注位置为基准线与箭头线的交点处
9	现场焊缝	 ▶	在现场焊接的焊缝
10	尾部	 <	可以表示所需的信息

（3）指引线　在焊缝符号中，基本符号和指引线为基本要素。指引线由箭头线和基准线（实现和虚线）组成，如图 3-3 所示。

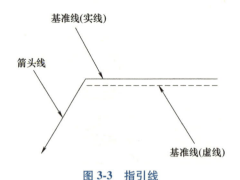

图 3-3 指引线

图 3-4 所示为车身制造中最常用的两种焊接符号表示方法。

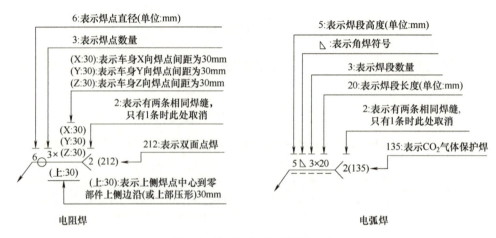

图 3-4 常用焊接符号表示方法

三、汽车车身焊装工艺流程

走进焊装车间

为了便于焊接成形且获得准确的车身外形尺寸和优良的外观质量，将由薄板冲压成形的片状冲压件焊装成具有一定强度或功能的分总成，再将分总成焊装成大总成，将大总成焊装在一起组成车身的六大模块（车身地板总成、顶盖总成、左/右侧围总成、前围总成、后隔板总成），然后将六大模块装焊在一起构成车身焊接总成，装上车门、发动机舱盖、翼子板、行李舱盖便构成了整体焊接白车身，如图 3-5 所示。

图 3-5 焊接白车身的构成

1. 车身主线生产工艺流程

车身焊装主线是把侧围分总成、地板分总成、由小件焊接而成的车体钣金合件及顶盖，通过传输装置、夹具、合装台等设备定位后，焊接合装，完成白车身总成的组焊，是车身焊装生产线的核心部分。

车身壳体是由薄钢板组焊而成的复杂结构件，一辆汽车的车身由数百个钣金冲压件组成，它们经夹具定位，经电阻焊、气体保护焊、钎焊及粘接等工艺组装而成。汽车车身钣金件的焊装是按一定的顺序进行的，具有明显的程序性。车身工段的焊接多采用自动线。

汽车车身主线生产工艺流程如图3-6所示，车身部件由升降传输辊床运输到工位内部，到位之后，由车身焊接定位夹具将车身侧围、顶盖横梁和车体主结构定位夹紧，然后机器人用定位焊焊枪对车身进行定位焊接。焊接结束之后，夹具打开，车身由升降辊床运输到下一个工位。

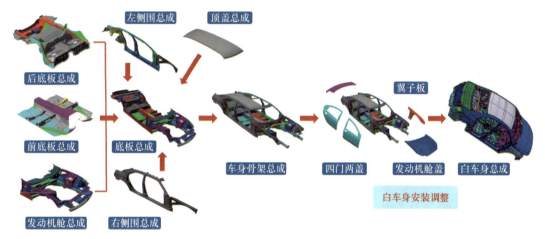

图3-6　汽车车身主线生产工艺流程

车身工段一般包括左/右侧围分总成线、前/后围分总成线及主线。主线接收来自地板工段的地板分总成，与侧围分总成、前/后围分总成、仪表板上盖板和后闭合板外板通过机器人进行预装。

预装采用搭扣将左/右侧围挂载在地板上，再通过辊床运送到人工上件工位进行顶盖横梁的装配。最后，预装完成的车身骨架被输送到主线最关键的一个工位——车身总拼工位。总拼工位用夹具将各部分总成零件进行精准夹紧定位，焊装机器人通过两次焊接（第一次为定位焊，第二次为补焊）形成一个车身骨架。

由于车身工段焊点数量较多，无法在一条生产线上完成，所以车身工段一般含有多条主线。主线一完成车身骨架的焊接，主线二对车身骨架进行补焊及后闭合板外板和承重梁定位焊和补焊，主线三完成顶盖在车身上的焊接。其中，侧围与地板搭接部分区域以及承重梁的焊接部分区域等因焊枪无法达到，一般采用CO_2气体保护焊进行焊接。CO_2气体保护焊在汽车车身制造过程中主要运用在两个方面：一是不能进行定位焊的位置，二是焊接强度要求比定位焊强度高的位置。

主线三的顶盖焊接有的采用电阻定位焊，但目前较为先进的技术是激光钎焊。

为了保证激光钎焊焊缝的美观，主线三会设置一个专门对焊缝进行自动打磨的工位，该工位可以同时对顶盖前、后端进行定位焊的补焊和激光钎焊的打磨。左、右各有一台装有打磨片的机器人以设定的轨迹和速度对焊缝进行打磨，打磨完成后车身被送到下一个工位自动检测焊缝质量，并在主线三车身交付区域通过显示屏显示检测结果。工人通过检测结果来判定是否需要对焊缝进行返修。同时，工人会对车身外观面和激光钎焊焊缝进行目视检查。对于外观面不合格的车身，工人在车身上做好标识，提醒调整线员工进行返修，激光钎焊焊缝不合格的需在该线体交付区域人工TIG焊进行返修。外观面或者激光钎焊焊缝有严重缺陷，返修时间较长时，车身需下线返修。

检查合格的车身被输送到下一生产线线体。

> 【画龙点睛】
>
> 车身焊装工艺的内容多而复杂，为了使车身焊装作业能高效、有序地进行，需合理规划与布局焊装工艺：①车身在焊装线上的流动应顺畅，无效输送和辅助生产时间应尽可能短；②物流配送方便；③焊装线两侧有足够的工件摆放空间；④便于产能的扩充和信息的导入。

2. 地板分总成焊装生产工艺流程

车身地板是汽车车身总成的重要组成部分，车身地板的焊装工艺流程如图3-7所示。地板总成承载座椅、备胎、燃油箱等并兼有承重的任务，因此地板结构保持足够的刚度和强度是至关重要的。整车厂一般根据对车身强度、加工精度及外购成本的控制要求决定车身工件的加工深度。

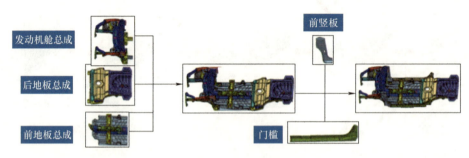

图3-7 车身地板的焊装工艺流程

地板线采用的是固定夹具定位、辊床输送和机器人搬运涂胶焊接的模式，将发动机舱总成、前地板总成、后地板总成通过机器人搬运到固定夹具上焊接下车体总成。这种模式具有车型切换时间短、设备控制简单、投资和维护成本低等特点，但其设备运行时间较长，节拍内的有效焊接时间相对会减少。

完成所有焊接后的下车体，将通过机器人在其总成上完成车身螺柱的焊接。螺柱自动焊工艺能保证螺柱的焊接质量和位置精度，并显著降低人力成本和劳动强度，提高焊接效率。在地板线上设置有下车体检查工位，通过人工检查记录，能有效地发现问题，防止不良零件流出。线尾设置有在线测量工位，通过机器人激光测头对下车体关键测量特征进行100%的实时监控和数据采集，有效地控制批量不良零件的产生和流出。

3. 侧围分总成焊装生产工艺流程

汽车白车身侧围总成是汽车的重要组成部分，它有提高车内的结构强度和保护乘员安全等作用。其焊装工艺流程如图3-8所示。

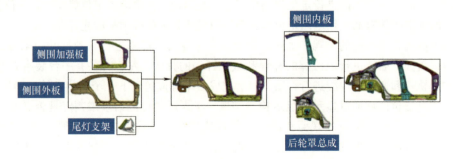

图3-8 车身侧围焊装工艺流程

侧围整体上可按侧围外板分总成和侧围内板分总成来划分，也可按部件分为A柱、B柱、C柱和门槛等。前风窗玻璃两侧的斜柱称为A柱，A柱遮挡区为行驶过程中的视野盲区。

从设计角度来讲，侧围内板的强度远大于侧围外板，在两构件焊接时，由于钣金冲压、焊接等方面的制造偏差，外板有可能被内板强制拉伸变形，因此在制订焊装生产工艺时需要重视。

焊装工艺主要包括3个方面：焊接定位、焊接翻边和焊接顺序。侧围部件焊接时，通常以孔为定位基准，定位孔通常要求平行于坐标平面，有翻边要求时，焊点距离焊件的边沿通常不小于12mm，最好超过15mm，以便于翻边。焊接顺序根据设计工艺而定，不同的厂家稍有不同。

侧围分总成焊装通常采用自动化生产线，在焊接夹具、顶升机构和输送机构等的配合下，由点焊机器人或人工完成焊接工作。

4. 车门焊装工艺流程

车门焊装工艺是汽车制造过程中至关重要的一环。在车身制造工艺中，车门被视为一个关键的构件，它直接影响车身的整体强度和安全性能。车门的结构形式一般分为两种，一种是框架式车门，如图3-9所示，这种车门的装焊是先把车门框架、内外加强部分和连接件焊好，最后进行内、外板包边点焊。另一种是整体式车门，这种车门由作为一个整体冲压件的窗框与车门内外板、车门铰链加强板和车门内板加强板等组成。这些组成部分都是先由2个以上的薄板冲压件先焊成组合件，然后分别与车门内、外板焊接，最后由内、外板包边点焊而成。

车门焊装工艺流程

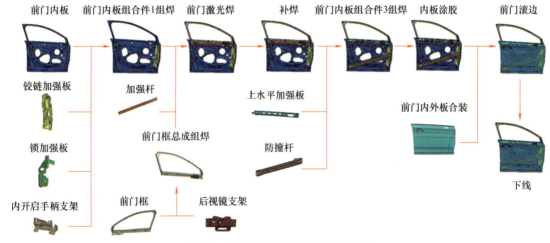

图3-9 前车门装焊工艺（左右对称）

5. 车身总成的装配调整

车身装配线是完成白车身总成结构的最后一条线。一些自动化较高的整车厂有全自动化装配的线体设计。车身装配线主要完成的工艺包括四门铰链安装、四门安装、行李舱盖安装、左右翼子板安装、发动机舱盖安装，如图3-10所示。

车身组焊工艺流程及装配调整线

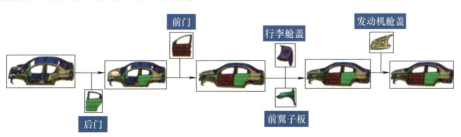

图3-10 车身装配调整线

车门铰链的作用是连接车门和车身并保持车门相对于车身的位置。车门和车身的相对位置用车门边缘和车身间的间隙来衡量。缝隙大小和均匀性取决于车身门框尺寸、车门尺寸、车门铰链尺寸。缝隙尺寸是由这3个尺寸相互配合形成的。在车身门框以及车门尺寸一定的基础上，车门铰链的尺寸将影响缝隙的均匀性和一致性。

> 【画龙点睛】
>
> 四门安装需要注意的是先安装后门，再安装前门。因为后门的装配间隙段差标准以车身为基准，前门的装配间隙段差标准需要以后门及车身为基准。

行李舱盖要求有良好的刚性，其结构上基本与发动机舱盖相同，也有外板和内板，内板有加强筋。行李舱盖开启的支撑件一般采用钩形铰链及四连杆铰链，铰链装有平衡弹簧，使启闭省力，并可自动固定在打开位置，便于提取物品。行李舱盖总成由行李舱盖后排座椅挂钩固定板总成、行李舱主盖板、左右侧连接角板和流水槽构成。汽车行李舱盖与车身是通过螺栓进行连接的，进行汽车行李舱盖的拆装，首先要知道行李舱盖与车身之间的标准间隙，以便于安装时对其进行检查和调整。

翼子板设计采用弹性材料，用于碰撞时的行人保护。翼子板不是直接用螺钉固定在边梁上的，而是一个组合件。它设计用来加强对行人的保护，减少对行人的伤害。前翼子板基本是独立的，独立装配易于整件更换。值得注意的是左右翼子板安装必须在前门安装之后，因为翼子板的装配间隙段差标准以前门及车身为基准。

汽车发动机舱盖与车身是通过螺栓进行连接的，开启时一般是向后翻转，也有小部分是向前翻转。向后翻转的发动机舱盖打开至预定角度时，与前风窗玻璃的最小间距约为10mm。发动机罩位于前风窗玻璃的前方，其总成在结构上一般由外板和内板组成，中间夹以隔热材料，内板起到增强刚性的作用，其几何形状由厂家选取，基本上是骨架形式。发动机罩外形可有效调整空气相对汽车运动时的流动方向和对车产生的阻碍力作用减小气流对车的影响。通过导流降低空气阻力系数，提高燃油经济性。

发动机舱盖的安装必须在左、右翼子板之后，因为发动机舱盖与翼子板的间隙段差标准以翼子板及车身为基准。进行汽车发动机舱盖的安装时，首先要知道发动机舱盖与车身之间的标准间隙，以便安装发动机舱盖时对其进行检查和调整。发动机舱盖前端高度应和前翼子板的高度对齐。

装配线上各工件装配方式均采用双定位系统，即一套夹具上有两套定位系统A和B，定位系统A用于将夹具定位到车身，定位系统B用于定位装配工件。定位系统B相对于定位系统A浮动，相当于装配工件相对于车身浮动。因此，定位原理就是通过调整定位系统B和定位系统A的相对位置来实现装配零件和车身的相对位置的调整。

四、汽车车身焊装生产线

焊装生产线是指必须经过焊接工艺才能完成完整产品的综合生产线，它包括专用焊接设备、辅助工艺设备以及各种传输设备等。在汽车白车身生产过程中，焊接作为最主要的连接方式被广泛应用。车身焊装生产线是汽车白车身全部成形工位的总称，它由车身总成线和许多分总成线组成，每一条总成线或分总成线由许多焊装工位组成。每一个工位都由定位系统、焊接系统、搬运系统、检测系统，以及供水、供电、供气等装置组成。各生产线间、各工位间通过人工或自动搬运设备（辊床和滑橇）实现焊件的输送。

车身焊装生产线一般依据车身的结构分为分拼线、侧围线、地板总成线、车身线、门盖线、调整线以及输送线等。焊装车间工艺布局如图3-11所示。

项目三 车身焊装工艺

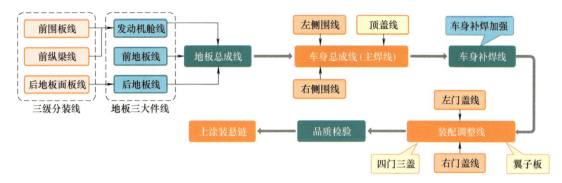

图 3-11 焊装车间工艺布局

五、汽车车身焊装设备

电阻点焊设备在汽车生产中应用广泛，如图 3-12 所示。其按安装方式主要分为 3 类：悬挂式点焊机、固定式点焊机和机器人点焊机。悬挂式点焊机由焊钳、焊机变压器、焊机控制器、水冷却系统、气动加压系统和悬挂装置等组成；固定式点焊机由机身、变压器、上/下焊臂体、气路加压系统、水路冷却系统、控制器及脚踏开关等组成；机器人点焊机主要由点焊控制器、焊钳（包括电阻焊变压器）及水、电、气等辅助部分组成。

各分装线
工艺流程

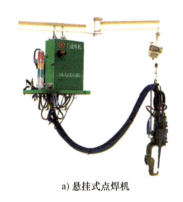

a) 悬挂式点焊机

b) 固定式点焊机

c) 机器人点焊机

图 3-12 电阻点焊设备

悬挂式点焊机的最大特点是焊机能吊挂于专用机架上，并能任意地进行纵、横向的移动和旋转，以便于焊接大型、较重和复杂的工件。其主要用于焊接一般固定式点焊机不能或不便焊接的低碳钢、低合金钢、不锈钢、镀层钢、板材及圆钢。机器人点焊机采用焊钳和工件都运动的焊接方式，其自动化程度高，所以在现代工业生产中得到了广泛的应用。

焊钳是电阻点焊最主要的辅助设备，根据焊臂的动作，焊钳分为 X 形与 C 形两种，如图 3-13 所示。

点焊机的焊钳由定焊臂、动焊臂、定电极、动电极、机体、悬臂、手柄、焊接启动开关、气缸和辅助行程开关等组成。

X 形悬挂焊机的焊臂能像剪刀一样张开和闭合，适用于尺寸大且焊接位焊喉深度大的工件焊接，其常用焊臂长度有 330mm、420mm、500mm、600mm，最长可达 1200mm，特殊的还可定制。

C 形悬挂焊机静止的焊臂似 L 状，另一焊臂垂直于 L 形焊臂的短边，两条焊臂构成的包围圈在没有闭合时像字母"C"，因此而得名。此类焊机适用于工件大但焊接位焊喉深度不大、对焊接速

a) X形焊钳　　　　　　　　　　b) C形焊钳

图 3-13　电阻点焊设备焊钳

度要求较高的焊接，例如风管口里管道与法兰角铁的焊接。

焊钳按应用场合可分为便携式焊钳、自动平衡焊钳和机器人焊钳 3 类。

（1）便携式焊钳　便携式焊钳是用于手工操作的焊钳，其结构简单、质量小、灵活方便。

（2）自动平衡焊钳　与便携式焊钳类似，只是其在焊接时不用人工控制，而是与夹具配合，固定在夹具上，实现一定程度的自动化生产。

（3）机器人焊钳　点焊机器人用焊钳与焊条电弧焊焊钳一样有 C 形和 X 形两种，但与焊条电弧焊焊钳相比，其使用寿命长、尺寸精度高、结构紧凑且质量小。可根据工件及焊接夹具的结构形式来选取焊钳的种类及结构尺寸，对于较复杂的工件一般需要通过仿真来确定焊钳的尺寸。

六、汽车车身焊装夹具

1. 焊装夹具概述

在汽车车身的装配焊接生产过程中，为了保证产品质量、提高劳动生产率和减轻劳动强度，经常使用一些用以夹持并确定工件位置的工具和装置来完成装配和焊接工作。这些工具和装置就是焊装夹具。焊装夹具就是将车身焊件准确定位和可靠夹紧，便于焊件进行装配和焊接、保证焊件结构精度方面要求的工艺装备。

车身焊装夹具可分为合件焊装夹具、分总成焊装夹具和车身总成焊装夹具 3 种。

焊装夹具在车身生产中的作用：

1）给车身的部件定位、夹紧，保证装配精度和稳定性。

2）保证焊接工艺能正常进行。

3）减轻劳动强度，提高劳动生产率，改善劳动条件，降低产品成本。

认识焊装夹具

2. 焊装夹具的结构认知

焊装夹具在车身生产中的作用是通过夹具上的定位销（基准销）、S 面型块（基准面）、夹紧臂等组件的协调作用，将工件（冲压件或总成件）安装到工艺设定的位置上并夹紧，保证车身焊接精度的一致性和稳定性，同时保证车身焊接质量及焊接过程顺利。

焊装夹具的基本结构如图 3-14 所示，它主要由台板、支座、L 板、基准销、基准面、夹紧机构（气缸、夹紧臂、U 形限位块等）等组成。

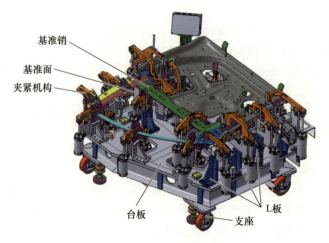

图 3-14　焊装夹具的基本结构

（1）台板　它主要用于安装夹具组件，上表面加工有坐标刻度线，用于夹具基准状况的检测（如三坐标检测仪检测用）。安装时，台面应处于水平状态（工艺设计要求倾斜放置的除外）。安装时，用测量仪、水平仪或透明胶管灌水检查水平。多台连线安装的夹具（特别是采用举升自动搬送的装置），同轴度和水平度、节距应符合设计要求。

（2）支座　它用于支撑夹具台板、调节夹具高度和调整安装水平，使夹具按工艺布置要求定置安装。安装时，连接螺栓应紧固可靠，调节螺杆应有垫板支撑。夹具定置调整符合要求后，要将调节螺杆螺母拧紧。若是大型夹具或连线夹具垫板，应和基础预埋件可靠连接（焊接）。

（3）L板　它用于安装夹具型块（S面元件）、基准销组件、夹紧机构、导向装置等夹具组件。安装时，采用高强螺栓与台板连接，并配定位销定位，同夹具组件的连接应采用高强度螺栓连接，并配定位销定位。

（4）基准销　它用于将零件安装到正确的位置上，保持后续工序定位基准的一致性，保证产品焊接精度的一致性和稳定性。安装时，定位销一般分为固定式和活动式两类。固定式定位销安装时一般用陷钉锁紧，让其不能活动；活动式定位销作业时能往复伸缩，以方便工件装卸，一般采用气缸（气动）或手推夹（手动）作为动力，安装时径向摆动量应小于0.2mm；销的工作段和导向段的表面硬度和表面粗糙度，应分别在HRC52和0.16以上，活动销导向孔应配有石墨铜衬套，以减少销的磨损并方便维修、维护。

（5）基准面　它主要用于将零件支承在正确的位置上，并支承夹具夹紧机构的夹紧力。基准面型块采用高强度螺栓安装在L板上，并用定位销定位，表面应经过调质处理，硬度在HRC48以上，一般会在基准面端部约10mm宽的部位涂红色标记，基准面应与数模相符（用三坐标仪测量）。

（6）夹紧机构　如图3-15所示，夹紧机构由限位块、夹紧臂、气缸（或手动夹）等组成，用于矫正变形的工件、缩小工件间的搭接间隙，将工件夹紧固定在正确的位置上（基准面），避免焊接作业时工件错位或变形，确保工件焊接精度的稳定性。

1）限位块：一般呈U形，保证夹具夹紧臂（或带有基准销和S面的摆臂）处于夹紧工况时的稳定性（不让其摆动），确保定位或夹紧部位的准确性。

2）夹紧臂：通过杠杆或四连杆的作用，将气缸（或手动夹）的推力转化为夹紧臂（或摆臂）的夹紧力。它主要用于矫正变形的工件，缩小工件间的搭接间隙，将工件夹紧固定在正确的位置上（基准面），避免焊接作业时工件错位。

3）气缸（或手动夹）：通过气缸（或手动夹）的往复运动，实现夹具的夹紧和松开。

图3-15　夹紧机构

焊装夹具定位原理

七、焊接安全一般规程

1）焊接操作人员属于特殊工种人员，须经主管部门培训，考核合格，掌握操作技能和有关安全知识，持有操作证件后，持证上岗作业。未经培训、考核不合格者不准上岗作业。

2）焊接场地应配备消防器材，并保证足够的照明和良好的通风。

3）工作前，必须穿戴好防护用品，操作时（包括清理工件时）所有工作人员必须戴好防护眼镜或面罩。

4）焊工工作时，必须穿绝缘防护鞋，戴绝缘防护手套，以防触电。

5）遇到有人触电时，应先迅速切断电源，再去抢救触电者。切不可直接用手去拉触电者。

6）焊接过程中有接触弧光的，要使用防护面罩；在清理焊缝时，要戴上普通平光眼镜，并使清渣方向避开周围人员。

7）工件应按规定放置，特别是刚焊接完成的工件，虽然其表面颜色和常温时没有区别，但实际温度很高，容易烫伤人员。

8）工作完毕，应检查焊接工作场地，确认无异常状态后切断电源，灭绝火种。

【知识拓展】

焊装车间烟尘的治理措施

在工业生产过程中，焊接工艺应用广泛。在焊接过程中，会产生高浓度气体和气溶胶产物，其中包括金属颗粒、金属氧化物和其他化学成分。此类烟尘会引起尘肺、金属及其化合物粉尘肺沉着病、金属烟热、职业性锰中毒等多种职业病，危害工人的健康和污染大气环境。许多企业通常采用以下治理措施。

一、水平环状旋流气涡法

焊烟刚产生时的温度约为80℃，在热空气和重力的均衡作用下，烟尘一般上升并悬浮在离地面4~8m的厂房上空。利用这一特性，可将净化设备安装于烟尘悬浮层，形成水平环状旋流气涡流层，保证焊烟浓度最高的空气层不断被扰动循环，使其持续进入净化设备内进行收集处理。

二、吹吸式水平流治理法

在厂房一侧墙面布置轴流风机，将焊烟吹向另一侧墙面的负压收集口。当厂房跨度较大时，可在厂房中间布置接力诱导风机。产生焊烟的源头应尽量布置在下风侧。

在上升热气流与横向气流共同作用下，焊烟按一定倾角做上升运动，负压收集口的布置区域应在合适高度的基础上稍作扩展，通常为离地3.5~8.5m的空间，以确保上升中及被吹送至收集口的焊烟被尽可能地捕集。

经捕集和处理后的洁净空气可通过布风管路直排在室内，为焊烟气流上升提供外部动力，形成完美的气流组织。

三、半开放式工作站

根据焊机集中布置的特点，可将2~4台焊机构建成一个独立的半封闭工作间，利用焊烟的悬浮特点，将焊接烟尘收集至净化设备中。净化后的气体通过送风管路排至工作间，形成组织气流，既节省空间，又有高效净化效率。

四、双模式治理法

为了保证净化效果，可以使用双模式治理法。

这种方法在焊烟产生源头设有外接吸风口，产生的焊烟会迅速通过高负压吸入净化设备内进行处理；在净化设备的一端配有捕风屏，将残余的焊烟吸入净化设备中，达到双重净化的目的。净化后的气体可直接排放到车间内，减少热损失。

五、排风管收集治理法

将净化设备安装于现有排风管道的后端,焊烟通过风道进入净化设备,净化后的气体可直接排放到厂房内。

【任务实施】

仪器设备及工具准备

一、任务图

请根据所学的汽车白车身在焊装车间的焊装工艺流程,依据图 3-16 所示的组成情况,制订本车型的焊装工艺流程。

图 3-16　某车型的白车身组成

二、任务准备

1. 汽车车身结构图、覆盖件或车身骨架图。
2. 汽车车身焊接工艺资料。

任务实施内容

根据所学习的任务知识和相关资料,分析图 3-16 所示的白车身,制订其焊接工艺流程,将白车身焊接工艺流程工单填写完整。

学院		专业		日期	
班级		姓名		学号	
指导教师					
序号	工艺名称		工艺内容		备注

【评价反馈】

评价项目	评价标准	小组评价 （占总评分的40%）	教师评价 （占总评分的60%）
知识准备 （30分）	了解焊接，掌握焊接的定义及分类；掌握车身常用的焊接方法；掌握车身制造常用焊接符号表示方法		
	掌握车身主线及各分总成焊装工艺流程；了解车身焊装生产线		
	了解车身焊装设备及分类；了解焊装夹具，掌握焊装夹具功能作用		
知识拓展 （10分）	养成自主学习的习惯，树立职业目标		
任务实施 （40分）	六模块工艺分块正确每项1分；六模块工艺流程及内容正确每项3分；生产主线工艺流程正确每项2分；生产主线工艺内容正确每项2分		
综合表现 （20分）	能与同学密切合作，积极实践，安全地完成学习活动，具备严谨规范的工作作风		
合计			
总评分			

教师评语：

日期： 年 月 日

【情智故事】

汽车车身焊接新技术的应用

一、焊接机器人自动化柔性生产系统

自动化柔性生产系统是汽车车身焊接的主流，工业机器人因其自动化和灵活性在汽车生产中得到大规模使用。在焊接方面，主要使用的是六自由度点焊机器人和弧焊机器人。机器人具有焊钳储存库，可根据焊装部位的不同要求或焊装产品的变更，自动从储存库抓换所需焊钳。其传输装置已发展为采用无人驾驶的更具柔性化的感应导向小车。

二、轻便组合式智能自动焊机

近年来，国内的汽车制造厂都非常重视焊接的自动化，例如神龙汽车成都基地车身焊装车间的生产线的自动化率达90%以上。各条线都由计算机（可编程控制器PLC）控制，自动完成工件的传送和焊接，人员已经不再直接操作焊枪。机器人的动作采用点到点的序步轨迹，具有很高的焊接自动化水平，既改善了工作条件，提高了产品质量和生产率，又降低了材料消耗。

三、计算机与信息技术协同应用

随着计算机与信息技术的工业应用，传统的焊接生产已向"精量化"的制造方式转变。基于

虚拟现实建模的机器人焊接过程仿真技术提供了关于工件、夹具和机器人焊枪姿态的三维信息，已大量地应用于焊接过程策划、工艺参数优化以及焊接夹具设计等各个环节。该技术对加快焊接程序的编制、缩短现场调试时间及焊接过程位置信息的准确获取具有重要应用价值。同时，仿真技术也运用于焊缝质量的评估及焊后的应力与变形预测。在新车型设计阶段可以对多种材料的连接方式及疲劳性能、冲击性能等进行综合考虑，通过对接头的仿真做出适用性评价。以计算机和信息技术为平台的焊接生产过程信息系统，对汽车焊接生产过程的质量分析与优化、管理与决策有着非常重要的意义。

【课后测评】

一、单项选择题

1. 焊接按焊接时的物理冶金特征进行分类，可分为熔化焊、压力焊和（　　）3种。
   A. 气焊　　　　　B. 点焊　　　　　C. 电焊　　　　　D. 钎焊
2. 将冲压成形的车身各组件组装成一个完整白车身的全部工艺过程，一般将其统称为（　　）。
   A. 焊接工艺　　　B. 装配工艺　　　C. 焊装工艺　　　D. 装调工艺
3. 车身焊装的顺序是最后将分总成、合件和零件焊装成（　　）。
   A. 车身骨架　　　B. 车身部件　　　C. 车身覆盖件　　D. 车身总成
4. 在技术图样或文件上需要表示焊缝及其接头相关信息时，一般采用（　　）。
   A. 焊接标识　　　B. 焊缝符号　　　C. 焊接数据　　　D. 特殊符号
5. 为了便于焊接成形并控制车身尺寸和外观质量，一般将车身分成（　　）进行焊装。
   A. 六大模块　　　　　　　　　　　　B. 前、中和后部
   C. 三大区域　　　　　　　　　　　　D. 车身骨架和覆盖件

二、判断题

1. 焊接要实现原子间的结合，必须要进行加热。（　　）
2. 焊接属于永久性连接。（　　）
3. 焊接根据空间位置不同，可分为平焊、立焊、横焊和仰焊4种。（　　）
4. 车门的内板和外板最后是通过包边工艺完成的。（　　）
5. 车身装配线是完成白车身总成结构的最后一条线。（　　）

三、简答题

1. 请简述车身主线的生产工艺流程。
2. 请简述汽车车身焊装车间的工艺布局。
3. 请简述焊装夹具的作用和基本结构。

任务2　电阻点焊工艺制订与设备认知

【任务导入】

点焊是汽车车身制造中应用最为广泛的焊接方法。根据品牌及车型不同，每辆轿车白车身上有3000~5000个电阻点焊焊点，因此点焊是车身焊接中使用最广泛的工艺，是汽车车身制造过程中必不可少的工艺流程。

【学习目标】

素养目标：
1. 培养讲规矩、讲原则，严格按照工艺卡片进行操作，不偷工减料的工作素养。
2. 培养精益求精的工作态度。

知识目标：
1. 掌握电阻点焊的工作原理；掌握焊接规范。
2. 掌握车身侧围的电阻点焊工艺流程；了解点焊机及焊装夹具，掌握焊装件的定位和夹紧原理；掌握电阻点焊机的安全操作规程。
3. 掌握焊接件质量评估方法。

能力目标：
1. 能够正确地对电阻点焊训练板实施点焊操作；能够正确对点焊的工艺参数进行调整。
2. 能够顺利地对电阻点焊训练板进行定位与夹紧。
3. 能够解决生产现场的实际问题。

【知识准备】

一、电阻点焊的工作原理

1. 电阻焊的分类及特点

（1）电阻焊的分类　电阻焊是将被焊工件置于两电极之间加压，并在焊接处通以电流，利用电流流经工件接触面及其邻近区域产生的电阻热将其加热到熔化或塑性状态，使之达到金属结合而形成牢固接头的工艺过程。由于焊接需要的热来自于电流通过工件焊接处的电阻产生的热量，因此将其称为电阻焊。图 3-17 所示为电阻焊的类型。

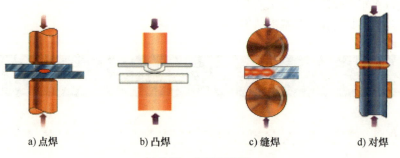

a) 点焊　　b) 凸焊　　c) 缝焊　　d) 对焊

图 3-17　电阻焊类型

电阻焊的种类很多，根据接头形式不同可分为搭接焊和对接焊两种，搭接焊可分为点焊、缝焊和凸焊 3 种，对接电阻焊可分为电阻对焊和闪光对焊两种；按供电方向分为双面点焊和单面点焊，在两种点焊中，按同时完成的焊点数可分为单点、双点和多点焊。

（2）电阻焊的特点　电阻焊利用电流通过工件焊接处的电阻而产生的热量对工件加热，即热量不是来源于工件之外，而是内部热源。整个焊接过程都是在压力作用下完成的，即必须施加压力。在焊接处不需加任何材料，也不需任何保护剂。形成电阻焊接头的基本条件只有电极压力和焊接电流。

2. 点焊

点焊的焊点是在电极压力作用下通电加热形成的。通常把一个焊点的形成过程称为一个点焊循环。反映点焊循环中电极压力、焊接电流与焊接时间关系的图称为点焊循环图，如图 3-18 所示。其焊接质量的好坏与预压力、通电时间、通电电流、工件性能、电极的形状与材料等因素有直接关系，其中通电电流和通电时间对焊接质量的影响最大。

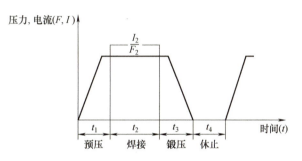

图 3-18　点焊循环图

点焊循环由 4 个基本阶段组成。

1）预压阶段：从电极开始下降到焊接电流开始接通的时间。这一时间是为了确保在通电之前的电极压紧工件，使工件之间有适当的压力。

应合理设计、修整电极表面，并使接合面边缘的应力比较大，使中心部分小而均匀，这对接合面周边的压紧、加热时形成塑性环及防止飞溅均有好处。若接合面边缘压力不足，由于接触电阻过大，瞬时析出大量热量，有可能导致烧穿焊件或将电极的工件表面烧坏。

预压力的大小及预压时间应根据板料性质、厚度、表面状态等条件进行选择。一般预压值可与焊接时的压力相等。当工件刚度大、表面氧化膜厚时，可适当提高预压力或在预压阶段通以预热电流。

2）焊接阶段：焊接电流通过工件并产生熔核的时间。当工件经过预压阶段，形成了导电通路，即可开始点焊循环的第二阶段。焊接阶段是整个循环中最关键的阶段，即是通电加热、熔核形成的阶段，此阶段也称为通电加热阶段或加热熔化阶段。

通电加热时，两个电极接触表面之间的金属柱内的电流密度最大，加热最为剧烈，周围的金属依靠密度较小的电流通过及热传导而较缓慢地加热。由于水冷电极散热快，与电极接触的焊件表面温度上升很慢，只有两焊件接触表面处，由于接触电阻热而使电阻率增大、吸热强烈，而散热又最困难，于是首先开始熔化，形成椭圆形熔化核心，如图 3-19 所示。与此同时，其周围金属达到塑性温度区，在电极压力作用下形成将液态金属核心紧紧包围的塑性环，防止液态金属在加热及压力作用下向板缝中心飞溅，并避免了高温液态金属与外界空气直接接触。在加热与散热这一对矛盾不断作用的过程中，焊接区温度场不断向外扩展，直至核心形状和尺寸达到要求为止。断电前的点焊温度分布如图 3-20 所示。

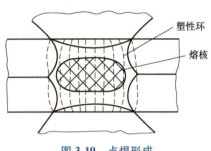

图 3-19 点焊形成

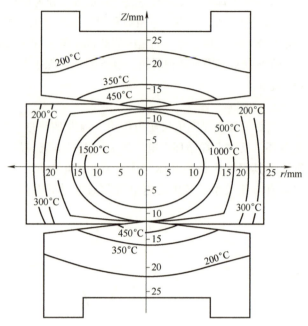

图 3-20 断电前的点焊温度分布

【画龙点睛】

焊点形成过程如下：通电加热——→形成椭圆形熔化核心——→形成塑形环——→温度场向外扩展——→焊点形成。

产品焊接时，短时间内焊接处的界面迅速熔化，金属热量瞬间增大，熔化的液体来不及冷却，在外来压力的作用下形成铁屑从熔化区喷射出去，产生了焊接飞溅。

飞溅是焊接阶段较易产生的不利现象。如果加热过急，而周围塑性环还未形成，被急剧加热的接触点由于温度上升极快，使内部金属气化，便以飞溅形式向板间缝隙喷射，因此时熔化核心尚未形成，故称为前期飞溅。图 3-21a 所示为熔化金属从焊件间溅出。形成最小尺寸熔核后，继续加热，熔核和塑性环不断向外扩展，当熔核沿径向的扩展速度大于塑性环扩展速度时，则产生后期飞溅。如果熔化核心轴向

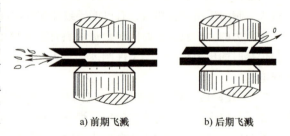

a) 前期飞溅　　　　b) 后期飞溅

图 3-21 点焊前期飞溅和后期飞溅

增长过大，在电极压力作用下有可能冲破塑性环向表面喷射而形成外部飞溅。图 3-21b 所示为熔化金属从焊件表面溅出。另外，焊机变压器通电线圈的斥力、低电流频率也会助长飞溅现象。

飞溅不利于环境保护与安全，而且会使核心液态金属量减少，表面形成深度压坑，影响美观，更降低了焊件的力学性能。所以应合理控制电极压力和加热速度，或采用高频电流等，尽量避免产生飞溅现象。

3) 锻压阶段。锻压阶段又称为冷却结晶阶段。当建立起所需的温度场，得到符合要求的熔化核心与塑性环后，便切断焊接电流，熔核开始冷却结晶，电极继续加压，此时为锻压阶段。

锻压力的大小应能足以克服焊件的刚度，使焊件的变形能抵消熔核液体金属的冷凝收缩，这样，从熔核周围成长起来的树枝状结晶就能在熔核中心彼此接触并长在一起，形成牢固的焊点。如果锻压力太小或焊接件刚度很大，则在熔核的中心可能产生缩孔和裂纹。为了防止焊点产生这些收缩缺陷，有时采用比焊接压力大的锻压力。但必须加力及时，若过早可能把熔核内的液体金属压出，产生喷射飞溅，使焊接表面出现过深的凹陷，影响车身表面的美观；若过迟，熔核已经结晶，则锻压力无效。

另外，锻压时间也必须适当，若太短，则锻压作用效果不大；若太长，因与焊件接触的电极有强效的水冷装置，使得焊点的冷却加快，增加了焊点的硬度和脆性，影响焊接质量。锻压时间长短一般与金属种类和焊件厚度有关，焊件越厚，锻压时间越长。点焊钢件时，厚度为 1~8mm，锻压时间可为 0.1~2.5s。

4) 休止阶段。在休止时间内，升起电极，移动焊件，准备下一个点的焊接。

以上是典型点焊循环的各个阶段，但并非所有的金属和合金的点焊都遵循这个过程，部分金属的焊接特性在点焊时要增加新的阶段，如预热缓冷和回火等阶段。

二、电阻点焊的工艺规范与参数选取

1. 点焊规范参数的选取与质量控制

（1）焊点外观质量　点焊结构靠单个或若干个合格的焊点实现接头的连接，接头质量的好坏完全取决于焊点质量及点距。

焊点质量除了取决于焊点尺寸外，还与焊点表面、内部质量有关。焊点外观上要求表面压坑浅、平滑、均匀过渡、无明显凸肩或局部挤压的表面鼓起，外表没有环状或径向裂纹，也无熔化、烧伤或黏附的铜合金。从内部看，焊点形状应规则、均匀，无超标的裂纹和缩孔等内部缺陷，热影响区金属的组织与力学性能无明显的变化等。

影响接头强度的焊点尺寸主要包括焊点直径、焊透率及表面压坑深度等。

（2）点焊规范参数及对焊接质量的影响　点焊焊接参数的选择，通常是根据工件的材料和料厚，参考该种材料的焊接规范表选取。首先确定电极的端面形状和尺寸。其次，初步选定电极压力和焊接时间，然后调节焊接电流，以不同的电流焊接试样。经检验熔核直径符合要求后，在适当的范围内调节电极压力、焊接时间和电流，进行试样的焊接和检验，直到焊点质量完全符合技术条件所规定的要求为止。

【画龙点睛】

点焊的规范参数主要有焊接电流 I_w、焊接压力 F_w、通电时间 t_w 和电极工作端面几何形状与尺寸等，这些工艺参数都对焊点质量有影响。

① 电极压力。焊点强度与电极压紧力密切相关。若压力过小，会在接触点处造成焊接飞溅；若压力过大，虽然通过的电流也大，但是由于热量的分布区域增大，反而使焊点直径和熔深变小。

② 焊接电流。焊点直径和焊接强度都随焊接电流的增大而增大，但电流过大且压力较小时，会造成板间的飞溅；反之则可能将飞溅减至最小限度。

③ 通电时间。通电时间长，则热量生成多、焊点直径大、熔深深。但通电时间过长也未必有利，如果电流一定，通电时间过于延长不会使焊点增大，反而会出现电极压痕和热变形现象。

以上仅是各工艺参数对焊点质量稳定性的影响。实际上，焊接过程各参数间并非孤立地变化，通常变动一个参数会引起另一个参数的改变，而几个参数按一定的要求各自向不同的方向变化，会获得不同的加热效果。

(3) 点焊规范　不同的焊接电流 I_w 和通电时间 t_w 可配成以加热速度快慢为主要特点的两种不同的规范：硬规范与软规范。

硬规范是电流大、时间短，加热速度很快，焊接区温度分布曲线陡，加热区窄，表面质量好，接头过热组织少，接头综合性能好，生产率高。只要规范精确控制，而且焊机功率足够，便可采用硬规范。但是因加热速度快，如果控制不当，硬规范易出现飞溅等缺陷，所以必须相应提高电极压力 F_w 以免出现缺陷，并获得较稳定的接头质量。

当焊机功率不足、板件材料厚度大、变形困难或塑性温度区过窄，并有易淬火组织时，可采用加热时间较长、电流较小的软规范。软规范温度分布曲线平缓，塑性区宽，在压力作用下易变形，可消除缩孔，降低内应力。

【画龙点睛】

焊接中所提到的硬（强）规范就是使用大功率的点焊机，缩短焊接时间，提高生产率，减少电能消耗，缩小热影响区。近年来点焊趋向于采用大功率焊机。

软（弱）规范就是使用小功率的点焊机，因电流小，必须延长其焊接时间。

(4) 焊接规范的选择原则

① 材料的物理性能。导电、导热性好的材料，选择焊接电流大、通电时间短的硬规范；易淬火材料则选用软规范。

汽车车身覆盖件大都是低碳钢的薄板。由于低碳钢的点焊性很好，不需要采用特别的设备和工艺，只需要简单的焊接循环，用硬规范或软规范都可以获得良好的焊接质量。在大批量生产的条件下，采用硬规范不仅能提高劳动生产率，且能节约电能和减少焊接结构的变形。因此，在设备功率足够大时，最好采用硬规范焊接。

② 电极压力。由于低碳钢焊件点焊后产生裂纹和缩孔的倾向很小，所以电极压力可以在较大范围内调节，如果采用较大电极压力的硬规范进行点焊，则更能提高点焊的质量。另一方面，采用硬规范时，焊接区的塑性变形抗力大，也须采用较大的电极压力。

③ 焊接过程中不应产生飞溅。外观要求高的产品，如轿车车身外板，不允许有飞溅，因此，焊接电流与电极压力应在保证所要求的熔核尺寸的条件下，在无飞溅区进行选取。

④ 产品结构与质量。大型薄壁结构焊接时，为了减少结构焊后翘曲变形，应采用硬规范焊接。对于刚度较大、装配不良的结构，则应采用软规范，以保证接合面熔化以前有良好的接触面，避免产生飞溅。

在上述原则下具体选取焊接规范时，一般可分两步进行。第一步初选各规范参数，第二步通过现场工艺试验修整规范参数，确定最佳规范。

⑤ 电极工作表面形状和尺寸。点焊低碳钢时，一般采用平面电极，电极的工作表面直径可根据焊件厚度选定。如果采用球面电极，则球面半径为 40~100mm。焊接过程中，当电极的工作表面直径因磨损而超过规定值 15%~20% 时，应修理或更换。

点焊参数的选择通常是根据工件的材料和料厚，参考该种材料的焊接规范表选取。首先确定电极的端面形状和尺寸。其次，初步选定电极压力和焊接时间，然后调节焊接电流，以不同的电流焊接试样。经检验熔核直径符合要求后，在适当的范围内调节电极压力、焊接时间和电流进行试样的焊接和检验，直到焊点质量完全符合技术条件所规定的要求为止。

2. 不同厚度板和多层板的焊接

在车身点焊中，有时会出现不同厚度板件的焊接，例如车身蒙皮焊在骨架上，一般骨架零件的厚度比蒙皮零件的厚度大。在焊接两个厚度不同的焊件时，焊接规范应由薄的焊件决定，然后将电流稍微增大。如果厚度差别太大（超过 1∶3），这时焊点仍在两焊件厚度和的一半的位置上形成，如图 3-22a 所示，焊点未能把焊件连接起来。为了解决这个问题，可将厚板接触的电极直径加大，使向厚板方向散热大于薄板方向，因此焊核向薄板方向偏移，如图 3-22b 所示，使两个焊件可靠地连接起来。

在汽车车身制造中，有时会出现焊接 3 层板的情况，如图 3-23 所示。有时中间焊件较厚，这时焊接规范由薄件决定，同时将焊接电流值适当增大一些；有时中间焊件较薄，薄板夹于厚板之间，这时焊接规范由厚件决定，同时可将焊接电流和焊接时间适当减小一些。

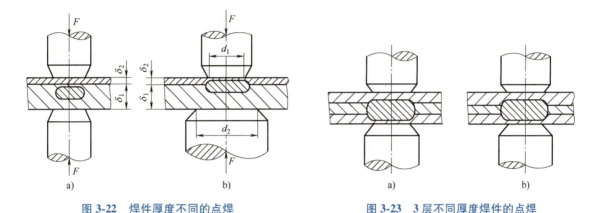

图 3-22　焊件厚度不同的点焊　　　　图 3-23　3 层不同厚度焊件的点焊
δ_1、δ_2—焊件厚度　d_1、d_2—电极直径　F—电极压力

3. 点焊的结构工艺性

点焊通常采用搭接接头和弯边接头。图 3-24 所示是常见的几种点焊接头形式。其中，图 3-24a 所示的单剪搭接接头和图 3-24d 所示的弯边搭接接头在汽车车身焊接中应用很广泛。

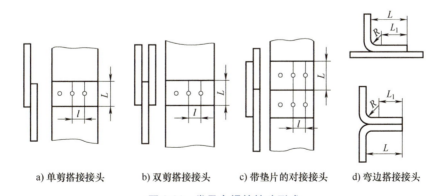

a) 单剪搭接接头　　b) 双剪搭接接头　　c) 带垫片的对接接头　　d) 弯边搭接接头

图 3-24　常见点焊的接头形式
L—搭接重叠宽度　l—焊点之间的距离　R—弯边弧度半径

接头可以由两个或两个以上等厚度或不等厚度的工件组成。根据接头的强度和零部件的结构要求，焊点可以采用单排、双排或多排。在设计点焊结构时，必须考虑电极的可达性，即电极必须能方便地抵达工件的焊接部位。同时，应考虑边距、搭接量、点距、装配间隙和焊点强度等因素。

焊点间距及焊点数目将直接影响点焊板件接头的强度。焊点间距越小，焊点越密集，接头强度越高。焊点间距值用焊点中心距表示，焊点数目用单位长度上的焊点数目表示。焊点数目由焊点中心距决定。

实际生产中，焊点数目的确定除了要考虑车身强度的要求外，还要考虑车身刚度的要求，有的区域要求密度大些，有的区域密度要求小些。如处于车身吸能区的焊点密度就不能太大，若焊点过于密集，反而会使车身刚度变大，起不到吸能的作用，因此对汽车吸能区域的构件焊接时，焊点数目及位置应符合设计要求。过多的焊点数目会使车身发生振动时达不到吸能的要求，形成事故隐患。

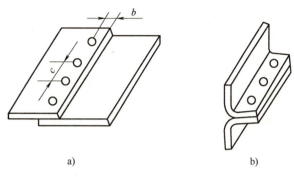

图 3-25 车身中常见点焊的接头形式

边距（图 3-25b）的最小值取决于被焊金属的种类、厚度和焊接条件。对于屈服强度高的金属、薄件或采用硬规范时，可取较小值。

点焊接头的搭边大小必须选用适当，接头的最小搭接量可参考表 3-4 中所列数据。

表 3-4 接头的最小搭接量

最薄板件厚度/mm	单排焊点搭接量/mm			双排焊点搭接量/mm		
	结构钢	不锈钢及高温合金	轻金属	结构钢	不锈钢及高温合金	轻金属
0.5	8	6	12	16	14	22
0.8	9	7	12	18	16	22
1.0	10	8	14	20	18	24
1.2	11	9	14	22	20	26
1.5	12	10	16	24	22	30
2.0	14	12	20	28	26	34
2.5	16	14	24	32	30	40
3.0	18	16	26	36	34	46
3.5	20	18	28	40	38	48
4.0	22	20	30	42	40	50

点焊接头的强度取决于焊点数目，而焊点数目取决于焊点中心间的距离，焊点间距小，焊点密，接头强度高。但焊点间距越小，分流现象越严重。

表 3-5 中的数据通常为保证接头强度与基体金属强度所需的接头的最小搭接量。若采用 3 层板焊接，这一距离应加大 30%；轻合金由于分流严重，故点距较大，要获得等强度必须采用多排焊点。

表 3-5 焊点的最小点距

最薄板件厚度/mm	点距/mm			最薄板件厚度/mm	点距/mm		
	结构钢	不锈钢及高温合金	轻金属		结构钢	不锈钢及高温合金	轻金属
0.5	10	8	15	2.0	16	14	25
0.8	12	10	15	2.5	18	16	25
1.0	12	10	15	3.0	20	18	30
1.2	14	12	15	3.5	22	20	35
1.5	14	12	20	4.0	24	22	35

点焊结构设计注意事项：

1）在产品的总成图样上，要规定焊点的直径和点距。并非焊点数越多，焊点之间的距离越近，连接强度就越高。因为点距越小，则分流就越大，焊接品质就不易保证，甚至会使强度降低，出现板材开裂的事故。

对于车身薄板零件，两层焊点最小点距为15~25mm，最好超过30mm。在多点焊机上焊接，考虑到焊枪外径尺寸，点距不宜小于50mm。

2）焊点布置离板边太近会使加热了的金属被挤压向一边，从而减弱焊接强度。翻边接头的边宽一般取$6\delta+8mm$最佳，其中δ为板料厚度。翻边太宽或焊点离板边太远，不仅会增大质量、浪费材料，而且会使翻边边缘应力提高。

3）焊点不应布置在圆角拐角处或不平整的部位。由于焊钳在焊接时的压力比较大，易在圆角拐角处或不平整的部位产生焊接变形。

4）一般情况下，应尽可能少地采用3层板或者3层以上的焊接结构，最好能够通过使用工艺缺口以进行2层板焊接来代替3层板。当需要3层板叠焊时，从强度考虑，最好避免用作工作（受力）焊缝；其点距也应该比焊2层板时大些。对焊件厚度为1~2mm的3层板进行焊接时，其最小点距应为20~30mm。

5）较大型的点焊结构，其焊点应尽可能布置的对称些，以避免产生不规则变形和应力集中。

三、车身侧围的电阻点焊工艺流程

车身侧围连接前车身和车顶板形成乘员舱，如图3-26所示，在侧面碰撞受力时，它是保护乘员安全的重要部件。侧围总成一般有3层，其内侧主要由A柱、B柱、C柱和车顶边梁组成，中间为各部件的加强件，外侧为整体式侧围外板。

图3-26 车身侧围总成

车身侧围的电阻点焊在生产线上可分为自动焊接和手工焊接，目前大多数汽车制造企业的车身侧围均采用自动焊接。其工艺流程：将冲压件放入夹具→夹具将冲压件夹紧→焊接侧围靠顶边梁的上部→焊接侧围靠门槛的下部→松开夹具→取出焊接完成的侧围→自检完成后放物流车进入下道工序。

1）侧围总成的装夹，如图3-27所示。
2）侧围上部的焊接，如图3-28所示。

图3-27 侧围总成的装夹

图3-28 侧围上部的焊接

3）侧围下部的焊接，如图3-29所示。
4）焊接完成，如图3-30所示，自检完成进入下道工序。

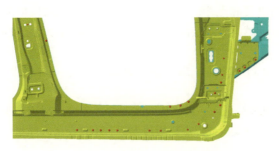
图 3-29 侧围下部的焊接

图 3-30 焊接完成

四、电阻点焊安全操作规程

1) 焊前戴好皮手套、防护面罩及围裙等防护用品，以免被金属飞溅烫伤。
2) 焊接前，须清除工件的油渍和污物，否则将严重降低电极的使用寿命，同时会影响焊接质量。
3) 电极头应保持光洁，必要时可用细锉刀或砂布修光。
4) 焊机起动前，首先检查线路连接，接通水源、气源、控制箱上各调节按钮。
5) 焊机通电后，应检查电气设备、操作机构、冷却系统、气路系统及机体外壳有无漏电。
6) 不可随意更换、自行修改电极外形。
7) 按工艺规定进行焊接，不准任意修改设备程序设定。
8) 密切注意设备运转情况，如发现动作失灵、震动、发热、噪声、异味、碰伤等异常现象，应立即停工检查，排除故障后才可继续工作。
9) 焊机调节和检修时，应在切断电源后进行。
10) 经常检查接地螺钉及接地线，保持机壳良好接地。
11) 焊接完成后，停止设备运转，切断电源、气源。
12) 清扫工作现场，认真对设备进行点检维护。

> **安全事故案例：电阻点焊机压伤**
>
> 某汽车厂焊装车间一位焊工在进行电阻点焊焊接操作时，没有认真做好日常检查，未发现焊枪平衡器钢丝存在问题。在操作过程中，由于平衡器钢丝断丝，导致平衡器掉落，砸在了焊工的脚跟部位，造成脚跟骨骨折。
>
> 导致事故发生的主要原因是焊工没有做好设备日常检查，没有发现存在问题的平衡器钢丝，引起钢丝在使用过程中断裂，从而致使焊工受伤。
>
> 因此，为了预防事故发生，设备使用前一定要做好检查，没有问题才可操作使用。

五、电阻点焊基础技能

1. 焊前准备

(1) 焊前清理　钢焊件焊前需清除焊点表面的一切脏物、油污、氧化皮及铁锈。未经清理的焊件虽能进行点焊，但是严重地降低电极的使用期限，同时影响点焊的生产率和质量。对镀锌或镀锡的低碳钢件，可直接施焊。

(2) 焊件装配与定位

1) 装配间隙为 0.5~0.8mm，零部件表面平整，压紧状态贴合，无间隙。

2) 采用夹具将焊件夹牢固。
3) 装配焊件夹紧后，先进行定位点焊。定位焊点应选在难以变形的部位。

(3) 电极的修磨

1) 电极的顶端标准。使用电极铣刀或平锉进行修磨，电极顶端直径、形状标准见表3-6。

表 3-6 电极顶端直径、形状标准

电极种类		形状	焊接板厚/mm	修磨所要求直径/mm	正常使用直径范围/mm
标准电极	平面电极				
	锥形电极		0.8~1.2	$\phi 5.0$~$\phi 6.5$	$\phi 4.5$~$\phi 7.5$
	球面电极		1.2~1.5	$\phi 6.0$~$\phi 7.0$	$\phi 5.0$~$\phi 8.0$
			1.5~2.0	$\phi 6.5$~$\phi 8.5$	$\phi 5.5$~$\phi 9.5$
	帽状电极				

2) 修磨电极端面的目的。修磨电极端面不仅是为了确保电极端面的直径符合要求，也是为了清理电极端面上的脏物及污物等。焊接高强度钢、电镀钢材或铝材时，在电极端面，铜锌合金层、树脂层的生成、附着，对焊接质量有很大的影响。

3) 修磨要领。

① 修磨电极时，要保证上、下两个接触面对称，偏差不能大于0.5mm，否则会导致焊接位置错位，保证不了焊接质量。

② 电极修磨时，上、下接触面要平、不能有缝隙产生，否则会导致焊接时飞溅过大，压痕过深，保证不了焊接质量。

③ 电极修磨时，上、下两电极接触面不能太大，修磨时要保证直径6~8mm才能达到焊接标准。

(4) 电极的更换 电极达到使用限度时，就需要对电极进行更换。对于电极的使用限度，需考虑电极的使用功能和焊接部位的条件。图3-31所示为不同情况下的电极使用限度。

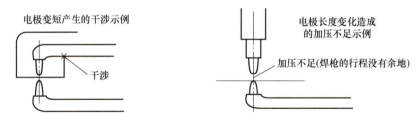

图 3-31 不同情况下的电极使用限度

电极的使用限度可通过图3-32所示的其中1种方法来确定。

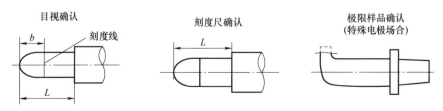

图 3-32 电极的使用限度确定方法
b、L—电极尺寸

2. 焊点检验标准

检验方法主要为试片剥离试验法，其原理：首先选取合适的试样，试样尺寸见表3-7；然后将试样夹在台虎钳上或用钢丝钳夹持，进行撕裂，测量撕裂后焊点熔核直径是否符合要求。

表 3-7　焊点工艺撕裂试样尺寸

试样厚度/mm	点焊试样的宽度/mm
≤1.0	20
1.1~2.0	25
2.1~3.0	30
>3.0	35

【画龙点睛】

优质焊点的标志：外观上无缺陷，并且经过拉力检测后，在撕破试样的一片上有圆孔，另一片上有圆凸台。优质焊点如图3-33所示。

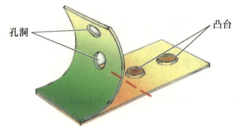

图 3-33　优质焊点

3. 电阻点焊机简介

学校使用的电阻点焊机一般为一体机，典型的电阻点焊机如图3-34所示。

（1）焊接电源　电阻点焊机电源的主要任务是将380V的输入电压转化为24V的输出电压，然后经过相应的电缆输送到达焊钳的两臂，在焊接时形成焊接回路。

（2）冷却水箱　冷却水箱的主要作用是冷却焊接时获得大量热量的焊钳臂和焊接电缆。如图3-35所示，冷却水箱里面的冷却液量应保持在要求的范围内。

图 3-34　典型的一体式电阻点焊机

图 3-35　电阻点焊机冷却水箱

（3）电极压力供给装置　电极压力供给装置主要由压缩空气经相关的管路输送到气缸。管路里的压缩气体通过气管进入气动三联件（图3-36），过滤掉压缩空气中的杂质，然后经过气动三联件中的调压阀调节气压为0.4~0.8MPa。气缸在高压空气的作用下带动焊钳臂夹紧工件，完成焊接任务。

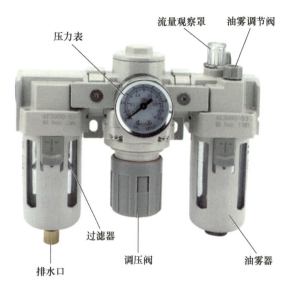

图3-36　气动三联件

4. 焊接过程及操作要点

（1）工件准备　准备好要焊接的工件，先对工件表面进行清理，使用砂纸进行打磨，去除油污、锈等杂物，并用无纺布擦拭干净。对工件进行划线，准备好划线要用的钢直尺和划针，按要求分布焊点。划线的时候，划针一定要靠紧直尺，如图3-37所示，以减小误差。

工件点焊前的准备

划好线之后，把工件一端用大力钳夹紧，如图3-38所示，工件就准备好了。

图3-37　划针划线时靠紧直尺

图3-38　工件一端用大力钳夹紧

（2）焊钳的清理和调整　先对焊钳的电极帽进行清理，可以使用锉刀或者砂纸进行打磨，使电极帽表面露出铜的光泽。同时，要打磨成中间高、四周稍低的平面，如图3-39所示，以保持焊点中心形成均匀的电流密度。

检查表面是否平整，可以将两个电极帽调节到一起，看两个电极帽的接触面是否无间隙；同时，检查两个电极帽是否在同一直线上，如图3-40所示，避免焊接后焊点歪扭。

点焊钳的清理和调整

图 3-39　焊钳电极帽的清理

图 3-40　检查两个电极帽是否在同一直线上

【画龙点睛】

打磨好电极帽后，要把两个电极之间的间隙调整为 10~15mm。

点焊参数的
设置和调整

（3）焊接参数的设置和调整　接通焊机电源，旋转旋钮开关，接通电源。由于焊机是一体化调节，可以直接调节板厚参数，对应的焊接电流的参数自动生成，如图 3-41 所示。

调节焊接压力，压力一般设置为 0.4~0.8MPa，可以设置为 0.5MPa。焊接压力可通过拉出旋钮进行调节，如图 3-42 所示。

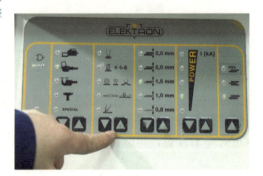
图 3-41　焊接参数的设置和调整

图 3-42　焊接压力的设置和调整

点焊试焊

（4）试焊　穿戴好焊接防护用品，如图 3-43 所示。防护用品主要包括工作服、焊接围裙、焊接手套、透明面罩、口罩，如果噪声较大，还可以使用耳塞。

为了验证设置的参数是否符合要求，现在利用试焊板进行试焊，先把工件搭接成 T 形，如图 3-44 所示，然后在台虎钳上夹紧。

图 3-43　穿戴好焊接防护用品

图 3-44　焊钳对工件的正确夹持

项目三　车身焊装工艺

> **【画龙点睛】**
> 　　将焊钳的静臂对准工件上待焊焊点部位，使焊钳电极相对于工件表面的左右和上下都保持垂直（垂直工件表面对焊点质量至关重要，如果不垂直，将会产生各种类型的缺陷）。对准后，按下焊接按钮。如果要试一下夹紧及焊点位置，可以轻轻按一下后就松开，检查夹紧及焊点位置；如果已经完全对准了焊点位置，就可以一按到底，完成焊接。

　　按照质量要求，对试焊的焊点进行外观检查，主要检查焊点直径、压痕的深度、是否存在虚焊等其他缺陷。如果有破坏检验要求，还要进行破坏性检验。如果存在缺陷，要对其进行分析，并再次用工件进行试焊，直到合格为止。

　　（5）工件焊接　试焊完成后，开始正式焊接。首先把工件另一端夹在台虎钳上，观察好焊点划线的位置，将焊钳的静臂对准工件上待焊焊点部位，保持焊钳电极对工件左右和上下垂直，按下按钮，完成焊接。

　　焊接完成后，按照质量要求进行检查。如果不符合质量要求，应进行处理。

点焊质量检查

工件点焊焊接

六、点焊缺陷形成原因及防止措施

常见点焊缺陷种类、形成原因及防止措施见表3-8。

表3-8　常见点焊缺陷种类、形成原因及防止措施

缺陷种类	形成原因	防止措施
虚焊	操作不规范	提高操作技能，提升质量意识，确保焊接过程操作规范
	焊接参数（焊接电流、电极压力、焊接时间等）输出不准确	确保焊接参数稳定
	电极帽修磨不标准	严格控制电极帽修磨质量
	工件装夹不到位	保持工装夹具处于良好状态
焊点过小	焊接参数发生变化，如焊接电流过小、电极压力过大、焊接时间不足等	确保焊接参数稳定
	工件或电极帽表面存在油污、飞溅等杂质	控制工件表面清洁度，确保工件和电极帽表面状态符合要求
	电极帽修磨不标准或未垂直于工件表面	确保电极帽修磨合格，操作焊枪时，电极帽垂直于工件表面
裂纹	焊接参数发生变化	确保焊接参数稳定
	电极帽的形状和对中度不符合要求	确保电极帽修磨合格，操作焊枪时，电极帽垂直于工件表面
压痕过深	焊接参数发生变化	确保焊接参数的稳定
	电极帽修磨不标准或未垂直于工件表面	确保电极帽修磨合格，操作焊枪时，电极帽垂直于工件表面
	工装夹具装夹精度发生变化	确保工装夹具处于良好状态

(续)

缺陷种类	形成原因	防止措施
飞溅	焊接参数发生变化	确保焊接参数的稳定
	工件表面或电极帽表面不干净	控制工件表面清洁度，确保工件和电极帽表面状态符合要求
	工件装夹不到位	确保工装夹具处于良好状态

【知识拓展】

铝合金薄板点焊技术要点

一、概述

铝合金薄板的电阻点焊如图3-45所示。由于铝合金材料散热快、电导率高，焊接时电极和焊件接触部位的金属很容易产生过热，使电极与焊件黏合在一起。因此，在确定其点焊工艺方案时，应保证在短时间内形成优质的熔核，而且需要非常大的能量，电流密度应大于100A/mm，是普通低碳钢的2~3倍。所以，应选用大功率点焊机，并采用合理的工艺措施。

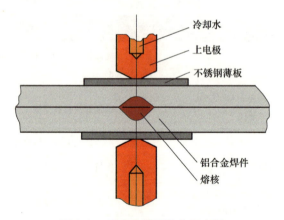

图3-45 铝合金薄板的电阻点焊

二、焊前准备

1) 清理焊件上的油污，去除点焊处的氧化膜（焊点周围30~50mm）。清除后，尽量当天焊完，否则应重新清理。

2) 上、下电极必须进行强制冷却，配备流量超过6L/min的水泵水箱。

3) 上电极端面一般为球面；选用合适的点焊机。准备不锈钢薄皮若干（厚度为0.2~0.5mm，用在上、下电极间防止焊点凹陷及电极和焊件黏合）。

三、焊机的选择

1) 选用时间短、电流大、阶梯形压力的强规范。

2) 要求焊铝的点焊机具有缓慢上升和缓慢下降的特性。

3）具有变压力的加压机构。
4）配备有精确的控制电路,保证通电和休止时间恒定。
5）每100mm长之间的间隙应小于0.3mm。
6）选用适于点焊板厚0.04~4mm的铝及其合金的焊机。
7）为了最大限度地减少分流的影响,铝合金薄板的最小焊点间距应大于板厚的8倍。

四、点焊质量分析

影响点焊质量的因素主要有4个：材料的均匀性和表面清洁度、电极的清洁度和外形、电极的压力、焊接电流。

1. 电极黏着现象

所有类型的点焊设备,都会出现不同程度的电极黏着现象,主要是电极与工件之间接触面过热引起的,也有可能是焊件不清洁、电极冷却不良或滑移、电极压力不合适、电流过大、通电时间过长等原因造成的。

2. 焊点裂纹

焊点过高的温升或过高的冷却速度,过高的电流或过低的电极压力,都可能会造成裂纹的产生。应当减缓温度升高和下降的速度,并适当延长保压时间。

3. 飞溅

飞溅的产生主要是由于过热和不合适的电极压力,还有可能是由氧化皮未除净、电流不正确、通电时间不当等引起。可通过稍微减小电流、稍微增大电极压力、表面清理干净等措施来消除飞溅。

4. 焊透率

焊透情况取决于焊接电流及电极外形,电流增大或电极球面半径减小都会增大焊透率。

【任务实施】

仪器设备及工具准备

一、任务工件

电阻点焊典型应用技能训练的工件如图3-46所示。

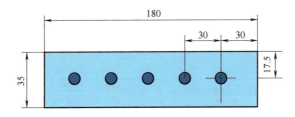

图3-46　电阻点焊典型应用技能训练工件

二、任务准备及注意事项

1. 焊前清理

钢焊件焊前,需清除焊点表面的一切脏物、油污、氧化皮及铁锈。未经清理的焊件虽能进行点焊,但是会严重地降低电极的使用期限,同时影响点焊的生产率和质量。

2. 焊件划线、装配与定位
进行焊件划线、装配与定位。

3. 焊机调整
1) 焊接时,应先手动调节电极臂位置,使电极刚刚压到焊件表面时,电极臂保持相互平行,并使其适合工作行程。
2) 接通电源,将焊机电源开关旋钮旋至"ON"位置。
3) 调节设备模式,按▲▼键选择至电阻点焊模式。
4) 调节焊接参数,按▲▼键选择焊件厚度,同时选择焊接电流。
5) 调节电极压力的大小,旋转控制面板对应的气压旋钮来调节。
6) 试焊,根据焊接质量,最终确定焊接参数。

任务实施内容

1. 防护及点检
穿戴好焊接防护用品,检查焊机线缆、管路及焊钳。

2. 装夹工件
将清理好的焊件装夹到台虎钳上。

3. 调整
按焊钳后部按钮先夹紧焊件;调整焊钳电极位置,使其完全垂直于焊件表面。

4. 焊接
按焊钳后部按钮进行焊接,焊接完成后焊钳自动松开,结束焊接。

5. 焊点焊接顺序
移动焊钳到下一个焊点位置,完成新焊点的焊接。按照从中间往两边的顺序,依次焊接完成5个焊点。

6. 焊接过程及记录
根据教师指导和所学知识技能,焊接薄板搭接点焊,并将焊接过程记录于工单中。

学院		专业		班级	
姓名		学号		日期	
指导教师					
焊接前准备记录					
焊接流程	操作方法及过程记录			操作示意图	
焊接设备调节	打开焊机电源,查看控制面板显示是否正常,参数是否可调节 是否完成:□是 □否				

(续)

焊接流程	操作方法及过程记录	操作示意图
焊接设备调节	对焊钳进行清理，调整好焊钳电极的间隙 是否完成：□是　□否	
	根据提供的参考焊接工艺参数，调节好所有参数 是否完成：□是　□否	
工件准备	清理工件 是否完成：□是　□否	
	对工件进行划线，确定焊点位置 是否完成：□是　□否	
	对工件进行装夹定位，将工件一端夹持在台虎钳上，另一端用大力钳夹紧 是否完成：□是　□否	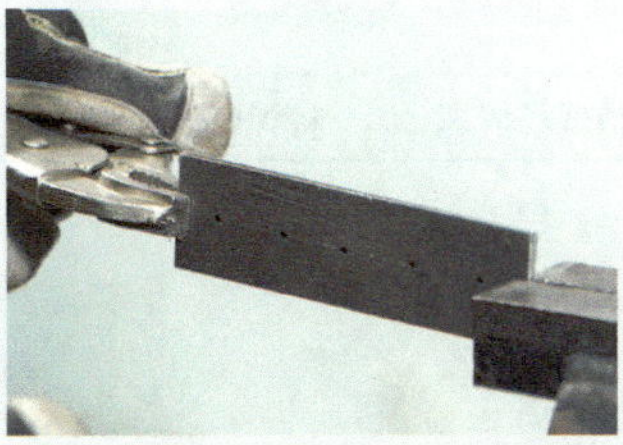

（续）

焊接流程	操作方法及过程记录	操作示意图
工件准备	按照安全操作规程要求穿戴好防护用品 是否完成：□是　□否	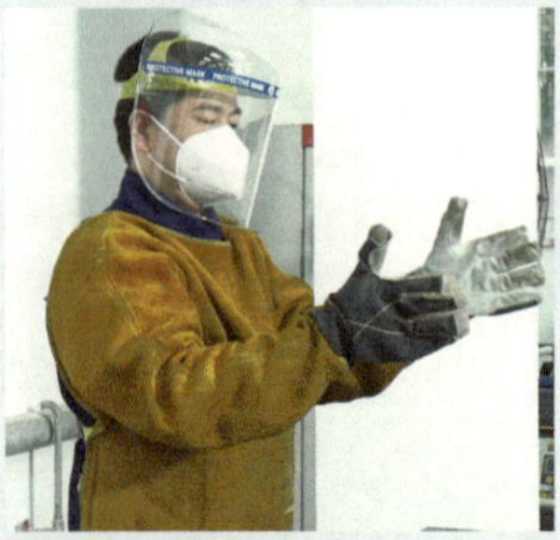
	试焊，夹持好试焊工件，完成试焊件的焊接 是否完成：□是　□否	
操作过程	根据试焊情况，再次调整好参数，开始正式焊接 是否完成：□是　□否	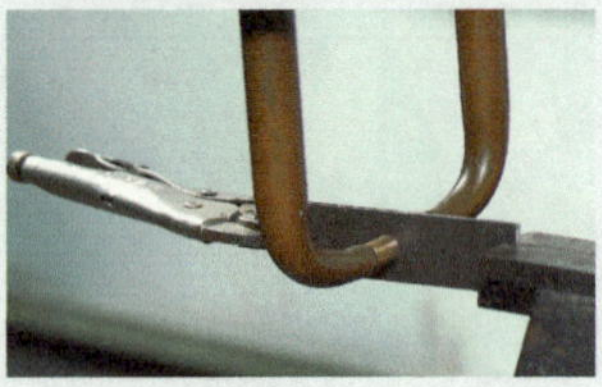
	按照由中间往两边的顺序，完成工件所有焊点的焊接 是否完成：□是　□否	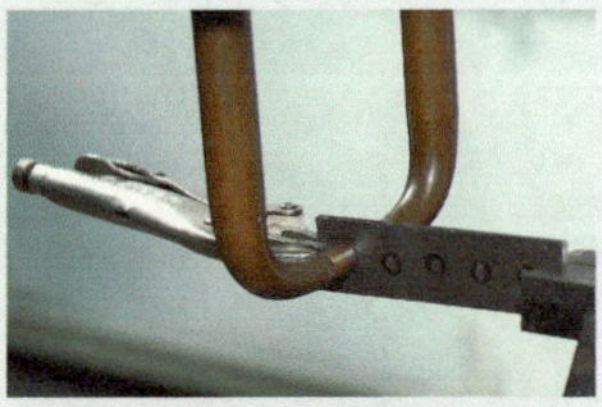
	检查焊点是否符合要求 是否完成：□是　□否	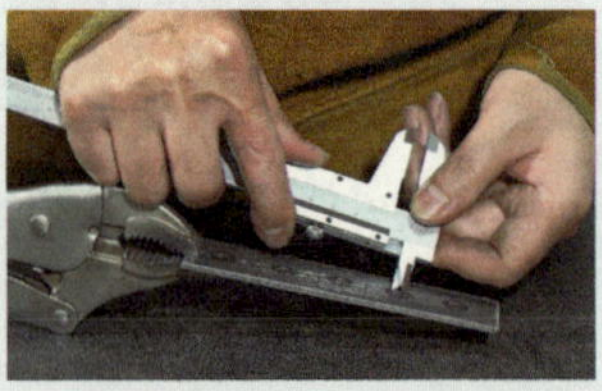
工件与现场清理	将焊好的工件清理干净。清扫场地，摆放工件，整理好焊钳和焊机，确认无安全隐患后才可离开	

点焊现场清理

【评价反馈】

评价项目	评价标准	小组评价 （占总评分的40%）	教师评价 （占总评分的60%）
知识准备 （30分）	掌握电阻点焊的工作原理；掌握焊接规范		
	掌握车身侧围的电阻点焊工艺流程；了解点焊机及焊装夹具，掌握焊装件的定位和夹紧		
	掌握电阻点焊机的安全操作规程；掌握焊接件质量评估方法		
知识拓展 （10分）	养成自主学习的习惯，树立职业目标		
任务实施 （50分）	安全防护用品的使用情况（5分，未穿戴防护用品1项扣1分，扣完为止，佩戴近视镜不扣分） 操作时不戴手套、焊接手套扣1分；操作时不穿安全鞋扣1分；打磨时不戴护目镜扣1分；打磨时不戴耳塞扣1分；焊接时不戴焊接面罩扣1分		
	工件准备（5分）： 锈及油污等未清理扣1分；板件未整形扣2分；板件未划线扣1分；板件装夹间隙超过0.5~0.8mm扣1分；板件装夹错口扣1分		
	焊接规范的调整情况（5分，超出规定范围不得分） 点焊电流调节（按焊机设备设定）（不符合要求扣2分）； 点焊焊接时间调节（按焊机设备设定）（不符合要求扣1.5分）； 电极压力调节（0.4~0.8MPa）（不符合要求扣1.5分）		
	操作中工具、工件等掉落1次扣0.5分，操作完成后未把设备、工具放回原处，摆放整齐，1件工具未摆回原处或未摆放整齐扣0.5分，扣完为止		
	点焊焊接时焊点虚焊，每个扣1分（总分扣完为止）		
	焊点有熔穿孔、颜色全部变蓝、焊点外圈不连续、出现熔敷物、焊点直径小于4mm等缺陷，判定此焊点不合格，每个扣1分（总分扣完为止）		
	点焊时必须跳焊，不按跳焊焊接1边扣2.5分（共5分）		
	点焊焊点偏离预划线位置大于1mm，每处扣1分（总分扣完为止）		
	点焊失圆大于1mm，每个扣1分（总分扣完为止）		

(续)

评价项目	评价标准	小组评价 （占总评分的40%）	教师评价 （占总评分的60%）
综合表现 （10分）	能与同学密切合作，积极实践，安全地完成学习活动，具备严谨规范的工作作风		
合计			
总评分			

教师评语：

日期：　　年　月　日

【情智故事】

一只手练就一身焊接绝活——独臂焊侠卢仁峰

卢仁峰是工匠精神的杰出代表，不折不扣的"大国工匠"。心心在一艺，其艺必工；心心在一职，其职必举。熔化极氩弧焊、富氩混合气体保护焊、单面焊双面成形等，卢仁峰边干边学边钻研，攻克了一道又一道技术难题，成长为拥有焊接绝技的"大国工匠"。他参与制造的装备5次圆满完成国庆阅兵任务。"金属材料与焊接材料的选用匹配法""短段逆向带压操作法""特种车辆焊接变形控制"等多项成果，"HT火花塞异种钢焊接技术"等国家专利，代表了他在焊接技术上的成就。

卢仁峰获得2021年"大国工匠年度人物"荣誉，43年，15695天，他从未放下过手中的焊钳，甚至在他遭遇人生致命打击——左手因工伤致残后，他也没有放下。一次次的练习中，卢仁峰不断寻找替代左手的办法——特制手套、牙咬焊帽等。凭着这股倔劲，他不但恢复了焊接水平，仅靠右手练就一身电焊绝活，还攻克了一个个焊接难题。他的手工电弧焊单面焊双面成形技术堪称一绝，压力容器焊接缺陷返修合格率达百分之百，赢得"独臂焊侠"的美誉。

大术无极，攻克难关，取得荣誉，这在卢仁峰看来并非工作的全部。作为"手艺人"，传承必不可少。卢仁峰执着地在焊接岗位上坚守了40多年。"最大的心愿就是把这门手艺传下去"，面对众多荣誉，卢仁峰的心态非常平和。

从追求个人价值的实现，到带出一支高技能团队，卢仁峰完成了从小我向大我的转变。他用自己的实际行动践行着"执着专注、精益求精、一丝不苟、追求卓越"的工匠精神。

【课后测评】

一、单项选择题

1. （　　）是目前车身生产中应用最多的焊接方式。
   A. 电阻点焊　　　　　　　　B. 氩弧焊
   C. CO_2 气体保护焊　　　　D. 激光焊

2. 电阻焊按照焊接接头形式可分为对接接头与搭接接头，（　　）不属于搭接接头。
   A. 点焊　　　　B. 缝焊　　　　C. 对焊　　　　D. 凸焊

3. 点焊钳可分为水路（冷却水）、电路和（　　）三大系统。
   A. 气路　　　　B. 通路　　　　C. 短路　　　　D. 断路

4. 电阻点焊两个焊点间距过小，造成强度降低的主要原因是（　　）。

A. 焊接电流被分流　　　　　　　　B. 焊接时间缩短
C. 两个焊点的热影响　　　　　　　D. 焊点重叠
5. 根据电阻点焊焊接时热量产生的公式来看，对焊接质量影响最大的是（　　）。
A. 焊接速度　　　B. 焊接电流　　　C. 焊接时间　　　D. 焊接压力
6. 电阻点焊的缺陷不包括（　　）。
A. 余高过高　　　B. 焊点太小　　　C. 虚焊　　　　　D. 裂纹

二、判断题

1. 电阻点焊时有火花产生，所以也产生了电弧。（　　）
2. 电阻点焊的整个焊接过程必须施加压力，焊点无须加任何填充材料和保护剂。（　　）
3. 无论哪种焊接方法，焊前焊接部位的清洁都非常重要，否则会影响焊接强度。（　　）
4. 在不影响焊接的前提下，夹具夹持位置应离焊点处尽可能近。（　　）
5. 虚焊是非常严重的点焊缺陷。（　　）

三、简答题

1. 点焊主要工艺参数有哪些？各有什么作用？
2. 点焊钳的主要操作要点是什么？
3. 影响焊点质量的主要因素有哪些？

任务 3　CO_2 气体保护焊工艺制订与设备认知

【任务导入】

　　CO_2 气体保护焊是现代企业应用最为广泛的焊接方法，也是汽车车身制造中应用较广泛的焊接方法。在白车身的制造过程中，车身的不同位置都会应用到不同方式的 CO_2 气体保护焊，其中应用最多的是车身骨架、车身底板以及各加强件的焊接。CO_2 气体保护焊工艺是车身焊装工艺中非常重要且应用广泛的一项工艺。

【学习目标】

素养目标：

1. 培养学生做事守规则、讲原则，遵章守纪的良好作风。
2. 培养学生对产品质量精益求精的工匠精神。
3. 培养学生只有勤学苦练才能提高技能的思想意识。

知识目标：

1. 了解 CO_2 气体保护焊的分类及特点。
2. 掌握 CO_2 气体保护焊的焊接过程。
3. 掌握气体保护焊的设备组成及作用。

能力目标：

1. 能够制订CO_2气体保护焊工艺；能够对CO_2气体保护焊工艺进行初步检查和评价。
2. 能够正确地认识CO_2气体保护焊设备；能够正确对CO_2气体保护焊的工艺参数进行调整；能够正确地进行CO_2气体保护焊操作。
3. 能够按工艺要求完成车身底板焊接；能够对焊接完成的车身底板进行焊接质量评价和分析。
4. 能够分析CO_2气体保护焊常见缺陷并提出控制措施；能够解决生产现场实际问题。

【知识准备】

一、CO_2气体保护焊概述

1. 气体保护焊的定义

用外加气体作为电弧介质并保护电弧和焊接区的电弧焊称为气体保护焊。常用的保护气体有二氧化碳气（CO_2）、氩气（Ar）、氦气（He）及它们的混合气体（CO_2+Ar、CO_2+Ar+He 等）。

CO_2气体保护焊焊丝经送丝轮通过送丝软管送到焊枪，经导电嘴导电，在CO_2气体环境中，与母材之间产生电弧，靠电弧热量进行焊接，如图 3-47 所示。

2. CO_2气体保护焊的工作原理

CO_2气体保护焊的工作原理如图 3-48 所示。CO_2气体在工作时通过焊枪喷嘴，沿焊丝周围喷射出来，在电弧周围形成局部的气体保护层，使熔滴和熔池与空气机械地隔离开来，从而保护焊接过程稳定、持续地进行，并获得优质的焊缝。

CO_2气体保护焊的应用非常广泛，主要适用的材料有低碳钢、低合金钢等黑色金属，可用于耐磨件堆焊、铸铁补焊等；不适用的材料如不锈钢、易氧化的有色金属。CO_2气体保护焊的适用的领域主要包括汽车制造、机车车辆制造、化工机械、农业机械、矿山机械等。

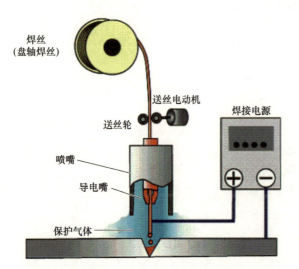

图 3-47 CO_2气体保护焊

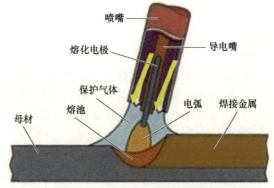

图 3-48 CO_2气体保护焊的工作原理

3. CO_2气体保护焊的设备组成及作用

CO_2气体保护焊的设备组成如图 3-49 所示。

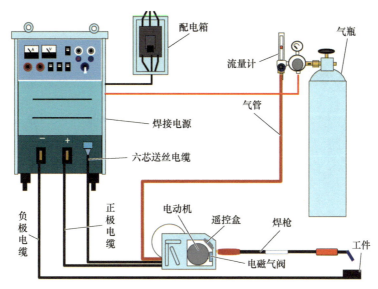

图 3-49　CO_2 气体保护焊的设备组成

（1）焊接电源　CO_2 气体保护焊使用交流电源焊接时，电弧不稳定，飞溅严重，因此，只能使用直流电源。二氧化碳气体保护焊焊机的电源部分主要是一台变压器和相应的整流器，它具有将 380V 的交流高压电转变为 36V 左右的直流安全电压的功能。

（2）送丝机构　送丝机构主要由送丝电动机、减速装置、送丝滚轮和压紧机构等组成，如图 3-50 所示。两个送丝轮相互压紧，焊丝被压在两个轮子之间，当送丝电动机带动送丝轮动作时，焊丝就被送丝轮强行送出，完成自动送丝过程。CO_2 气体保护焊焊机的送丝机采用单主动送丝即可。

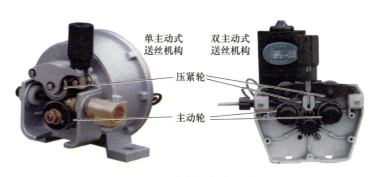

图 3-50　送丝机构的组成

（3）供气系统　供气系统的组成如图 3-51 所示，主要由气瓶、预热器、减压/流量计、气管和电磁气阀组成，必要时可加装干燥器。气瓶用来装液态的 CO_2，预热器用来加热气体，防止瓶口结冰阻碍 CO_2 的流出，并且可以对气体进行干燥；减压阀的作用是将气瓶中的高压 CO_2 气体的压力降低；流量计用来调节和测量气体流量；气管是气体流动的通路；电磁气阀用以控制气体的提前送气和滞后停气。通常将预热器、减压器、流量计制成一体化的 CO_2 减压流量计。

（4）焊枪　焊枪是直接用于完成焊接工作的工具，其基本组成如图 3-52 所示。它的主要作用包括：作为电极传递焊接电流；经送丝导管和一线制电缆向焊接部位输送焊丝和气体；通过微动开关向焊机发出控制命令。

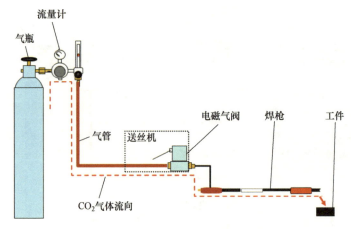

图 3-51 供气系统的组成

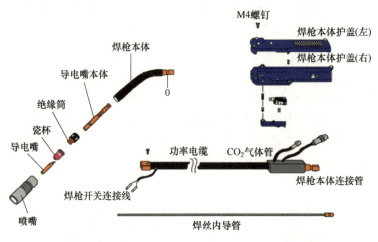

图 3-52 焊枪的基本组成

【画龙点睛】

对焊枪的要求：送丝均匀、导电可靠和气体保护良好；结构简单、轻便、柔软、经久耐用和维修简便；使用性能良好。

焊枪按自动化程度可分为半自动焊枪和自动焊枪。焊枪的冷却方式一般采用自冷式，水冷式焊枪不常用。半自动焊枪有推丝式、拉丝式和推拉丝式3种基本送丝方式。推丝式焊枪的主要特点是结构简单、操作灵活，但焊丝经过导管产生的阻力较大，故所用的焊丝不宜过细，多用于直径超过1mm焊丝的焊接，送丝软管一般为2~5m。拉丝式焊枪常用于细丝焊接，推拉式焊枪常用于长送丝软管。

4. CO_2 气体保护焊的焊接材料

(1) CO_2 用于焊接的 CO_2 纯度要求大于 99.5%。供焊接用的 CO_2 通常是以液态装于钢瓶中。

CO_2 气瓶外表一般涂银灰色，并标有黑色"CO_2"字样。使用瓶装液态 CO_2 时，注意设置气体预热装置。

(2) 焊丝 因 CO_2 是一种氧化性气体,在电弧高温区分解为一氧化碳和氧气,具有强烈的氧化作用,使合金元素烧损,所以 CO_2 气体保护焊时为了防止气孔、减少飞溅和保证焊缝较高的力学性能,必须采用含有 Si、Mn 等脱氧元素的焊丝。CO_2 气体保护焊使用的焊丝既是填充金属又是电极,所以焊丝既要保证一定的化学性能和力学性能,又要保证具有良好的导电性能和工艺性能。

CO_2 气体保护焊焊丝分为实芯焊丝和药芯焊丝(图 3-53)两种。

a)"O"形　　　　　　　　b)"T"形　　　　　　　　c)梅花形

图 3-53 常见药芯焊丝

目前国内常用 CO_2 气体保护焊焊丝的直径有 0.6mm、0.8mm、1.0mm、1.2mm、1.6mm、2.0mm 和 2.4mm,近年出现直径有 3~4mm 的粗焊丝。

焊丝应保证有均匀外径,其公差为 +0~-0.025mm,还应具有一定的硬度和刚度,一方面防止焊丝被送丝滚轮压扁或压出深痕;另一方面,焊丝从导电嘴送出后要有一定的挺直度。

> 【画龙点睛】
> 焊丝保存时,为了防锈常采取在焊丝表面镀铜的工艺。

5. CO_2 气体保焊的主要特点

CO_2 气体保护焊是应用最广泛的一种熔化极气体保护焊方法,其主要有以下优点:

1) 焊接成本低。CO_2 价格低、来源广,焊接成本低。
2) 焊接生产率高。由于焊丝自动送进,焊丝的熔化效率高,通过机器人容易实现自动化生产。
3) 焊接质量好。CO_2 气体保护焊对焊件上的铁锈、油污及水分等不敏感,焊缝的含氢量低,具有较好的抗气孔能力,抗裂性能好,受热面积小,产生的应力和变形也小。
4) 操作性好,操作技术易于掌握。由于 CO_2 气体保护焊为明弧焊接,熔池很容易观察控制,操作技能要求不高,因此具有较好的操控性能。
5) 应用范围广。可以焊接薄板、厚板以及全位置的焊接等。

CO_2 气体保护焊有如下一些缺点:

1) 氧化性强。在电弧空间里,CO_2 气体氧化作用强,因而需对焊接熔池脱氧,要使用含有较多脱氧元素的焊丝。
2) 飞溅大。不论采用什么措施,也只能使 CO_2 气体保护焊接飞溅减小到一定程度,但仍比手弧焊、氩弧焊大得多。
3) 抗风能力差。由于 CO_2 气体保护焊主要依靠 CO_2 气体形成的保护区域进行焊丝的熔化和成形,在有风的场地进行焊接时,受风的影响很大。

二、CO_2 气体保护焊主要工艺参数

1. 焊丝直径的选择

焊丝直径的选择应根据不同情况进行综合考虑,考虑的因素有工件的厚度、焊接位置、焊接

设备配置、焊接电流等,其中焊接电流是需要主要考虑的因素。不同焊丝直径参考使用电流范围见表 3-9。

表 3-9 不同焊丝直径参考使用电流范围

焊丝直径/mm	电流范围/A	适用板厚/mm
0.6	40~100	0.6~1.6
0.8	50~150	0.8~2.3
0.9	70~200	1.0~3.2
1.0	90~250	1.2~6.0
1.2	120~350	2.0~10
1.6	300~500	>6.0

2. 焊接电流

焊接电流是 CO_2 气体保护焊的重要工艺参数,应根据焊接条件(板厚、焊接位置、焊接速度、材质等参数)选定相应的焊接电流。

焊接电流对焊缝成形有着重要影响,是决定焊缝熔深和余高的重要因素。焊接电流与焊缝熔深及余高的关系如图 3-54 所示。

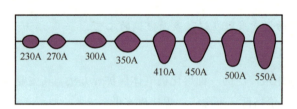

图 3-54 焊接电流与焊缝熔深及余高的关系

CO_2 气体保护焊焊机调电流实际上是在调整送丝速度。因此 CO_2 气体保护焊焊机的焊接电流必须与焊接电压相匹配,即一定要保证送丝速度与焊接电压对焊丝的熔化能力一致,以保证电弧长度的稳定。焊接电流和送丝速度的关系如图 3-55 所示。

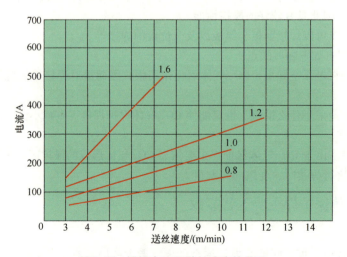

图 3-55 焊接电流和送丝速度的关系

3. 焊接电压

焊接电压即电弧电压，是为焊接过程提供能量的参数，也是最为重要的工艺参数。焊接电压是确定焊缝熔宽和余高的重要因素，与焊缝熔宽及余高的关系如图 3-56 所示。

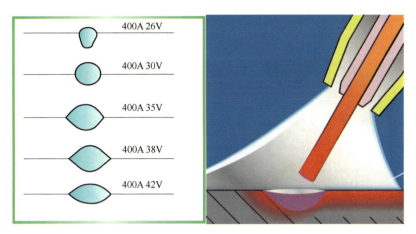

图 3-56　焊接电压与焊缝熔宽及余高的关系

电弧电压越高，焊接能量越大，焊丝熔化速度越快，焊接电流就越大。电弧电压 $U_{电弧}$ 等于焊机输出电压 $U_{输出}$ 减去焊接回路的损耗电压 $U_{损}$，可用下式表示：

$$U_{电弧} = U_{输出} - U_{损(电缆自身损耗)} \tag{3-1}$$

如果焊机安装符合要求，损耗电压主要指电缆加长所带来的电压损失。如果焊接电缆需要加长，可参考表 3-10 调节焊机输出电压。

表 3-10　焊接电缆加长时输出电压调节参考值

电缆长度/m	焊接电流				
	100A/V	200A/V	300A/V	400A/V	500A/V
10	约 1	约 1.5	约 1	约 1.5	约 2
15	约 1	约 2.5	约 2	约 2.5	约 3
20	约 1.5	约 3	约 2.5	约 3	约 4
25	约 2	约 4	约 3	约 4	约 5

焊接时焊接电压的设定：根据焊接条件选定相应板厚的焊接电流，再由下列经验公式选择焊接电压。

$$\text{焊接电流} < 300\text{A 时，焊接电压} = (0.04\text{ 倍焊接电流} + 16 \pm 1.5)\text{V} \tag{3-2}$$

$$\text{焊接电流} > 300\text{A 时，焊接电压} = (0.04\text{ 倍焊接电流} + 20 \pm 2)\text{V} \tag{3-3}$$

焊接电压与焊接电流是 CO_2 气体保护焊最为重要的两个参数，它们必须要匹配，才能稳定地获得优质美观的焊缝。

【画龙点睛】

调节焊接电压和焊接电流的实质是：焊接电压提供焊丝熔化能量，电压越高焊丝熔化速度越快；调节焊接电流实际上是调节送丝速度。两项参数要匹配，实质就是要使送丝速度与熔化速度平衡，从而稳定地完成焊接过程。

4. 干伸长度

干伸长度是指焊丝从导电嘴到工件的距离，如图3-57所示。焊接过程中，保持焊丝干伸长度不变是保证焊接过程稳定的重要因素之一。焊接电流一定时，随着干伸长度的增大，焊丝自身的电阻会产生一定的电阻热，使电弧电压下降，电弧热量减少。焊接时，总发热量为干伸长度发热量加电弧热量。

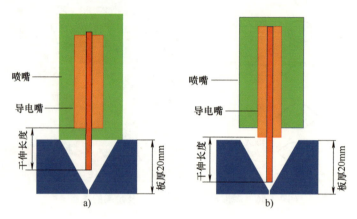

图3-57　干伸长度

干伸长度过长时，气体保护效果差，易产生气孔，引弧性能差，电弧不稳，飞溅加大，熔深变浅；还会造成焊丝直接从导电嘴处爆断，无法形成熔滴进入熔池。

干伸长度过短时，看不清电弧，喷嘴易被飞溅物堵塞，飞溅大，熔深变深，焊丝易与导电嘴粘连，甚至会造成导电嘴被熔化的严重后果。

干伸长度一般根据经验进行选取。当焊接电流小于300A时，干伸长度取8~10倍焊丝直径；当焊接电流大于300A时，干伸长度取10~15倍焊丝直径。

5. 气体种类及流量

CO_2用来隔离空气并作为电弧介质，常用的气体种类为纯CO_2和混合气体，混合气体为CO_2+Ar较多。不同种类的气体对焊接表面质量和焊接的熔深影响较大。使用纯CO_2时，金属熔深大，焊渣多，焊道外观较粗；CO_2+Ar混合后，金属熔深小，较适用于薄板焊接，焊渣小且少，焊道外观美观光滑。

气体流量直接影响焊接质量，气体流量太大或太小时，都会造成成形差，飞溅大，产生气孔。细丝（≤1.6mm）短路过渡焊接时的气体流量一般为5~15L/min，粗丝（>1.6mm）焊接时为10~20L/min。如果焊接电流较大，焊接速度较快，焊丝伸出长度较长或在室外作业，气体流量应适当加大，以保证气流有足够挺度，加强保护效果。CO_2气体保护焊喷嘴距离、焊丝直径与气体流量的关系参考值见表3-11。气流量过大时会引起空气卷入焊接区，反而降低保护效果。在室外作业时，风速一般不应超过1.5m/s。风速的界限与喷嘴及流量大小有关，CO_2气体保护焊风速界限与喷嘴直径及气体流量的关系参考值见表3-12。

表3-11　CO_2气体保护焊喷嘴距离、焊丝直径与气体流量的关系参考值

焊丝直径/mm	焊接电流/A	喷嘴距离/mm	气体流量/(L/min)
1.2	100	10~15	15~20
	200	15	20
	300	20~25	20

(续)

焊丝直径/mm	焊接电流/A	喷嘴距离/mm	气体流量/(L/min)
1.6	300	20	20
	350	20	20
	400	20~25	20~25

表3-12 CO_2 气体保护焊风速界限与喷嘴直径及 CO_2 气体流量的关系参考值

喷嘴直径/mm	CO_2 气体流量/(L/min)	风速界限/(m/s)
16	25	2.1
	30	2.5
	35	3.0
22	25	1.1
	30	1.4
	35	1.7

6. 焊接速度

焊接速度对焊缝内部与外观的质量都有重要影响。当焊接速度增大时，焊缝熔宽、熔深和余高都相应减小。当焊接速度过快时，会使气体保护的作用受到破坏，易使焊缝产生气孔；同时，焊缝的冷却速度会相应提高，降低了焊缝金属的塑性和韧性，并会使焊缝中间出现一条棱，造成成形不良。当焊接速度过慢时，熔池变大，焊缝变宽，易因过热造成焊缝金属组织粗大或烧穿。因此，焊接速度应根据焊缝内部与外观的质量确定。

【画龙点睛】

焊接速度应和焊接电流及焊接电压匹配，由操作者根据焊缝成形情况进行控制，因人而异，主要取决于操作者的技能水平及操作经验。

7. 焊接极性

焊接极性是指焊接时输出端正、负极与工件和焊枪所连接的位置，有正极性和反极性两种，如图3-58所示。反极性的特点是电弧稳定、焊接过程平稳、飞溅小；正极性的特点是熔深较浅、余高较大、飞溅很大、成形不好、焊丝熔化速度快（约为反极性的1.6倍），只在堆焊时才采用。

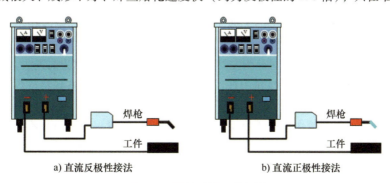

a) 直流反极性接法　　b) 直流正极性接法

图3-58 焊接时的两种极性

CO_2 气体保护焊一般都采用直流反极性、电弧稳定、飞溅小、焊缝成形好。

8. 最佳工艺参数的主要特征

1）焊缝成形好。

2）焊接过程稳定，飞溅小。

3）焊接时，焊机的电流表、电压表的数值稳定，波动范围小。

三、CO_2 气体保护焊安全知识

1）按标准穿戴好劳保用品。

2）检查焊机状况：送丝系统、供气系统和焊枪是否正常。

3）清理工件表面：焊前清除焊缝两侧的油、污、水、锈等，直至露出金属光泽。

4）检查焊接工艺指导书（或焊接工艺卡）是否与实际施焊条件相符，严格按工艺指导书调节施焊规范。

5）焊接必须按焊接工艺指导书工艺卡规定的参数施焊。

6）开启气瓶阀门时，应先检查供气系统连接是否牢固，然后微微开启阀门，检查系统是否有漏气情况，如果没有漏气，再开启阀门，使压力表针保持稳定。流量计能稳定调节流量后，才可进行焊接。

7）严格按工艺指导书要求正确选择焊接顺序，减小焊接变形和焊后残余应力。

8）焊接过程中，如果发现焊机冒烟等故障现象，必须停机检查，不得带"病"使用。

9）气体保护焊作业结束后，禁止立即用手触摸焊枪导电嘴。

10）作业结束后，断开电源，清理工作场地，符合要求后才可离开。

> **安全事故案例：焊接安全大于天**
>
> 2018年12月17日，河南省商丘市河南省华航现代农牧产业集团有限公司发生一起重大火灾事故。建筑物过火面积为 $3630m^2$，造成11人死亡、1人受伤，直接经济损失达1467万元。
>
> 事故直接原因是气焊切割作业人员张某在不具备特种作业资质、未履行动火审批手续、未落实现场监护措施、未配备有效灭火器材的情况下，违规进行气焊切割作业，在切割金属管道时，引燃墙面保温材料并蔓延扩大，燃烧产生的高温有毒烟气导致11人死亡。因此，必须按照要求进行作业，否则极易引发安全生产事故。

四、CO_2 气体保护焊基础操作技能

1. 焊枪的正确应用

在进行焊接操作时，手握着焊枪的手柄，根据不同的焊接情况，焊枪应在不同的空间位置形成相应的角度，这样才能焊出美观的焊缝。

根据焊接时行进方向的不同，可分为左焊法和右焊法。左焊法又称为前进法，如图3-59所示，其焊接特点是电弧推着熔池走，直接作用在工件上，焊道平而宽，容易观察待焊焊缝，气体保护效果好，焊接过程稳定，飞溅小，焊缝成形好。右焊法又称为后退法，如图3-60所示，其焊接特点是电弧躲着熔池走，不直接作用在工件上，容易观察已焊焊缝，焊接过程不稳定，飞溅大，焊道窄而高，焊缝成形差，气体保护效果不太好。CO_2 气体保护焊一般推荐采用左焊法焊接。

（1）平板对接焊时焊枪的应用　平板对接焊是应用最为广泛的一种焊接接头方式，焊接时焊枪的应用如图3-61所示，在两板之间的空间角度为90°，在焊缝的行进方向上的角度，按左、右焊法的角度进行控制。

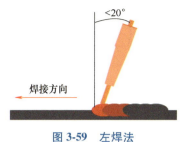
图 3-59　左焊法

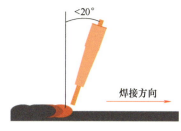
图 3-60　右焊法

（2）平板搭接焊（可当成平板角焊）时焊枪的应用　平板搭接焊是应用很广泛的一种焊接接头方式，焊接时焊枪的应用如图 3-62 所示，在两板搭接之间的空间角度为 45°，在焊缝的行进方向上的角度，按左、右焊法的角度进行控制。

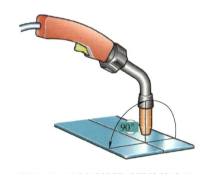
图 3-61　平板对接焊时焊枪的应用

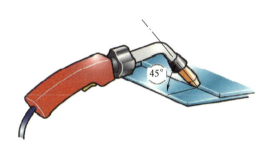
图 3-62　平板搭接焊时焊枪的应用

2. 引弧焊接操作具体要点及注意事项

（1）引弧　CO_2 气体保护焊采用短路法引弧。引弧前，先将焊丝端头回烧的球形剪去，使其呈锐角，同时保持焊丝端头与焊件相距 2~3mm，喷嘴与焊件相距约 10mm。按动焊枪开关，随后自动送气、送电、送丝，直至焊丝与工作表面相碰短路，引燃电弧，此时焊枪有抬起趋势，须控制好焊枪，慢慢引向待焊处，当焊缝金属熔合后，再以正常焊接速度施焊。

（2）直线焊接　直线无摆动焊接形成的焊缝宽度稍窄，焊缝偏高、熔深较浅。整条焊缝往往在始焊端、焊缝的连接处、终焊端等处最容易产生缺陷，所以应采取特殊处理措施。

焊件始焊端处温度较低，应在引弧之后，先将电弧稍微拉长一些，对焊缝端部适当预热，然后压低电弧进行起始端焊接，这样可以获得具有一定熔深和成形比较整齐的焊缝。图 3-63 所示为 3 种始焊端的引弧起焊方式对焊缝成形的影响。

应当避免因采取过短的电弧起焊而造成焊缝成形不整齐，如图 3-63c 所示。重要构件的焊接，可在焊件端加引弧板，将引弧时容易出现的缺陷留在引弧板上。

3. 焊缝接头

焊缝接头连接的方法有直线无摆动焊缝连接和摆动焊缝连接两种。

（1）直线无摆动焊缝连接　如图 3-64 所示，在原熔池前方 10~12mm 处引弧，然后迅速将电弧引向原熔池中心，待熔化金属与原熔池边缘吻合填满弧坑后，将电弧引向前方使焊丝保持一定的高度和角度，并以稳定的速度向前继续焊接。

（2）摆动焊缝连接　在原熔池前方 10~20mm 处引弧，然后以直线方式将电弧引向接头处，在接头中心开始摆动，在向前移动的同时逐渐加大摆幅（保持形成的焊缝与原焊缝宽度相同），最后转入正常焊接。

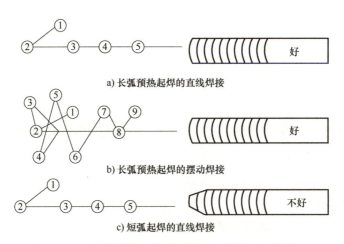

图 3-63 3 种始焊端的引弧起焊方式对焊缝成形的影响

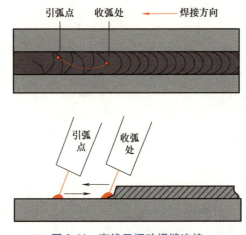

图 3-64 直线无摆动焊缝连接

4. 终焊端（焊完收弧处）

焊缝终焊端若出现过深的弧坑，会使焊缝收尾处产生裂纹和缩孔等缺陷，所以在收弧时如果焊机没有电流衰减装置，应采用多次断续引弧方式，或填充弧坑直至将弧坑填平，并且与母材圆滑过渡。图 3-65 所示为两种常用的填满弧坑的方法。

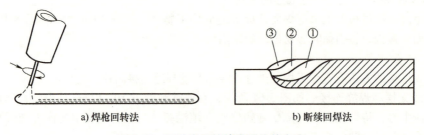

图 3-65 两种常用的填满弧坑的方法

5. 摆动焊接

CO_2 气体保护焊为了获得较宽的焊缝，往往采用横向摆动焊丝方式。常用摆动方式有锯齿形、月牙形、正三角形、斜三角形、正圆圈形和斜圆圈形等,如图3-66所示。

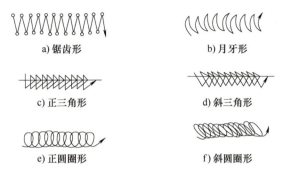

图3-66 常用的焊丝横向摆动方式

摆动焊接时,横向摆动焊丝角度和起始端的焊丝要领与直线无摆动焊接一样。

在横向摆动焊丝时要注意:左、右摆动幅度要一致,摆动到中间时速度应稍快,而到两侧时要稍作停顿,摆动的幅度不能过大,否则部分熔池得不到良好的保护作用,一般摆动幅度限制在喷嘴内径的1.5倍范围内。摆动焊丝时,以手腕做辅助,以手臂作为主要控制能够掌握焊丝角度。

【知识拓展】

焊接缺陷产生的原因及防止措施

CO_2气体保护焊虽然具有焊接质量好的特点,但由于操作不当、设备故障及其他因素的影响,焊接后仍然会存在各种类型的缺陷。其常见焊接缺陷的产生原因及防止措施见表3-13。

表3-13 CO_2气体保护焊常见焊接缺陷的产生原因及防止措施

缺陷种类	产生原因	防止措施
飞溅过多	焊接参数设置不当(特别是电压过高或电流太小)	调节到匹配的焊接参数
	电感量过大或过小	仔细调整
	导电嘴磨损严重或破损	更换新导电嘴
	送丝不均匀	检查压丝轮和送丝软管
	焊丝与工件清理不良	清理焊丝或工件
气孔	没供给CO_2气体	检查送气阀门是否打开,气瓶是否有气,气管是否堵塞或破断
	风大,保护效果不充分	采取挡风措施挡风
	焊嘴内有大量黏附飞溅物,气流混乱	除去粘在焊嘴内的飞溅
	气体纯度不符合要求,杂质太多	使用焊接专用气体
	焊接及影响区污垢(油、锈、漆)严重	将焊接区域及影响区域清理干净
	电弧太长或保护罩与工件距离太大或严重堵塞	降低电弧电压,压低保护罩或清理、更换保护罩
	焊丝生锈	使用符合要求的焊丝
	输气管路堵塞	检查气路有无堵塞和弯折处

（续）

缺陷种类	产生原因	防止措施
咬边	电弧长度太长	减小焊接电压或增大电流
	焊接速度太快	降低焊接速度
	焊丝未对准待焊中心（角焊缝）	调整焊枪，使焊丝对准待焊中心
烧穿	焊接工艺参数过大	调节焊接参数至合适值
	焊接速度太慢	提高焊接速度
	装配间隙过大	调整装配间隙至合适值
弧坑	焊接工艺参数不合适	调节焊接参数至合适值
	焊接收尾太快，熔池未填满	收尾稍做停顿或再补焊一枪
	焊枪过快离开熔池，熔池未再保护	焊枪停顿至熔池完全结晶
裂纹	焊接参数调节不当：电流大电压低；焊接速度太快	调节参数至匹配：提高电压；降低焊接速度
	坡口角度过小	加大坡口角度
	母材含碳量及合金元素含量高而 Mn 含量低	进行预热
	使用的气体纯度差（水分多）	使用焊接专用气体
	在焊坑处电流被迅速切断	进行补弧坑操作
	焊丝或工件表面不清洁	焊前仔细清理

【任务实施】

仪器设备及工具准备

一、工件图

现有某车身地板前、后两段已完成连接，需装焊传动轴加强板，如图 3-67 所示，使用 CO_2 气体保护焊进行焊接。

图 3-67　某待焊传动轴加强板的车身地板

二、任务准备

1. 劳动保护用品

焊接前必须穿戴好劳动防护用品，如图 3-68 所示，工作服要宽松，裤脚盖住鞋盖，上衣盖住下衣，不要扎在裤腰里，选用皮质帆布手套，戴防护眼镜、卫生防尘口罩。选用合适的护目玻璃色号，工作之后要洗手洗脸。

2. 待焊工件

车身地板前、后段之间的点焊已经完成，点焊符合质量要求，传动轴加强板与车身地板的待焊 CO_2 气体保护焊区域间隙符合要求，无锈蚀、油污、飞边等，如图 3-69 所示。

图 3-68　焊接前必须穿戴好
劳动防护用品

图 3-69　传动轴加强板与
车身地板的连接工件

3. 焊接材料

根据工件材料，按照等强度原则选用规格 ER50—1、直径为 0.8mm 的焊丝。使用前，检查焊丝是否符合要求。

4. 焊接设备

选用 NBC—250 型焊机，配备送丝机构、焊枪、气体流量表、CO_2 气瓶。检查设备状态，电缆线接头是否接触良好，焊枪电缆是否松动，避免因接触不良造成电阻增大而发热，烧毁焊接设备。检查接地线是否断开，避免因设备漏电造成人身安全隐患。检查设备气路、电路是否接通。清理喷嘴内壁飞溅物，使其干净光滑，以免保护气体受阻。

5. 辅助工、量具

焊接操作作业区应准备好焊帽、锤子、扁铲、清渣锤、活扳手、直磨机、角磨机、斜口钳、焊缝万能量规等辅助工具和量具。

任务实施内容

根据教师指导和所学知识技能，焊接传动轴加强板与车身底板，并将焊接过程记录到任务工单中。

学院		专业		班级	
姓名		学号		日期	
指导教师					

焊接前准备记录	

焊接流程	操作方法及过程记录	操作示意图
焊接设备调节	打开焊机电源，旋开气瓶阀门，调节气体流量为 15L/min 是否完成：□是　□否	
	焊丝导电嘴一定要选对，要与所使用焊丝直径相符，否则会影响焊接过程的稳定 是否完成：□是　□否	
	焊接参数 | 焊接层数 | 焊丝直径/mm | 电流/A | 电压/V | CO_2纯度(%) | 气体流量/(L/min) | 焊丝伸出长度/mm | |---|---|---|---|---|---|---| | 1 | 0.8 | 50~60 | 5~14 | >99.5 | 10~15 | 8~10 | 根据提供的参考焊接工艺参数，调节好所有参数 是否完成：□是　□否	

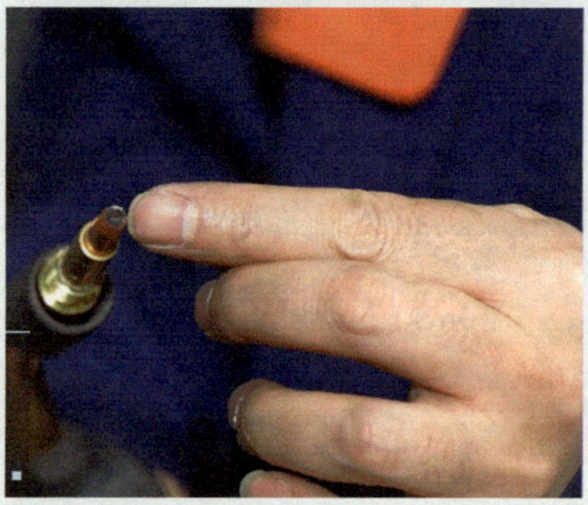

（续）

焊接流程	操作方法及过程记录	操作示意图
焊接分段及顺序	焊缝采用断续搭接焊，焊缝长度为 40mm，焊缝间距为 50mm 是否完成：□是　□否	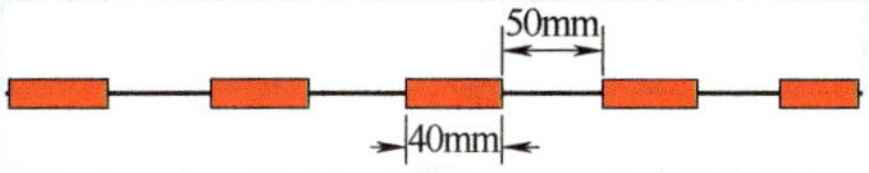
	由于传动轴加强板与车身地板已经完成了点焊，工件本身具有了良好的抗变形能力，因此在考虑焊接顺序时，主要是减小焊接应力。焊接顺序如右图所示，具体操作时，应由两人同时双面对称焊接完成工件的焊接 是否完成：□是　□否	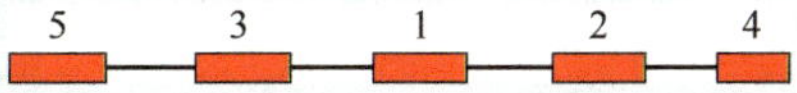
操作过程	施焊时清理焊嘴 是否完成：□是　□否	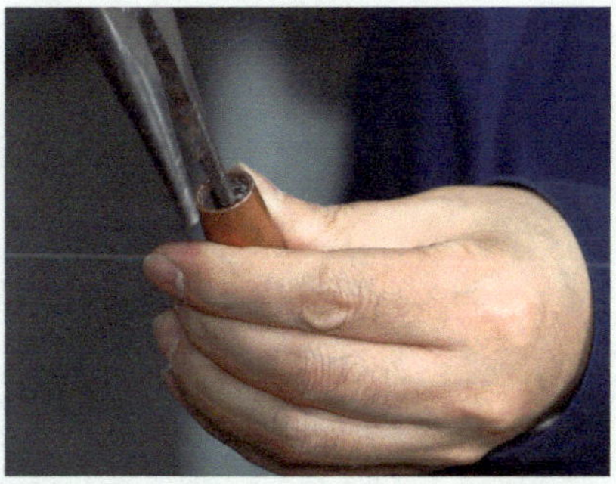
	采用左焊法 是否完成：□是　□否	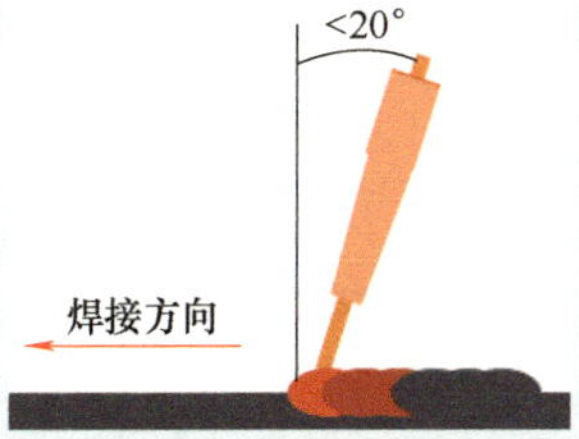
	焊接过程中要保持焊枪适当的倾斜和枪嘴高度，保持焊丝伸出长度，使焊枪尽可能地匀速运动 是否完成：□是　□否	

【评价反馈】

评价项目	评价标准						小组评价（占总评分的40%）	教师评价（占总评分的60%）
知识准备（30分）	了解CO_2气体保护焊的分类及特点；掌握CO_2气体保护焊的焊接过程；掌握气体保护焊的设备组成及作用							
知识拓展（10分）	养成自主学习的习惯，树立职业目标							
任务实施（50分）	焊缝余高	标准/mm	0~0.5	>0.5，≤1	>1，≤1.5	>1.5，<0		
		得分	15	3	2	0		
	焊缝宽度	标准/mm	>3，≤4	>4，≤5	>5，≤6	≤6，>7		
		得分	10	2	1	0		
	气孔	标准/mm	0	气孔≤ϕ1.5 数目：1个	气孔≤ϕ1.5 数目：2个	气孔>ϕ1.5 或数目>2个		
		得分	10	3	2	0		
	咬边	标准/mm	0	深度≤0.5 且长度≤15	深度≤0.5 长度>15，≤30	深度>0.5 或长度>30		
		得分	10	4	2	0		
	未焊透	标准/mm	0	深度≤0.5 且长度≤15	深度≤0.5 长度>15，≤30	深度>0.5 或长度>30		
		得分	15	2	1	0		
	错边量	标准/mm	0	≤0.5	>0.5，≤1	>1		
		得分	10	2	1	0		
	角变形	标准/mm	0~1	≥1，≤3	>3，≤5	>5		
		得分	10	2	1	0		
	焊缝正面外表成形	标准	成形美观，焊纹均匀，高低宽窄一致	成形较好，焊纹均匀，焊缝平整	成形尚可，焊缝平直	焊缝弯曲，高低宽窄明显，有表面焊接缺陷		
		得分	20	6	2	0		

(续)

评价项目	评价标准	小组评价 （占总评分的40%）	教师评价 （占总评分的60%）
综合表现 （10分）	能与同学密切合作，积极实践，安全地完成学习活动，具备严谨规范的工作作风		
合计			
总评分			

教师评语：

日期：　　年　　月　　日

【情智故事】

创新焊接技术，维修战机心脏

20年600多台航空发动机，50多项技术攻关等，这些数据是我国航空发动机修理基地第5713厂的焊接女工匠孙红梅亲手缔造的，她用自己的工匠之心，维护着我国战鹰"心脏"的正常发动。孙红梅是焊接创新精神的杰出代表，不折不扣的"焊接工匠"，通过焊接自主创新，攻克多项技术难关，成为5713厂首席焊接专家。她获得的不仅是焊接技术，还有肩上沉甸甸的使命感。

孙红梅带头成立了红梅工作室，借助集体的优势和力量，每年为我国省下上千万的飞机零部件修理成本。因为孙红梅的突出贡献，其被授予全国五一劳动奖章和"十五"科技先进个人等众多荣誉，这也是国家对大国工匠孙红梅的肯定和赞扬。

【课后测评】

一、单项选择题

1. 气保焊时，保护气成本最低的是（　　）。
   A. Ar　　　　　　B. He　　　　　　C. CO_2　　　　　　D. H_2
2. 气体保护焊焊接的优点有（　　）。
   A. 焊接质量受操作人员影响大　　　　B. 不受板件形状限制
   C. 产生热量多，板件会变形　　　　　D. 质量差
3. （　　）不属于二氧化碳气体保护焊的工艺参数。
   A. 焊接电流　　　　　　　　　　　　B. 电弧电压
   C. 气体流量　　　　　　　　　　　　D. 喷嘴的大小
4. CO_2气体保护焊的干伸长要求是焊丝直径的（　　）。
   A. 3倍　　　　　　B. 5倍　　　　　　C. 7倍　　　　　　D. 10~15倍
5. CO_2气体保护焊的焊接电流是指（　　）。
   A. 焊接速度　　　　　　　　　　　　B. 送丝速度
   C. 通过焊丝的交流电　　　　　　　　D. 提供焊接熔化能量
6. CO_2气体保护焊的焊接电压是指（　　）。
   A. 焊接速度　　　　　　　　　　　　B. 送丝速度

C. 通过焊丝的交流电　　　　　　　　D. 提供焊接熔化能量

7. CO_2 气体保护焊的焊接电压主要影响焊缝的（　　）。
   A. 余高和熔深　　　　　　　　B. 熔宽
   C. 平直度　　　　　　　　　　D. 气孔缺陷

8. CO_2 气体保护焊的焊接电流主要影响焊缝的（　　）。
   A. 余高和熔深　　B. 熔宽　　C. 平直度　　D. 气孔缺陷

二、判断题

1. 为减少 CO_2 气体保护焊的飞溅，可采用脱硫元素多、含氧量少的焊丝。（　　）
2. 焊丝直径越粗，允许使用的焊接电流越小。（　　）
3. CO_2 气体保护焊的导电嘴到工件的距离越近时，焊接效果越好。（　　）
4. CO_2 气体保护焊焊丝干伸长度是指喷嘴端部到工件的距离。（　　）
5. CO_2 气体保护焊采用的是直流反极性。（　　）

三、简答题

1. CO_2 气体保护焊的主要工艺要点有哪些？
2. 如何判断 CO_2 气体保护焊的焊接质量？
3. CO_2 气体保护焊的缺陷如何进行有效控制？

任务 4　其他焊接工艺制订与设备认知

【任务导入】

在目前汽车的焊装工艺中，除了电阻点焊和 CO_2 气体保护焊外，随着焊接工艺技术的发展，激光焊接工艺和螺柱焊接工艺也得到了较多的应用。激光焊接技术能适应不同接头形式、不同厚度以及不同材料类型的汽车车身部件焊接，满足汽车车身制造的柔性化需求。接头具有高疲劳强度和冲击韧性，从而保证车身的焊接质量和使用寿命。螺柱焊接具有快速、可靠、操作简单及无孔连接等优点，正在替代汽车制造中的铆接、攻螺纹和钻孔等连接工艺。

【学习目标】

素养目标：
1. 培养学生对产品质量精益求精的工匠精神。
2. 培养学生勤学苦练才能提高技能的思想意识。

知识目标：
1. 了解激光及激光焊接；掌握螺柱焊接的焊接过程。
2. 掌握激光焊接的焊接过程；掌握激光焊接系统的组成。

项目三 车身焊装工艺

> 能力目标：

1. 能够制订螺柱焊接工艺；能够按照安全操作规程操作螺柱焊接机；能够分析螺柱焊接规范，并正确调整螺柱焊接工艺参数。
2. 能够按工艺要求完成工件螺柱的焊接；能够对焊接完成的螺柱焊工件进行焊接质量评价和分析。
3. 能够分析螺柱焊接常见缺陷并提出控制措施。
4. 能够分析激光焊接常见缺陷并提出控制措施。
5. 能够解决生产现场实际问题。

【知识准备】

一、激光焊接

1. 激光技术简介

（1）定义和产生　激光简单地说就是受激发射的光放大所产生的辐射。激光是20世纪以来继核能、计算机、半导体之后，人类的又一重大发明，被称为"最快的刀""最准的尺""最亮的光"。图3-70所示为某激光设备发射的激光。

原子中的电子吸收能量后从低能级跃迁到高能级，再从高能级回落到低能级的时候，所释放的能量以光子的形式放出，这种光就是激光。

（2）激光的特性

1）激光是单色光，或者说是单频的。有一些激光器可以同时产生不同频率的激光，但是这些激光是互相隔离的，使用时是分开的。

2）激光是相干光。相干光的特征是其所有的光波都是同步的，整束光就好像一个"波列"。所有光子都有相同的相，相同的偏振，它们叠加起来便产生很大的强度。在日常生活中所见的光，它们的相和偏振是随机的，相对于激光，这些光就弱得多了。

3）激光的光束是高度集中的，强度很高，也就是说它要走很长的一段距离才会出现分散或者收敛的现象。而灯光分散向各个方向传播，所以强度很低。

（3）激光技术在汽车上的应用　汽车行业中的激光加工技术主要有激光切割、激光焊接、激光相变硬化、激光熔覆、激光合金化、激光打孔等。图3-71所示为激光切割焊接技术在汽车上的应用。

图3-70　某激光设备发射的激光

图3-71　激光切割焊接技术在汽车上的应用

137

2. 激光焊接原理

激光焊接是通过连续或脉冲激光束实现的。激光焊接以激光作为热源，激光热源有着极强的加热能力，其发出的激光依靠偏光镜的反射作用汇聚聚焦装置，大量的能量集中在很小的聚焦点上，从而使聚焦点上拥有巨大的能量，实现了能量密度高、加热集中的目的，从而使接触的材料融化、冷却实现焊接。激光焊接原理如图 3-72 所示。

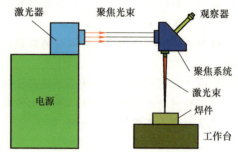

图 3-72　激光焊接原理

3. 激光焊接系统

激光焊接系统的基本组成及作用：

1）主机。激光主要来自激光焊机的主机，即我们所见的激光焊机。它是最重要的硬件，由电源、激光发生器、控制系统以及光学系统等部分组成。激光发生器提供加工所需的能量，输出功率与光束质量；控制系统用于设置参数，进行实时显示、控制、焊缝自动跟踪系统和矫正系统、送丝控制系统、保护以及报警等；光学系统用于传输和聚焦光束。

2）工作台。激光焊机的工作台指的是激光焊接自动工作台，其作用是使激光焊机的激光光束在焊接过程中依照设定的轨迹或要求进行移动，以达到自动焊接的目的。

工作台一般有 3 种运动控制形式：工件运动，激光头固定；激光头运动，工件固定；激光头和工件都移动。可通过位置控制（CNC）单元编写运动控制程序来控制工作台按要求运动，实现精密的焊接运动控制。

3）观察系统。观察系统有利于精确定位，精细焊接，可以对正在焊接的工件进行观察，检查并核实焊接的效果，一般为电荷耦合器件（CCD）显示系统。

4）工装夹具。工装夹具用于在激光焊接中固定焊接的工件，保证激光焊接时所连接板材或总成的精确定位，保证焊缝间隙，有助于焊缝成形，防止焊接变形，提高焊接速度和焊接接头的质量。工装夹具在激光焊接中必不可少。

5）冷却系统。激光焊机在工作过程当中会产生庞大的热量，而热量太高不仅会影响工件的焊接效果，还可能导致激光焊机出现故障，因此需保持在比较稳定的温度范围内进行工作。激光焊机一般配水循环冷水机，它是激光焊机重要的冷却保障。

4. 汽车工业中激光焊接技术的具体应用

汽车工业中用于焊接的激光器需要有足够大的功率，因此必须选用大功率激光器。常用的激光器有 CO_2 激光器和固体 Nd：YAG（钕掺杂的钇铝石榴石）激光器。

激光焊接技术在汽车工业中的应用主要有车身焊接、激光拼焊和汽车零部件激光焊接。

（1）车身焊接　采用激光组焊技术将已冲压或切割成形的各种车身构件，先两件组焊，然后多件组焊，从而形成白车身分总成，各车身分总成总装成白车身总成。

车身激光焊接主要用于车身框架结构的焊接。图 3-73 所示为激光焊接车身顶盖与侧围，具有较强的灵活性和机动性；采用激光焊接技术，可以减少工件之间接合面的宽度，减少板材使用量，同时车身强度、刚度大大高于点焊车身，提高了车身的抗冲击性和耐疲劳性，并且焊缝美观。同时，与传统的点焊工艺不同，可知激光焊接可以达到两工件之间的原子结合，也就是焊接后的钢板硬度相当于一整块钢板，不仅大幅提升了车身强度，车身的结合精度也得到大大提升。图 3-74 所示为传统点焊和激光焊接后的零件对比。

（2）激光拼焊　激光拼焊是在车身设计制造中，根据车身不同的设计和性能要求，选择不同规格、不同厚度、强度和镀层的钢板通过激光焊接拼装在一起，完成车身某一部位的制造，例如前后车门内板、前后纵梁（图3-75所示为前纵梁采用激光拼焊后的对比）、侧围、地板、轮罩、中立柱等。激光拼焊具有减少零件和模具数量、优化材料用量、降低成本、提高尺寸精度的特点。

图3-73 激光焊接车身顶盖与侧围

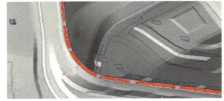

图3-74 传统点焊和激光焊接后的零件对比

1）激光拼焊焊缝特性。如图3-76所示，降低焊缝区域的体积，焊缝宽度不超过0.5~1mm；不增加焊缝高度；对冲压成形性能影响较小；在焊缝上附加镀锌后，可保持其阴极保护功能；焊接过程中，热影响区小。

2）可实现不同板材的拼焊。将不同厚度、不同材质、不同或相同性能的板材通过激光焊接拼装技术连接成一整体，如图3-77所示，再经冲压成形为车身某一部件。

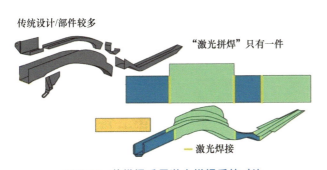

图3-75 前纵梁采用激光拼焊后的对比

图3-76 激光拼焊焊缝特性

（3）汽车零部件激光焊接　汽车零部件激光焊接具有焊接部位几乎没有变形、焊接速度快且不需要焊后热处理等优势。目前，激光焊接已广泛用到变速器齿轮、气门挺杆、车门铰链、传动轴、转向轴、发动机排气管、离合器、增压器轮轴及底盘等汽车部件的制造中。

5. 白车身激光焊接工艺——激光钎焊

在激光焊接技术中，激光钎焊技术有着造型美观和密封性强、焊缝强度高的优点。激光钎焊的基本原理如图3-78所示，激光器发出的激光束聚焦在焊丝表面上加热，使焊丝受热熔化（母材未熔化）润湿母材，填充接头间隙，与母材结合形成焊缝，实现良好的连接。

图 3-77 不同板材的激光拼焊

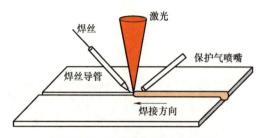

图 3-78 激光钎焊的基本原理

此方法虽然与熔焊类似,但在实际操作中,母材是不被熔化的。因此,需要钎料熔点低于母材,通过液态钎料实现有效的焊接。目前,激光钎焊被广泛用于行李舱盖焊接以及顶盖和侧围连接。

激光焊接主要参数如下:

(1) 激光功率 焊丝熔化的速度取决于激光能量的大小,即激光功率。当激光功率不足时,焊丝熔化速度慢,铺展不充分,生产效率低;当激光功率过大时,焊丝熔化速度快,如果送丝速度跟不上,则焊缝的铺展会间断。

(2) 光斑直径 光斑直径对钎料的铺展影响较大。光斑直径过小,激光集中在钎料上,对母材的加热不足,钎料在母材上铺展时冷却过快,使钎料不易铺展;光斑直径过大,如果激光功率不够则无法及时熔化焊丝,如果激光功率足够则会严重烧损母材。

(3) 焊接速度 焊接速度决定作业时间的长短和生产效率的高低,所以应根据设备可提供的激光功率的大小选择适当的焊接速度以提高生产效率。

(4) 送丝速度 选定了焊接速度之后,需根据焊缝填充量来匹配适当的送丝速度。若送丝速度过快,焊缝表面会出现钎料的堆积,影响外观质量;若送丝速度过慢则会使焊缝表面出现凹陷。

【画龙点睛】

光斑直径、焊接速度、激光功率和送丝速度等的选择,需要结合实际的焊接情况,对其进行调整和设计,以保证激光钎焊的质量。

二、螺柱焊接

1. 螺柱焊定义与发展

螺柱焊接是指在螺柱或类似金属件的端面与另一金属工件表面之间产生电弧,待接合面熔化时迅速施加压力,完成焊接的一种方法。图 3-79 所示为螺柱焊基本过程。

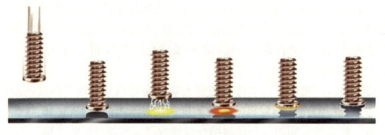

图 3-79 螺柱焊基本过程

螺柱焊接技术现已广泛应用到桥梁、高速公路、房屋建筑、造船、汽车、电站、电控柜等行业，可焊接低碳钢、不锈钢、低合金钢、铜、铝及其合金材质的螺柱、焊钉、销钉、栓钉等。螺柱（焊钉）的焊接有80%以上是通过螺柱焊机完成的。

2. 螺柱焊的特点

1) 焊缝全断面结合，如图3-80所示，提高了焊接部位的安全性。
2) 焊接在瞬间完成，提高了焊接工作效率。
3) 材料的适应性强，可适用于多种金属材质。
4) 热影响区小，焊接母材变形小。
5) 焊接损伤很小，母材背面没有或只有很小的焊接损伤。
6) 保持中空零件的密闭性。
7) 实现单面焊接。
8) 操作简单，焊接工人经过简单培训即可操作。

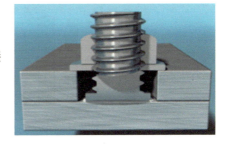

图 3-80 螺柱焊焊缝全断面结合

3. 螺柱焊接基本工艺过程及原理

（1）接触　螺钉接触到工件，所有电缆都连接正确（焊接电缆和地线），如图3-81所示。

（2）垂直　一旦焊枪的灭弧罩接触到工件，就要将灭弧罩与工件表面垂直，如图3-82所示。

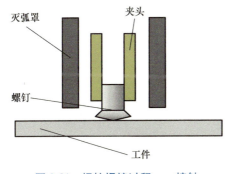

图 3-81 螺柱焊接过程——接触

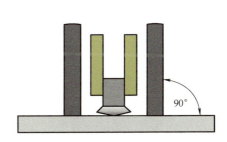

图 3-82 螺柱焊接过程——垂直

（3）提升引弧（小电流）　在启动触发后，开始加压，开始进入引弧阶段，如图3-83所示。使螺柱离开工件表面一段距离，接收到引弧电流。

（4）拉弧熔化（大电流）　在引弧电流稳定一段时间之后（6~7ms），引弧电流结束，进入主焊接电流通过阶段。在这段时间之内，螺钉和工件表面熔化形成焊接熔池，如图3-84所示。

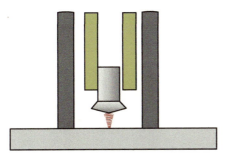

图 3-83 螺柱焊接过程——提升引弧

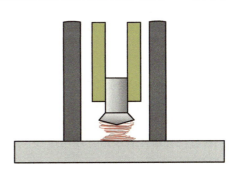

图 3-84 螺柱焊接过程——拉弧熔化

(5) 下落融合　经过一段适当的焊接时间后，螺柱开始回落，侵入到主焊接电流融化的材料底部。当螺柱接触到工件，拉弧电压降到零伏特时焊接电流被切断，如图 3-85 所示。

(6) 冷凝拔枪　焊接熔池开始冷却，在熔池冷却结束之后，手动焊枪或者自动焊枪离开螺柱，整个焊接过程全部完成，如图 3-86 所示。

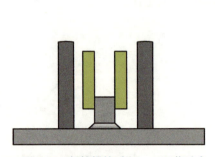
图 3-85　螺柱焊接过程——下落融合

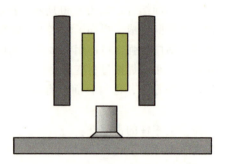
图 3-86　螺柱焊接过程——冷凝拔枪

4. 螺柱焊接主要参数的设定

螺柱焊接最主要的参数是焊接电流 I_w 和焊接时间 t_w。

设定的焊接电流 I_w 和焊接时间 t_w 主要根据螺柱的焊接面直径来设定，其经验公式如下：

$$I_w = 焊接面直径(mm) \times 110 \ (A) \tag{3-4}$$

$$t_w = I_w \times 0.04 \ (ms) \tag{3-5}$$

以上值为参考值，可根据实际焊接效果微调（电流调幅：±50A/次，时间调幅：±1~2ms/次）。焊接电流、时间对焊点的影响如图 3-87 所示。

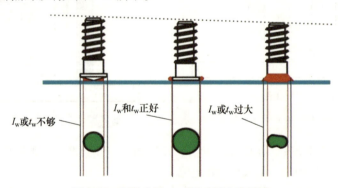
图 3-87　焊接电流、时间对焊点的影响

5. 螺柱焊接安全操作规程

(1) 工作前　操作者必须佩戴手套、眼镜等劳保用品，以防焊光、焊渣和工件划伤或灼伤眼睛、皮肤。

(2) 开机前的检查

1) 检查所有的电气和线缆是否有损伤现象。

2) 检查主机和各附属设备的连接是否可靠，有无松动。

3) 检查周边环境，是否有易燃易爆物品及强腐蚀性物品。

(3) 焊接过程中注意事项及操作规范

1) 严禁拽拉电缆。

2) 保证焊接参数无误，不得随意更改按工艺要求设置好的焊接参数，在焊接过程中严禁插拔插头。

3）若出现设备障故，要及时和相关维修人员联系，停止焊接，关闭电源并做好故障记录。

4）如果领用新的螺柱，应检查螺柱是否合格，并在试焊板件试打几颗，用专用工具扳动螺柱，看其脱落情况，符合检验要求才可使用。

5）焊接过程中要保证焊钉和工件保持垂直，焊接完毕时拔枪时的方向应与焊钉的中心线一致。

6）焊接完一块工件后更换工件时，焊枪应放在焊枪架上，不可随意乱放。

（4）焊接完毕后

1）整理好现场，整理好焊枪，各电缆线不能缠在一起，焊枪放在焊枪架上。

2）关闭焊机电源。

> **安全事故案例：焊接安全大于天**
>
> 事故主要经过：某汽车配件厂钣金车间一位焊工在进行螺柱焊接操作时，没有认真做好日常检查，没发现焊枪螺柱夹头绝缘存在问题；并且在焊接操作过程中，没有戴绝缘皮手套，左手徒手接触到螺柱夹头位置，导致发生触电事故，造成左手电击烧伤。
>
> 导致事故发生的主要原因是焊工没有做好设备日常检查，没有发现存在绝缘问题的螺柱夹头，并且未按规定佩戴绝缘手套，导致焊接过程中发生电击，从而致使焊工受伤。
>
> 该怎么预防事故发生呢？设备使用前一定要做好检查，没有问题才可操作使用。同时，必须按照要求穿戴好防护用品。

【知识拓展】

一、激光焊缝缺陷原因分析及防止措施

激光焊缝常见缺陷形成原因及防止措施见表3-14。

表3-14 激光焊缝常见缺陷形成原因及防止措施

缺陷	形成原因	防止措施
焊接飞溅	材料或工件表面未清洗，存在油渍或污染物，也可能是镀锌层的挥发所致	焊前清洗材料或工件
焊缝堆积	焊接时送丝速度过快或焊接速度太慢	增加焊接速度、减小送丝速度、减小激光功率
焊偏	焊接时定位不准，或填充焊时激光与焊丝的对位不准	调整焊接定位，或调整填充焊时激光与焊丝的位置，以及激光、焊丝与焊缝的位置
焊缝凹陷	钎焊时，焊接光斑中心位置不良所致，光斑中心靠近下层板材且偏离焊缝中心位置，造成部分母材熔化	调整激光、焊丝匹配
焊缝中断不均匀	送丝不稳定，或出光不连续等	调整设备的稳定性
气孔	焊缝表面未清理，或镀锌板锌蒸气的挥发所致	清理焊缝表面，改善锌受热时的挥发环境
焊瘤	焊缝轨迹变化大，示教轨迹不均匀所致	在最优参数下焊接，且调整好示教轨迹以连贯过渡转角处

二、螺柱焊常见缺陷原因分析

外观缺陷主要有焊瘤过高、螺柱倾斜和螺栓过烧。

内部缺陷主要是弱焊或虚焊。

若焊瘤过高超过预留线,则会造成拧螺母时螺母倾斜、拧紧力矩不够、不能固定工件和产生线束固定卡松脱等。产生的原因可能是焊枪的弹簧压力过大或焊接能量太大,此时要注意查看引弧时间、引弧电流、电弧电压等。

螺柱倾斜会造成螺母和线束无法拧入,发生的原因是焊接时焊枪没有垂直工件。弱焊或虚焊产生的原因是焊接时螺钉未插入和焊枪提起过早。

【任务实施】

仪器设备及工具准备

一、任务工件

螺柱焊接典型应用技能训练的工件如图 3-88 所示,采用 M6 的螺钉进行焊接。

二、任务准备

1. 工艺分析

1)电源的容量应能满足 M6 螺柱焊接所需的能量。

2)焊接表面不应有缺陷或过分粗糙,而且应清洁,无过多的油渍、润滑脂(液),同时应没有锈和氧化皮。

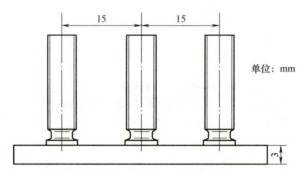

图 3-88 螺柱焊接典型应用技能训练工件

3)安放螺柱及操作焊枪时,必须使螺柱轴线垂直工件表面,这是保证接头完全熔合的关键,焊接时焊枪不能晃动。

4)螺柱焊的焊接时间和焊接电流参数对质量的影响很大。根据前面所学经验公式进行参数的初步设置。

焊接电流 I_w = 焊接面直径(mm)×110A = 6×110A = 660A

焊接时间 $t_w = I_w$ ×0.04ms = 660×0.04 = 26.4ms

5)螺柱焊焊接普通碳钢时应采用直流正接,焊接有色金属时采用直流反接。本次焊接采用直流正接。

2. 焊前准备

(1)焊前清理 钢焊件焊前,需清除焊点表面的一切脏物、油污、氧化皮及铁锈。

（2）焊件划线与夹紧

（3）焊机调整

1）检查焊接电缆、其他电气电路及机械连接是否牢固。

2）接通电源，将焊机电源开关旋钮旋至"ON"位置。

3）根据工艺分析，旋转控制面板对应的时间旋钮设置焊接时间。

4）根据工艺分析，旋转控制面板对应的电流旋钮设置焊接电流。

任务实施内容

1. 防护及点检

穿戴好焊接防护用品，检查焊枪各连接部位是否牢固。

2. 装夹工件

将清理好的焊件装夹于焊接平台。

3. 焊枪调节

调节好焊枪的提升量、螺柱超出套筒的外伸长度值。

4. 调整

调整焊枪位置，使其完全垂直于焊件表面。

5. 焊接

按焊枪按钮进行焊接，焊接过程中不能移动或摇晃焊枪。焊接完成后不能立即提枪，以防将未完全熔合冷却的螺柱拔起，造成脱焊缺陷。

6. 螺柱焊接顺序

移动焊枪到下一个螺柱焊接位置，完成新螺柱的焊接。一般可以按照从中间往两边的顺序，依次焊接完成6个螺柱焊接。

7. 焊接流程及记录

根据教师指导和所学知识技能，焊接螺柱焊，并将焊接过程记录于工单中。

学院		专业		班级	
姓名		学号		日期	
指导教师					
焊接前准备记录					

焊接流程	操作方法及过程记录	操作示意图
焊接设备调节	检查焊机，查看电气接线是否正确，电缆有没有松动及破损 是否完成：□是　□否	

（续）

焊接流程	操作方法及过程记录	操作示意图
焊接设备调节	对焊枪进行清理，保持干净、无飞溅、杂物等 是否完成：□是　□否	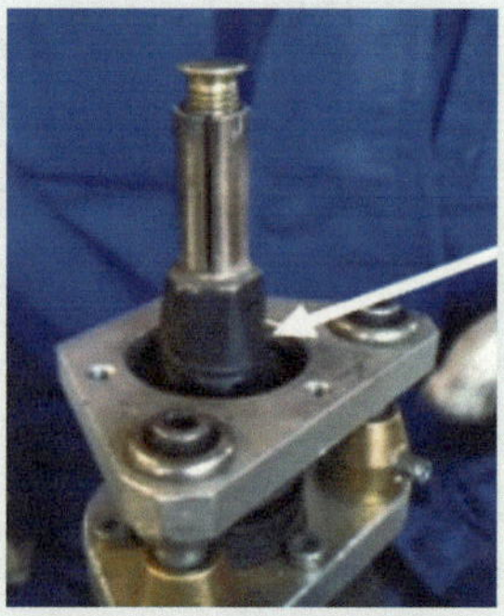
	根据工艺分析的提升量，调节好焊枪的提升量 是否完成：□是　□否	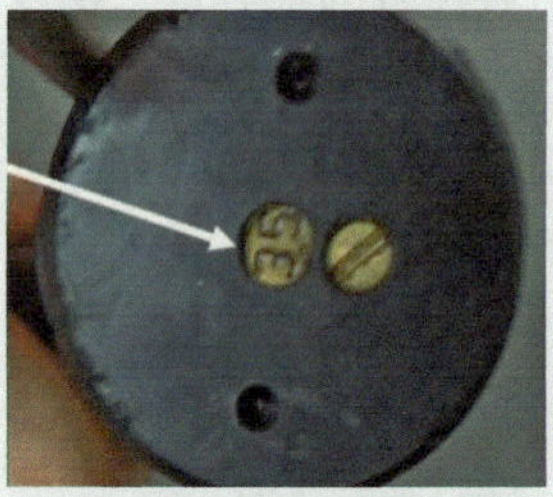
	根据工艺分析的螺柱外伸长量，调节好螺柱超出套筒的外伸长度值	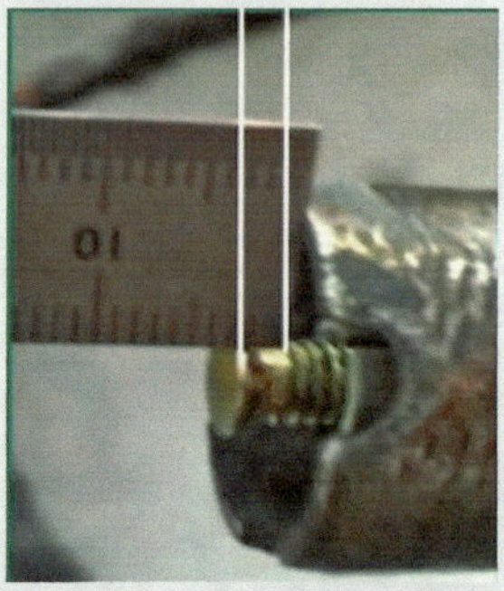
	根据工艺分析的焊接电流和焊接时间参数，调节好电流和时间 是否完成：□是　□否	
工件准备	清理工件 是否完成：□是　□否	

（续）

焊接流程	操作方法及过程记录	操作示意图
工件准备	对工件进行划线，确定焊点位置 是否完成：□是　□否	
	对工件进行装夹，将工件夹紧到焊接平台 是否完成：□是　□否	
	按照安全操作规程要求穿戴好防护用品 是否完成：□是　□否	
	试焊，夹持好试焊工件，完成试焊件的焊接 是否完成：□是　□否	
操作过程	根据试焊情况，调整好焊接参数，开始正式焊接 是否完成：□是　□否	

(续)

焊接流程	操作方法及过程记录	操作示意图
操作过程	保持焊枪与工件表面完全垂直，按照由中间往两边的顺序，完成工件所有螺柱的焊接 是否完成：□是　□否	
	检查螺柱焊接是否符合要求 是否完成：□是　□否	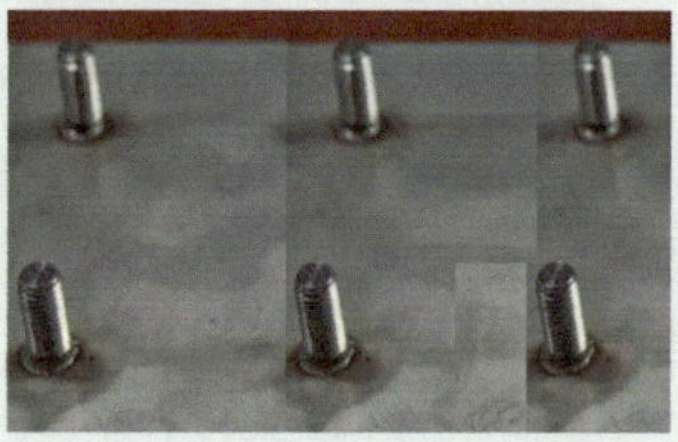

8. 工件与现场清理

将焊好的工件清理干净。清扫场地，摆放工件，整理好焊钳和焊机，确认无安全隐患后才可离开。

【评价反馈】

评价项目	评价标准	小组评价 （占总评分的40%）	教师评价 （占总评分的60%）
知识准备 （30分）	了解激光及激光焊接；掌握螺柱焊接的焊接过程；掌握激光焊接的焊接过程；掌握激光焊接系统的组成		
知识拓展 （10分）	养成自主学习的习惯，树立职业目标		
任务实施 （50分）	安全防护用品的使用情况（5分，未穿戴防护用品1项扣1分，扣完为止）焊接时不穿工作服扣1分；操作时不戴焊接手套扣1分；操作时不穿安全鞋扣1分；焊接时不戴护目镜扣1分；焊接时不戴耳塞扣1分		
	工件和焊枪准备（5分）：焊件表面锈及油污等未清理扣1分；螺柱表面未检查清理扣1分；焊机各接线未检查扣1分；焊枪未检查扣1分；螺柱未试夹扣1分		

（续）

评价项目	评价标准	小组评价 （占总评分的40%）	教师评价 （占总评分的60%）
任务实施 （50分）	焊接规范的调整情况（5分）：焊接电流调节（按焊机设备设定，2分）；焊接时间调节（按焊机设备设定，1.5分）；电弧电压或焊枪设定的提升高度（1.5分）		
	焊接外观质量（共25分）：虚焊每个扣5分，熔池过大每个扣1分，母材背面变形每个扣1分，焊穿每个扣1分		
	弯扭实验（共10分）：根据要求弯扭力矩，使用工具使螺柱倾斜30°，检查螺柱是否有开焊或裂纹等缺陷，如有缺陷每个扣2分		
综合表现 （10分）	能与同学密切合作，积极实践，安全地完成学习活动，具备严谨规范的工作作风		
合计			
总评分			

教师评语：

日期：　　年　　月　　日

【情智故事】

新时代的技术型工匠，引领整个产业的技术进步

他发明激光无痕焊接技术，致力解决传统焊接行业技术痛点；他利用焊接新技术创业，实现10亿元经济效益；他借鉴德国职业教育理念，培养新一代创新型工匠；他就是广东泰格威机器人科技有限公司董事长卢新建。

34年在焊接行业专注创新，让他成为引领无痕免打磨先进焊接技术的知名专家。卢新建认为，新时代的技术型工匠就要解决传统焊接行业技术痛点，用先进的焊接技术和创新工艺引领整个产业的技术进步。

其实他是一位创新型技术革新能手，他撰写的焊接技术革新论文，在国家级专业杂志上发表达21篇。

"创新工匠"这个称号对于卢新建而言再恰当不过。他不是传统意义上勤学苦练的手艺型工匠，而是专注焊接先进工艺、志在引领行业技术进步的创新型工匠。

卢新建说，"培养未来工匠是我们这一代新创新工匠的使命。"唯有培养更多的知识型工匠，才能引领制造业未来发展，才能支撑起中国民族工业的明天，实现中国制造向中国智造转型。

【课后测评】

一、单项选择题

1. 激光焊接一般利用激光的（　　）。

A. 热效应　　　　B. 相干性　　　　C. 高方向　　　　D. 高亮度
2. （　　）不是激光的主要特性。
A. 单色光　　　　B. 相干性　　　　C. 高方向　　　　D. 低成本
3. 螺柱焊最重要的一步是要使螺柱或螺钉（　　）。
A. 垂直于工件表面　B. 产生电弧　　　C. 熔化　　　　　D. 凝固熔合
4. 螺柱焊接时，选择参数的主要考虑因素是（　　）。
A. 螺柱直径　　　B. 钢板厚度　　　C. 焊机情况　　　D. 操作水平
5. 螺柱焊接时，产生缺陷的主要原因除了焊接参数异常，还有（　　）。
A. 螺柱是否与工件垂直　　　　　　B. 焊接设备是否高端
C. 焊接环境是否安静　　　　　　　D. 是否有监督措施

二、判断题
1. 螺柱焊能实现螺柱截面的全熔合焊接。（　　）
2. 螺柱焊根据焊机提供能量不同可分为拉弧式和储能式。（　　）
3. 激光拼焊主要用来拼接不同厚度、不同材质和性能的板件。（　　）
4. 汽车工业的激光焊接采用手工的焊接较多。（　　）
5. 螺柱焊操作时，必须使螺柱垂直于工件表面。（　　）

三、简答题
1. 激光钎焊的主要工艺参数有哪些？
2. 螺柱焊接的主要工艺参数有哪些？如何确定？
3. 如何确保准确完成螺柱焊接？

项目四

车身涂装工艺

【项目导航】

汽车的防腐蚀和美化装饰主要是通过涂装来实现的。涂装是汽车车身制造最为重要的四大工艺之一，通过对汽车车身的涂装处理，不仅可以提高汽车车身的耐腐蚀性，增加车身应对外界环境变化的能力，还能延长汽车车身的使用寿命、美化汽车外观。

在汽车制造企业，涂装的整个工艺过程基本由自动化生产线来完成，但其中的修复和修补工艺大多由人工来完成。

任务1　涂装工艺流程制订

【任务导入】

汽车作为现代化交通运输工具之一，其表面的鲜丽色泽是汽车外观质量的一个标志，也起着装饰美化的作用，这主要靠涂漆来实现。汽车主要损坏形式之一就是腐蚀，汽车腐蚀直接影响汽车的质量和使用寿命。涂漆是防止腐蚀、延长汽车使用寿命的主要措施之一。

【学习目标】

素养目标：

1. 通过认识涂装车间涂料，了解有机溶剂对大气的破坏，树立环保意识。
2. 通过学习涂装车间的三废及其治理，了解国家环境、环保方面法律、法规。
3. 通过训练喷涂技能，了解个人防护防毒面具的使用方法，树立自身防护意识。

知识目标：

1. 掌握涂装的基本术语，掌握涂装的各涂层，掌握车身用底漆、中涂、面漆工艺。
2. 掌握涂装车间的工艺布局，掌握涂装车间的安全防护措施。

能力目标：

1. 能够正确地使用工具并实施聚氯乙烯（Polyvinyl Chloride，PVC）涂胶。
2. 能够制订涂装工艺流程。
3. 能够解决生产现场实际问题。

【知识准备】

一、车身涂装的特点与功能

汽车车身涂装属于对装饰性、耐候性、耐腐蚀性要求很高的涂装工艺，汽车车身涂装代表了最先进的涂装技术，汇集了最先进的涂装工艺、设备及涂料。

1. 涂装的基本术语

（1）涂料与涂装　涂料是以高分子材料为主体，以有机溶剂、水或空气为分散介质的多种物质的混合物。涂装是将涂料涂覆于经过处理的基底表面上，经干燥成膜的一种表面处理工艺。

（2）涂膜与涂层　已经固化的涂料膜称为涂膜或漆膜。由两层以上涂膜组成的复合层称为涂层。汽车表面涂装就是典型的多涂层涂装。

2. 车身涂装的特点

（1）极好的耐候性和耐腐蚀性　车身涂料要求能与汽车一样适应各种气候条件和道路状况，使用寿命应接近于汽车本身的使用寿命。在冷热剧变、风雨侵蚀、苛刻的日晒夜露等各种气候下，保光保色性好，涂膜不开裂、不起泡、不粉化、不脱落，无锈蚀现象。

（2）极好的施工性能和配套性　要求能适应汽车的高速流水线生产方式，如适用自动喷漆、大槽浸漆、淋漆、静电喷漆或电泳涂漆等高效涂装方法；同时，要求干燥迅速，涂层的烘干时间以 30~40min 为宜，要求涂层间结合力优良，不引起渗色、开裂等涂膜弊病。

（3）极高的装饰性　要求涂层色泽艳丽且经久不变，外观丰满，鲜映性好，最好给人一种艺术享受般的观感，这对轿车、客车用漆尤为重要。汽车的色彩一般根据汽车类型、汽车外形设计和时代流行的色彩等来选择。

（4）优良的机械性能　要求涂膜坚韧耐磨，能适应汽车行驶中震动、冲击产生的应力和应变。汽车行驶工况及路况往往是变化的，这就需要汽车的涂层能够经受住汽车随时可能受到的外界冲击和应力应变。

（5）良好的经济性　由于汽车涂料用量大，所以要求涂料货源广、价格低廉，并能逐步实现低公害化，便于进行"三废"处理。

（6）能耐汽油、柴油、机油和公路用沥青等　涂层在接触这些介质时不产生软化、变色、失光、溶解或产生印斑等现象；还要求涂层能耐肥皂、清洗剂、鸟或昆虫的排泄物等，与这些物质接触后不留痕迹。

由于汽车涂料大部分是属于多层涂覆，且它们在汽车上的使用部位不同，对于汽车涂料的某一品种来说，不要求全部具备上述特性。汽车车身用涂料是汽车用涂料的主要代表。车身涂膜一般由多层涂层构成，它基本上要兼备上述汽车涂料的所有特点。

3. 车身涂装的功能

车身涂料是一种成膜物质，当它涂于车身表面时，能生成坚韧耐磨、附着力强、具有一定颜色和防锈、防腐、耐酸、耐潮湿、耐高温等多种功能的涂膜，这不仅能大大提高汽车车身的使用期限，而且由于涂料的色彩装饰和美化了汽车，提高了汽车的使用效果。所以，车身涂料的作用主要是保护和装饰。

汽车长年在大自然中运行，车身受到日晒雨淋、风沙、冰雪、炎暑等多变条件的影响，而且还有接触化学药品及酸、碱等各种腐蚀介质的可能，若在汽车车身表面涂上涂料，干结成膜，就能将车身表面和空气、水分、日光以及外界的各种腐蚀物质隔开，起到一种"屏蔽"作用，能有效地保护汽车车身，延长其使用寿命。

汽车是重要的现代化交通工具之一，除造型外，涂层的外观、光泽、颜色等也能起到美化作用，给人们赏心悦目的感受。汽车作为美化城市的一种工业艺术品，与城市建筑物整齐、端庄、雄伟的线条美感相适应，更使城市增辉。所以，涂料装饰、美化汽车的作用也是很重要的。

对于某些特种汽车，涂料还可起到标志作用，有利于汽车安全行驶。例如特种工程车，大型、超高、超重或超长车，会给行驶在公路上的一般汽车带来一些不安全因素，可以利用涂料色彩，按有关规定在车辆前部、上部、两侧或尾部等适当部位标识出警告、注意危险、减慢车速等信号，使对方或后方车辆警觉,以保证行车安全。

某些特殊涂料,例如有防震、消声、隔热作用的涂料,在汽车车身涂饰中也有其特殊作用。

4. 涂装三要素

涂料和涂装对汽车产品所起的重要作用是靠不同的涂层体现出来的,要获得满足产品的技术条件和使用环境所需的功能,保证涂层质量,以最大限度地取得经济价值和使用价值,必须对涂装过程进行精心设计,掌握影响涂装效果的各个要素。涂装工程的关键,即直接影响涂装效果的关键,是涂装材料、涂装技术和涂装管理这3个要素,称为涂装三要素。

(1) 涂装材料 涂料的质量和作业配套性是获得优质涂膜的前提条件。在选用涂装材料时,要从作业性能、涂膜性能和经济效益等方面综合考虑。要根据产品的使用要求和汽车产品的档次正确选用配套的底漆、中间涂料、面漆,同时做到涂层质量与汽车同使用寿命。

(2) 涂装技术 涂装技术包括涂装工艺、涂装装备、涂装环境,是充分发挥涂装材料性能、使涂料形成优质涂层的关键。涂装工艺流程设计应合理可靠,工艺参数应选择合理;涂装装备应结构合理,与产量匹配,性能可靠;涂装环境指标如车间温度、湿度、照明度和空气清洁度等要满足工艺要求。

(3) 涂装管理 涂装管理是保证工艺得以执行的重要手段。涂装管理包括工艺管理、装备管理、质量管理、生产管理等。

> 【画龙点睛】
>
> 涂装三要素是相互依存的,忽视哪一方面都不可能达到涂装目标。一般来说,当涂装工艺和材料确定以后,涂装管理就是决定因素。涂装制造技术人员、涂装工艺人员和作业人员对涂装三要素尽管有所侧重,但都应有所了解。
>
> 涂装工艺人员更应熟悉涂装技术及有关的基础理论,也要熟悉各种涂料的性能、规格型号、施工要求、价格和国内外应用实例等,只有这样,涂装工艺人员才有可能设计出先进的、技术经济效果好的涂装工艺和管理制度。涂装管理和作业人员要了解所用涂料的性能,学习涂装工艺及涂装设备等方面的技术知识,以提高执行工艺的自觉性和责任心。

二、汽车车身漆膜结构

汽车使用工况复杂,对涂料功能要求更多,汽车车身漆膜通常有4~5层,一般由底漆涂层、中间涂层、面漆涂层等组成,每层分别承担不同的功能。图4-1所示为汽车漆膜的组成,图4-2所示为宝马汽车原厂漆涂层结构及漆膜厚度,漆膜总厚度约为$120\mu m$。

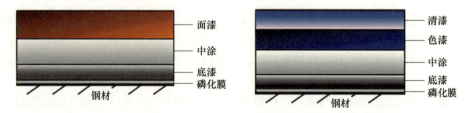

图4-1 汽车漆膜的组成

1. 底漆涂层

底漆涂层是直接涂在经过表面处理的车身上面的第一道漆,是整个涂层的基础。它对车身的防锈蚀性和整个涂层的耐久性起着主要作用。

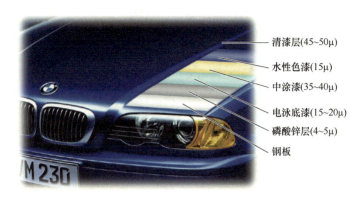

图 4-2 宝马汽车原厂漆涂层结构及漆膜厚度

2. 中间涂层

中间涂层简称中涂,是介于底漆与面漆之间的涂层。它的主要功能是改善被涂工件表面和底层的平整度,增加涂层厚度,为面漆层创造良好的基底,以提高整个涂层的装饰性。中间涂层要求与底漆和面漆有良好的配套性。中间涂层也起降低成本作用。

3. 面漆涂层

(1) 面漆涂层的作用 面漆涂层起到对车体外板的装饰和保护作用,具有平滑性高、丰满度好、光泽度高的特点;还兼有对底漆涂层和自身涂层的保护作用,具有保色性、耐候性、耐酸雨性、耐污染性、抗划伤性等特点。面漆涂层的颜色主要有本色、金属闪光色和珠光色。

(2) 面漆涂层的结构

1) 单一涂层面漆结构 (图 4-3)。普通轿车车身要喷涂 3 层,由阴极电泳底漆、中涂和普通本色面漆组成。

2) 双涂层面漆结构,即底色漆层和罩光清漆层 (图 4-4)。中高级轿车采用金属闪光色漆,喷涂这些面漆后再喷涂罩光清漆,车身要喷涂 4~5 层,使漆膜达到较高的硬度并具有更好的外观装饰性。

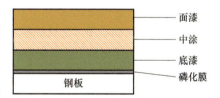

图 4-3 单一涂层面漆结构

3) 三涂层面漆结构,即封底色漆层、珠光色漆层和罩光清漆层 (图 4-5)。珍珠云母漆可形成色彩斑斓的颜色,在高档汽车上使用较多。

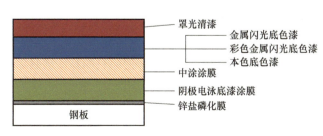

图 4-4 双涂层面漆结构

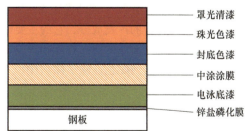

图 4-5 三涂层面漆结构

三、汽车涂料基本知识

汽车涂料一般有 3 种基本成分:主要成膜物质(油料、树脂)、次要成膜物质(颜料)和辅助成膜物质,见表 4-1。

表 4-1 汽车涂料的组成

分类			组成	
主要成膜物质	油料	动物油：鲨鱼肝油、带鱼油、牛油		不挥发成分
		干性油：桐油、亚麻油、梓油、苏子油		
		半干性油：豆油、向日葵油、棉籽油		
		不干性油：蓖麻油、椰子油、花生油		
	树脂	天然树脂：虫胶、松香、天然沥青		
		人造树脂：松香衍生物、纤维衍生物、橡胶衍生物等		
		合成树脂：酚醛树脂、醇酸树脂、氨基树脂、丙烯酸树脂、环氧树脂等		
次要成膜物质	颜料	体质颜料	滑石粉、硫酸钡、碳酸钙等	
		无机颜料	铬黄、铁红、铁蓝、钛白、铁黑、铬绿等	
		有机颜料	耐晒黄、甲苯胺红、酞菁蓝、苯胺黑等	
		防锈颜料	红丹、偏硼酸钠、氧化铁红、云母氧化铁	
辅助成膜物质	添加剂	增塑剂、稳定剂、固化剂、防霉剂、流平剂、乳化剂、催干剂、防结皮剂等		
	稀释剂	溶剂		挥发成分
		稀释剂		
		助溶剂		

（1）主要成膜物质　主要成膜物质是涂料的主体成分，可以单独成膜，也可以和次要成膜物质共同成膜。其作用是使颜料保持明亮状态，使之坚固耐久并能黏附在物体表面，是决定涂料类型的物质。它一般由干性油或半干性油改性的天然树脂（如松香）、人造树脂（如失水苹果酸树脂）、合成树脂类（如甲基丙烯酸甲酯等）制成。通常通过添加增塑剂和催化剂来调整、改进它的耐久性、附着力、耐蚀性、耐磨性和韧性。

（2）次要成膜物质　次要成膜物质也是构成涂膜的组成部分，但它不能离开主要成膜物质单独构成涂膜。次要成膜物质主要是指颜料，是涂料中两种不挥发物质之一，它赋予面漆色彩和耐久性，同时使涂料具有遮盖力，并提高其强度和附着力，改变光泽，改善流动性和涂装性能。

（3）辅助成膜物质　辅助成膜物质主要指溶剂和添加剂。

溶剂是涂料中的挥发成分，它的主要作用是能够充分溶解漆膜中的树脂，使涂料能正常涂抹。优质的溶剂能改善面漆的涂抹性能和漆膜特性，增强光泽，减小涂层网纹，从而减少抛光工作量，同时有助于更精确地配色。除了涂料中已有的溶剂外，溶剂还用作稀释剂，使涂料的黏度满足涂布要求。

四、汽车车身涂装工艺及设备

汽车车身涂装工艺一般包括"漆前处理—电泳—面漆"等，现在也有一些车企还没有取消中涂工序。对于有密封要求的焊缝部位，在电泳底漆与面漆之间要加涂 PVC 或 SGC 密封胶（一种合成型的密封胶）。汽车车身涂装的漆前处理、底漆阴极电泳工艺已实现全自动化，面漆工艺实现了机器人静电自动喷涂。涂装车间的工艺流程如图 4-6 所示。

1. 涂装车间典型工艺及设备

（1）前处理　前处理生产线通过脱脂、表调、磷化、钝化等工艺流程对白车身内、外表面进

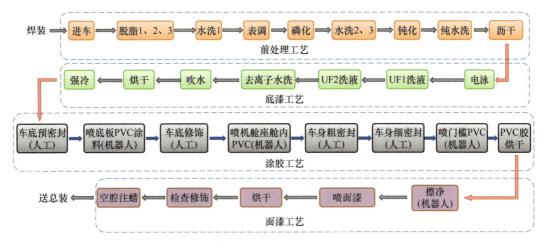

图 4-6 涂装车间的工艺流程

行化学处理，清洁车身并使车身表面形成一层致密的磷化膜。前处理线对车身的抗腐蚀性及高效附着性起着至关重要的作用。

前处理的生产线如图 4-7 所示，主要工艺设备包括 11 个槽体，通过喷淋系统或浸洗槽对车身的表面及内腔进行化学清洗和反应，以达到良好的磷化效果。最后一道清洗使用纯水，确保车身的表面上没有杂离子的残留。车身冲洗水的电导率应小于 30us/cm，减少车身滴水对后续电泳槽体的污染。

图 4-7 前处理生产线

【画龙点睛】

磷化是整个前处理工艺的核心，磷化质量好坏直接影响到底漆质量。通过先浸再喷处理方式，促使车身表面在磷化槽内与磷化液发生磷化化学反应，从而形成一层磷化膜。表调对于磷化膜的形成起着至关重要的作用。

（2）电泳工艺 电泳涂装是利用电化学反应沉积的涂层过程。电泳的输送设备一般采用 RoDip-3 输送链系统，如图 4-8 所示。

直流电压作用至浸在漆液槽中的车身，因涂料颗粒带有相反的电荷，涂料颗粒被吸引至车身表面并沉积，通过这种方式，使车身内、外表面及各个角落都得到涂覆，直到涂层达到规定厚度。涂层达到规定厚度后，漆膜隔离涂层，这样电荷吸引停止工作，涂覆停止。

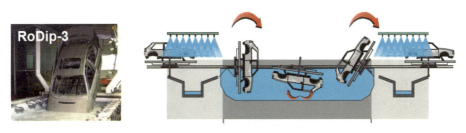

图 4-8 电泳输送设备 RoDip-3 输送链系统

(3) PVC 工艺　PVC 生产线一般由安装堵件、铺装沥青垫片、喷车底涂料、涂密封胶和预烘干 5 道主要工艺组成。PVC 胶具有良好的耐腐蚀性、耐磨损性、密封性、黏结性、隔音性等性能，主要涂布在发动机舱、乘员舱、行李舱、发动机舱盖、门等钢板的接合处以及车身底板、轮罩等部位，可以提升汽车的密封性（防水、防尘、防风、防声）、耐腐蚀性、抗石击性，因而在汽车制造业得到了广泛的应用。PVC 工艺大量应用机器人进行作业。图 4-9 所示为机器人在进行车身门槛的喷涂 PVC 胶作业。

1）安装堵件。为了使前处理槽液以及电泳漆液能够进入车身的各个腔体，并在钢板表面形成完好的电泳漆膜，在车身的一些部件上预留了许多工艺孔。另外，车身上的一些部件上也预留了装配用的装配孔，为了避免喷涂 PVC 胶后造成孔堵塞，都需要安装一些堵件以临时遮蔽。

图 4-9　机器人在进行车身门槛的喷涂 PVC 胶作业

2）铺装沥青垫片。沥青垫片主要由沥青、填料（碳酸钙）、增强材料（有机纤维）等构成，并被制成板状成形件。其主要铺装在车身四门内表面、乘员舱内表面、行李舱内表面，它可以吸收车身在行驶过程中，钢板因振动而产生的能量，从而降低噪声，提高驾乘的舒适性。

3）车底预密封。在机器人喷涂底板 PVC 胶前，人工对底板过大的焊缝搭接处以及机器人喷涂的盲点或喷涂不到位的部位使用涂胶枪、毛刷等进行预先密封，简称预密封，以消除底板涂料喷涂后密封不良问题。

4）车底修饰。在机器人喷涂底板 PVC 胶后，底板及轮罩的个别部位会因为机器人起枪、收枪的缘故而出现 PVC 胶堆积的情况，需要人工利用毛刷对其进行修饰处理，保证涂层的密封性和外观的平整。

5）喷涂底板。通过车底焊缝密封（UBS）机器人及门槛机器人的喷胶保护，可以显著提升门槛及底板等部位的抗石击性、耐腐蚀性，延长车身的使用寿命，同时可以降低车身行驶过程中的噪声。

6）粗、细密封。粗密封工序主要是对前机舱、乘员舱、行李舱等部位的板材搭接缝进行手工涂胶，并使用毛刷进行修饰，以保证其密封性。细密封工序指对车身外表面（如流水槽）、门框和门盖的密封工序，要求有一定的装饰性，涂布后需要精细修饰。

7）PVC 胶预烘干。

喷涂完 PVC 的车身经过 PVC 烘干炉加热后，可实现以下目的：

① 使堵件表面的材质熔融，牢固地粘贴在板材表面。

② 使沥青垫片表面熔融，牢固地粘贴在板材表面。

③ 使车身上的 PVC 胶膨润并附着粘贴在板材表面。此时，PVC 胶未完全固化（烘干），但具备了进行下一道工序面漆打磨的可操作性，其完全固化（烘干）须经过面漆烘干炉后才可实现。

(4) 面漆工艺　汽车面漆是汽车多层涂层中最后涂层用的涂料，它直接影响汽车的装饰性、耐候性、耐潮湿性和抗污性。采用免中涂工艺后，大大降低了工厂在规划投资、设备维护、人力资源、危废排放、能源消耗等方面的成本消耗，也减少了废水、废气的排放，有利于环境保护。涂装车间面漆喷涂线全部采用自动机器人进行喷涂，如图 4-10 所示。

图 4-10　面漆机器人进行喷涂作业

2. 汽车车身涂装车间工艺布局

汽车车身涂装车间工艺布置应根据企业的实际情况来安排。首先要考虑涂装车间的面积和整体走向，再考虑焊装车间白车身进入的位置，还要考虑涂装完成后车身如何运送到总装车间。图 4-11 所示为某汽车车身涂装车间的工艺布局。

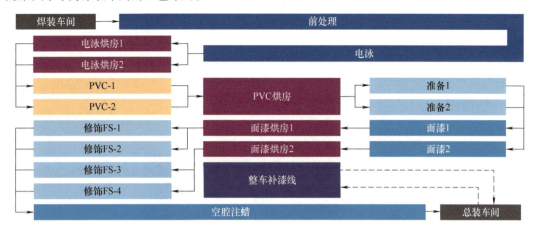

图 4-11　某汽车车身涂装车间工艺布局

【知识拓展】

有机溶剂的危害

有机溶剂是指在常温下能够挥发或蒸发的一类化学物质，包括苯、甲苯、醇类、酮类等。这些有机溶剂广泛应用于化工、印刷、油漆、涂料、胶水、清洗剂、医药等领域，会对人体产生较大的危害。人若长时间吸入有机溶剂的蒸气将会导致慢性中毒，短时间暴露在高浓度有机溶剂蒸气下，也会有急性中毒甚至致命的危险。有机溶剂对人体的危害主要包括以下几个方面：

一、由于皮肤接触造成的危害

有机溶剂蒸气会刺激眼睛黏膜而使人流泪；与皮肤接触会溶解皮肤油脂而渗入组织，干扰生理机能，引发脱水；易因皮肤干裂而感染污物及细菌；表皮肤角质溶解引起表皮角质化，刺激表皮导致红肿；溶剂渗入人体内破坏血球及骨髓等。

二、由于呼吸器官吸入造成的危害

有机溶剂蒸气由呼吸器官吸入人体后，往往会对人体产生麻醉效果。蒸气吸入后大部分经气管到达肺部，然后经血液或淋巴液传送至其他器官，造成不同程度的中毒现象。因人体肺泡面积超过体表面积数十倍，且血液循环扩散速度快，常会对呼吸道、神经系统、肺、肾、血液及造血系统产生重大毒害，所以由于呼吸器官吸入有机溶剂引起的中毒现象最受人重视。

三、进入消化器官造成的危害

有机溶剂进入消化器官的主要原因是在污染溶剂蒸气场所进食、抽烟或手指沾口等。其造成的危害，首先是口腔，有机溶剂进入食道及胃肠，会引起恶心、呕吐现象，然后由消化系统，危害到其他器官。

有机溶剂中毒的症状一般为头痛、疲惫、食欲不振、头昏等。高浓度蒸气的急性中毒会抑制中枢神经系统，使人丧失意识，产生麻醉现象，初期引起兴奋、昏睡、头痛、目眩、食欲不振、意识消失等；低浓度蒸气引起的慢性中毒则影响血小板、红细胞等，导致鼻孔、齿龈及皮下组织出血，造成人体贫血现象。

因此，为了减少有机溶剂对环境和人体的危害，应该采取合理的控制措施，如改进生产工艺、使用环保型材料、开展环境监测等。

【任务实施】

仪器设备及工具准备

一、结构图

图 4-12 所示为完成焊接的某车型的白车身。

图 4-12　某车型的白车身

二、任务准备

1. 汽车车身结构图、车身材料等资料；
2. 车身涂装工艺相关资料。

任务实施内容

根据所学习的任务知识和相关资料，将白车身的涂装工艺流程填写在工单中。

学院		专业		日期	
班级		姓名		学号	
指导教师					
序号	工艺名称		工艺内容		备注

【评价反馈】

评价项目	评价标准	小组评价 （占总评分的40%）	教师评价 （占总评分的60%）
知识准备 （30分）	掌握涂装的基本术语；掌握涂装的各涂层		
	掌握车身用底漆、中涂、面漆工艺；掌握涂装车间的工艺布局		
	掌握涂装车间的安全防护措施		
知识拓展 （10分）	养成自主学习的习惯，树立职业目标		
任务实施 （50分）	四大项工艺名称正确，每项3分，共12分		
	四大项工艺流程正确，每项2分，共8分		
	每项大工艺内容正确得5分，根据填写情况酌情扣分，共20分		
	每项大工艺流程正确得2.5分，根据填写情况酌情扣分，共10分		
综合表现 （10分）	能与同学密切合作，积极实践，安全地完成学习活动，具备严谨规范的工作作风		
合计			
总评分			

教师评语：

日期： 年 月 日

【情智故事】

李元园：用行动诠释新时代汽车人的工匠精神

2001年毕业后，李元园来到重庆长安汽车股份有限公司工作，从零开始学习装配，并利用空闲时间仔细研究汽车电器的特性、原理和结构。32本汽车电器相关书籍、15个笔记本，他对汽车电器的调试用"狂热"和"痴迷"来形容最合适不过。2022年，李元园获得重庆五一劳动奖章，他还是长安汽车一级技能师、中国兵器装备集团技能带头人，享受国务院政府特殊津贴。

李元园建立智能化体验评价标准，以客户视角改善产品质量，积极融入质量改进和新品问题整改工作，解决制约质量提升的瓶颈问题，深入开展改良改善、技师攻关、质量问题排查等降本增效活动，并取得了突出成绩。他牵头实施完成了10余项技师攻关项目，为公司节约成本200余万元。

汽车时代在变革，但工匠精神永不过时。作为一名普通的汽车装调工人，李元园勤勉扎实地奋战在生产第一线，用不屈不挠的精神，用精益求精和一丝不苟的态度倾情诠释着新时期汽车人的工匠精神。

2016 年，李元园获得国务院发放的政府特殊津贴，2017 年被评为全国"最美汽车人"。他在个人发展和公司征程上留下了一串串闪光的足迹，不断发光发热。

始终对产品负责，对电器调试敬畏，"园"满解决问题，是李元园坚守的信仰，从"装配小子"到"电器大师"，他将工匠精神烙刻在了企业前行的齿轮上。

【课后测评】

一、单项选择题

1. 国家标准规定，汽车车身涂层的防腐至少要保持（　　）年。
   A. 5　　　　　　　　B. 10　　　　　　　　C. 20　　　　　　　　D. 30
2. 轿车车身涂膜一般厚度为（　　）。
   A. 约为 100um　　　　　　　　　　　　B. 约为 400um
   C. 约为 300um　　　　　　　　　　　　D. 约为 1mm
3. 涂料的组成按照组成作用分为（　　）、次要成膜物质和辅助成膜物质。
   A. 添加剂　　　　　　　　　　　　　　B. 主要成膜物质
   C. 溶剂　　　　　　　　　　　　　　　D. 颜料
4. 涂料的组成按照组成成分分为（　　）溶剂、颜料和添加剂。
   A. 成膜物质　　　　B. 工业油　　　　C. 增稠剂　　　　D. 防老化
5. 喷涂完 PVC 的车身要经过 PVC 烘干炉加热，其目的是（　　）。
   A. 使各类 PVC 牢固地粘贴在板材表面　　　B. 为下道工序预热
   C. 使 PVC 不再具有黏性　　　　　　　　　D. 使后续的涂层质量更好

二、判断题

1. 涂装是将涂料涂覆于经过处理的基底表面上，经干燥成膜的一种表面处理工艺。（　　）
2. 随着汽车工业的发展，对涂膜表面的要求越来越高，而实现这一要求的最大障碍之一是涂膜中带入脏物。（　　）
3. 涂装工艺主要影响汽车的外观，起装饰作用。（　　）
4. 汽车表面涂装就是典型的多涂层涂装。（　　）
5. 涂料是以高分子材料为主体，以有机溶剂、水或空气为分散介质的多种物质的混合物。（　　）

三、简答题

1. 汽车车身的涂装主要有哪些工艺流程？
2. 涂装的三要素是什么？
3. 请简述涂装的主要特点和功能。

任务 2　车身涂装前处理工艺制订

【任务导入】

汽车涂装采用的是典型的多涂层工艺。涂装前需要将车身表面在前面生产加工中附着的油脂、铁锈、氧化层、灰尘等异物除掉，这项工作主要由车身的表面处理工艺来完成，通常称为车身涂装前处理工艺。

项目四　车身涂装工艺

【学习目标】

素养目标：

1. 培养学生对产品质量精益求精的工匠精神。
2. 培养学生勤学苦练才能提高技能的思想意识。

知识目标：

1. 了解车身涂装前处理工艺的目的；了解汽车车身涂装前处理生产线系统的组成。
2. 了解脱脂和磷化的作用和方法；掌握表调子工艺。

能力目标：

1. 能够制订车身涂装前处理工艺流程。
2. 能够对车身涂装前处理工艺进行初步检查和评价；能够按照车身涂装前处理质量标准进行质量评价和判断；能够分析车身涂装前处理常见问题并提出解决措施。
3. 能够正确对车身涂装前处理的工艺参数进行调整。
4. 能够分析脱脂的影响因素及参数；能够分析磷化的影响因素及参数。
5. 能够解决生产现场实际问题。

【知识准备】

一、涂装前处理的目的

车身涂装时，首先要把其表面附着的油脂、锈蚀、氧化皮、灰尘等异物清除掉，否则会影响涂层与基体金属之间的附着力，造成涂层起泡、龟裂、剥落等。

为增加金属表面与涂料层间的附着力，提高涂层的质量，延长涂层的使用寿命，在涂装前必须充分清除车身表面上的各种污物，在金属表面生成一层不溶于水的磷酸盐薄膜，如图4-13所示，为涂层提供一个良好的基底，这就是涂装前表面处理的目的。

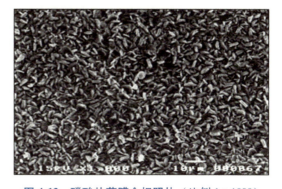

图4-13　磷酸盐薄膜金相照片（比例1∶1000）

二、涂装前处理的内容

磷化膜是否能够有效生成与金属表面的洁净程度和表面微观结构直接相关。

车身冲压与焊装工艺过程中不可避免地会在金属车身表面留下油脂、锈或其他残留物。车身表面涂装前，必须根据表面污物的性质及沾污程度、被涂金属的种类、制品光洁度以及最后涂层的作用来选择表面处理方法。这些方法主要是去除表面的各种污物，以及在预先处理过的表面上进行特殊的化学处理等，具体包括脱脂、除锈和磷化。

【画龙点睛】
　　在磷化前，须进行彻底的脱脂、除锈和表调处理。

　　磷化处理后，须彻底清除残留在车身表面的磷化液，清理磷化膜表面的疏松层，并对磷化膜不完全的部分空穴进行封闭，使磷化膜的结晶细化，提高其致密性（即钝化）。

　　汽车车身的前处理工艺如图4-14所示。

图4-14　汽车车身的前处理工艺

三、脱脂

　　将车身制件金属表面的油脂清除掉的过程称为脱脂。脱脂的方法主要有碱液清洗脱脂法、乳化剂清洗脱脂法和溶剂脱脂法3种。

1. 碱液清洗脱脂法

　　碱液清洗脱脂在车身制造中应用较为广泛，由于其方法简单、成本低廉，故在金属表面清洗脱脂法中占有优势。碱液脱脂的机理主要是通过皂化作用、乳化作用和分散作用来完成脱脂过程。

　　（1）皂化作用　在清洗动植物油脂时，强碱型清洗剂中的氢氧化钠易与动植物油进行皂化反应，溶解分散在清洗液中。

　　（2）乳化作用　借助于碱类清洗剂中的乳化剂，如碳酸钠、硅酸钠等，促进车身表面上油液以微小颗粒散在水中，从而形成稳定的乳浊液，从而达到从金属表面上清除油污的目的。

　　（3）分散作用　碱液清洗剂中的磷酸钠等有分散作用，它能使工件表面油污中的微小颗粒状固体污垢悬浮在清洗液中，阻止其凝结或重新沉积在工件表面上，从而达到脱脂的目的。

2. 乳化剂清洗脱脂法

　　乳化剂清洗脱脂法是在溶剂中加入一种或数种表面活性剂，或添加弱碱性清洗剂组成的一种混合液，当被洗物被这种混合液浸渍过或将混合液喷射在被洗物上时，溶剂浸透油脂层使油脂微粒化，而表面活性剂使油脂微粒乳化分散在水中，从而把油脂清除。

　　乳化剂清洗脱脂法是表面脱脂中应用较为广泛的一种方法。

3. 溶剂脱脂法

　　制件表面上的陈旧性"老化"了的油污或所谓的"重型"污物，以及一些树脂型的润滑剂、天然石蜡等，用碱液清洗剂清除比较困难，多借助有机溶剂溶解油脂的能力来达到脱脂的目的。

　　钢板表面有机溶剂脱脂常采用三氯乙烯，它的溶解能力强（在16℃时比汽油大4倍，在50℃时比汽油大7倍），沸点低（86.9℃），蒸发潜热低，比热容小。

　　有机溶剂的脱脂方式有浸渍式、喷射式、溶剂蒸气式及超声波式等。

4. 碱液清洗脱脂的方法

　　根据脱脂零件的形状大小、油污的情况及生产批量不同，一般制件表面脱脂的典型工艺是先碱液脱脂，再经一次洗涤和二次洗涤，最后烘干，去掉残留水分。

　　碱液脱脂的方法常采用喷射式和浸渍脱脂或两者相结合。图4-15所示为喷射和浸渍相结合的脱脂工艺。

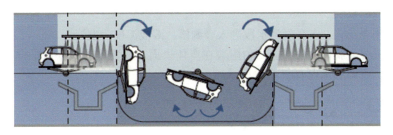

图 4-15 喷射和浸渍相结合的脱脂工艺

喷射的优点是除了强化脱脂液对油膜渗透和破坏的化学作用外，液流的撞击力可以阻止油污在车身表面再次吸附。尤其是中、低温脱脂，机械作用显得特别重要。实验表明，在相同的温度条件下，压力喷射脱脂比浸渍脱脂速度快 1 倍以上。喷射压力一般为 0.1~0.2MPa。但对于某些形状较复杂的零件，液流喷射不到的部位则脱脂效果较差一些。喷射结合浸渍是比较理想的方法。

5. 碱液清洗脱脂的有关工艺参数

（1）脱脂剂类型　脱脂剂的组成和品种对脱脂效果有很大的影响。例如，含有表面活性剂的碱性脱脂剂较单独的碱性脱脂剂的脱脂效果好。所以，要根据被清洗物的材质（钢板、镀锌板、铝材等）、油污状态、处理方式、与下道工序的匹配性，通过试验来正确选用合适的脱脂剂。

常用的含表面活性剂的碱性脱脂剂主要有氢氧化钠、碳酸钠、磷酸三钠和硅酸钠等，其作用见表 4-2。

表 4-2　常用碱性脱脂剂类型和作用

编号	名称	作用
1	氢氧化钠	碱性化合物，在水中溶解后，与各类油脂发生皂化反应 在同一质量分数的碱中，其 pH 值最大，最稳定，皂化作用最大
2	碳酸钠	几乎没有皂化性，可软化硬水 可浸润油脂、调节 pH 值
3	硅酸钠	对油污有乳化作用，水解后生成的硅酸是呈胶体状的悬乳物质，对固体污垢粒子具有悬浮和分散能力，防止污垢在工件表面上再次沉积
4	磷酸三钠	软化硬水，促进污垢分散，碱性较高，通过皂化作用使油脂类污垢溶解

（2）脱脂剂浓度　一般情况下，喷施脱脂液浓度为 1%，浸式脱脂液浓度为 5% 比较适宜。

（3）脱脂温度　脱脂液温度高，脱脂效果比较好。但在喷施脱脂条件下，液温太高，会产生蒸气；同时，由于液温过高，工件表面干燥得快，造成水洗困难，能量消耗大，不经济。其工作温度可在 80℃ 左右，一般以 70~90℃ 为宜。

（4）脱脂时间　喷施脱脂时间较浸式脱脂时间短。喷施脱脂在 0.5~1min 内，就会清除金属表面约 90% 的油脂与污垢；浸式脱脂时间一般为 3~10min。

四、表面调整

表面调整简称表调。黑色金属经过脱脂、酸洗后，使用 PS—F01 等表面调整剂进行处理称为表调。

表调的目的是在磷化前，把车身浸入含有钛盐的溶液中，钛盐能改变金属表面的结构，促进磷化膜晶核产生，从而缩短磷化膜的形成时间，使磷化膜薄、均匀且致密，达到降低原材料消耗量、提高防锈性能的目的。

表调一般采用全浸式，车身经沥水段进入表调槽，溶液温度为室温。

表调剂主要成分为胶体磷酸钛，均匀附着在车体表面，成为磷化成膜时的晶核，从而形成均匀致密的磷化膜。表调的机理如图 4-16 所示。

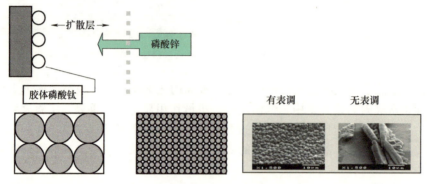

图 4-16　表调的机理

五、磷化处理

用磷酸或锰、铁、锌、镉的磷酸盐溶液处理金属制品表面，使金属表面生成一层不溶于水的磷酸盐薄膜的过程称为磷化处理。磷化膜的厚度为 $1.5\sim3\mu m$，覆盖在金属表面上，呈银灰色结晶体。

磷化处理在车身涂装工艺施工中占有很重要的地位。磷化膜作为涂装涂层的基底，能显著提高涂层的耐腐蚀性，阻止腐蚀在涂层下或在涂层被破坏的部位扩展，并能增强涂层与金属之间的附着力，大大延长涂层的使用寿命。

1. 磷化分类

磷化根据磷化液与被处理表面的接触方式可分为浸渍、喷射和喷浸结合磷化；根据反应温度不同可分为高温、中温和低温磷化；根据反应速度不同可分为正常磷化和快速磷化。

图 4-17 所示为东风汽车公司载货汽车车身漆前处理线，该线包括脱脂、磷化和钝化 3 道主要工序。

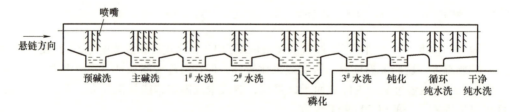

图 4-17　东风汽车公司载货汽车车身漆前处理线

该线采用全喷淋方式。喷淋式的优点是车身外表面的处理效果好，占地面积小，设备投资少；缺点是对内腔的处理不够理想，但是对载货汽车来说，已经满足要求了。

2. 影响磷化的因素

（1）温度的影响　温度过高时，磷酸二氢锌的离解度大，成膜离子浓度大幅度提高，沉淀大量生成，结晶粗糙，且消耗了磷化液中的有效成分。温度过低时，成膜离子浓度达不到要求，不能生成完整的磷化膜。所以对于每一种配方，温度必须控制在一定范围内。

（2）时间影响　时间过短时，成膜量不足，不能形成致密的磷化膜。时间过长时，结晶会在已形成的膜上继续生长，表层形成较粗的疏松的厚膜。因此时间一般控制在 1~3min。

（3）磷化方式　喷射磷化比浸渍磷化所需的时间短，生成膜薄。但对外形复杂的车身覆盖件来说，有时采用浸渍法处理具有更好的效果，因为可使许多难以喷射到的地方很好地磷化。但浸渍法处理时间较长，所需温度较高，药品消耗量大。

六、钝化

由于磷化膜分子间有间隙，比较疏松，所以在磷化处理工序后，还有为磷化配套的钝化工序。钝化就是利用铬酸溶液对磷化膜进行处理，生成三价或六价铬化物，如 Cr_2O_3 等，以填充磷化膜之间的空隙。

> 【画龙点睛】
> 　　钝化的目的是封闭磷化膜孔隙，让其更均匀、致密，提高磷化膜的耐腐蚀能力，特别是提高漆膜的整体附着力和耐腐蚀性。

【知识拓展】

涂装前处理生产线系统组成简介

车身涂装生产线前处理设备主要由室体、工作槽、药剂补加系统（脱脂剂、表调剂、磷化剂）、除油系统、除铁粉污物系统、磷化除渣系统、热交换系统（预脱脂、脱脂、磷化）、排风系统、温度控制系统等组成。

下面分别具体介绍车身前处理生产线的主要组成部分。

1. 前处理各工序槽、转移槽和室体

在各工序槽上设置有一个封闭的防尘通道（又称为室体）。室体为封闭式结构，骨架采用型材，壁板材质为 2mm 厚不锈钢板，室体顶设有日光灯照明，侧壁装有检修门及观察窗。槽体为全焊结构，其中槽底边向一边倾斜，最低处设有排放口，槽体所有弯角处均为圆弧形。所有槽体壁板均采用 304 不锈钢。所有工作槽均设辅槽，并设有过滤网。管路全部采用不锈钢。

室体一般留有玻璃窗、照明装置和供人员出入的检修门。

2. 循环系统

所有浸槽均应设有循环搅拌管路，以不断更新与车身表面相接触的槽液，从而加速车身表面的化学反应速度，缩短工艺时间并提高前处理的质量。

槽液的循环次数一般可取 1~3 次/h，并以此来选用循环泵的流量。

3. 喷淋系统

喷淋系统主要由喷淋泵、喷淋管、喷嘴、阀门、压力表组件等部分组成，其工作原理是各工位的喷淋泵将槽液输入喷淋管路，通过多种形式的喷嘴对车身进行喷射清洗或喷淋成膜处理。借助于机械冲刷，加速车身表面的化学反应速度，缩短工艺时间并提高前处理的生产效率。管路中的阀门和压力表组件用来调节泵的出口压力和流量，以满足前处理工艺的要求。在喷淋管路上设有旁通管路，以调节喷淋的压力，并保护水泵。

4. 温度控制系统

槽液温度是影响前处理质量的重要参数之一。不同的槽液要求的工作温度不同。只有将温度控制在所要求的范围内，才能够充分发挥各槽液的处理作用，保证车身质量的稳定性。温度控制采用自动控制方式，由温度传感器、数显温控仪来控制电磁阀的工作状态，从而实现槽液温度的自动控制和数字显示。

5. 铁粉去除系统

铁粉去除系统通常是设置在前处理生产线的前一道或前两道工序中（通常是预脱脂和脱脂工序）。当车身进入前处理设备时，车身的表面和内部可能会带有非常多的铁粉、铁屑和灰尘等杂质。经过清洗，绝大部分的杂质会留在第一道和第二道工序的槽液中，为了将这些杂质从槽液中分离出来，以延长槽液的使用寿命和更新周期，设置了铁粉去除系统。

6. 油水分离系统

脱脂槽液经长时间使用以后，槽内会积聚大量油脂（由车身带来），当浓度增大到一定程度时会严重影响脱脂效果，影响车身处理质量。

如果频繁更换槽液，不仅会造成浪费，还会带来大量污水的处理问题。设置油水分离系统用于去除脱脂槽内的油脂。目前，油水分离的形式和种类很多，如吸附法脱脂装置、超滤法脱脂、热油分离器、离心分离、静置法、斜板法等。

7. 磷化除渣

磷化是一种化学反应，伴随着磷化膜的生成，磷化沉渣也会产生，这是不可避免的。当磷化渣在溶液中含量过高时，就会附在车身上，影响涂膜的质量。

同时，对于喷射系统，沉渣过多时易造成喷嘴堵塞，进而导致处理不充分而生锈。由于全自动脱水压滤机的自动化程度高，磷化渣的脱水效果好，常被用于具有一定规模的涂装线上。

8. 磷化换热器酸洗装置

换热器经长时间使用后，磷化渣会在换热器内表面凝结，降低换热器的换热效率。酸洗装置可以定期清洗磷化换热器的内壁，除去结垢，以保证换热器的热效率。酸洗装置连接在换热器的磷化液通路的出、入口上，一般多采用硝酸清洗或磷酸清洗。

9. 补液系统

随着前处理工艺生产的持续进行，前处理各药剂槽的有效成分被不断消耗，需要定期进行补加。根据涂装面积、生产情况和实际测定的结果，可得出相应的药剂补给量和补给周期。需要用自动补加的方式来保持质量的稳定。

在大型生产线上，通常采用连续补加方式，它可以保证各药剂槽液成分的稳定，以保证产品质量的稳定。

10. 槽液转移系统

槽液转移系统是在脱脂或磷化槽需要检修和维护时，将工作槽液通过专用的管路系统输送至转移槽中，检修完成后将工作槽液重新输送回到各工作槽的系统。

转移槽应根据工厂的情况尽可能地设置在工作槽附近，以缩短工作槽和转移槽之间的连接管路。转移系统的设计要尽可能保证在较短的时间内将槽液转移干净。

11. 送、排风系统

前处理入口端需设置有空气密封装置，以阻止水蒸气外溢至车间，避免对车间构成腐蚀，形成污染源，影响涂装施工作业。脱脂工序设置排风，防止蒸气后逸。磷化前设置送风，用于封闭磷化区域保护车身。磷化后设置排风，避免磷化蒸气窜入后级水洗，影响车身质量。送、排风系统一般采用离心风机和镀锌管道，要求较高的场所可采用不锈钢风机和不锈钢管道。

12. 平台等辅助设备

平台主要供放置设备和操作人员巡检使用，除此之外前处理系统还有一些辅助设备如洗眼器、泵轴封系统、压力排放系统等，根据不同的需求进行设置。

【任务实施】

仪器设备及工具准备

一、结构图

图 4-18 所示为某企业焊装车间完成焊接的车身。

图 4-18 某企业焊装车间完成焊接的车身

二、任务准备

1. 白车身结构图、车身材料等资料。
2. 车身涂装工艺相关资料。

任务实施内容

应用所学习的知识和相关资料,根据白车身情况及涂装工艺特点,在工单中完成白车身涂装前处理工艺流程,包括详细工序及工艺参数。

学院		专业		班级	
姓名		学号		日期	
指导教师					
序号	工艺名称	工艺内容及工艺参数		备注	

【评价反馈】

评价项目	评价标准	小组评价 （占总评分的 40%）	教师评价 （占总评分的 60%）
知识准备 （30 分）	了解车身涂装前处理工艺的目的；了解汽车车身涂装前处理生产线系统的组成；了解脱脂和磷化的作用和方法		
知识拓展 （10 分）	养成自主学习的习惯，树立职业目标		
任务实施 （50 分）	工序名称正确，每项 1 分，共 12 分		
	工序流程正确，每项 1 分，共 12 分		
	每道工序内容正确得 2 分，根据填写情况酌情扣分（共 18 分）		
	每道工序工艺参数正确得 1 分，根据填写情况酌情扣分（共 8 分）		
综合表现 （10 分）	能与同学密切合作，积极实践，安全地完成学习活动，具备严谨规范的工作作风		
合计			
总评分			

教师评语：

日期： 年 月 日

【情智故事】

我国 OEM 涂料的发展历程

我国汽车工业起步于 20 世纪 50 年代，汽车涂装、涂料行业随汽车工业的发展历程得到同步发展壮大，OEM 汽车涂料经历了 5 次更新换代。OEM 涂料指新车涂装线用涂料（俗称原厂漆）。我国 OEM 汽车涂料在 70 年中从无到有、从弱到强，质量和品种、色彩方面已与世界接轨，我国也已成为世界汽车涂料生产及耗用量第一大国。

一、第一代 OEM 汽车涂料

在第一汽车制造厂（现为中国第一汽车集团有限公司，简称一汽）建成投产之前，我国没有 OEM 汽车涂料，只有少量以硝基喷漆为主的汽车修补涂料。在筹建和建设一汽的同时为与一汽配套，化工部从苏联引进成套 OEM 汽车涂料的制造技术，并由天津永明油漆厂承制，样品送苏联斯大林汽车厂检验认可，这就是我国第一代 OEM 汽车涂料。它是由醇酸树脂底漆和面漆（4 种）、硝基漆（5 种）和沥青涂料（4 种）3 个体系组成的货车用涂料，其面漆质量性能略高于苏方。

二、第二代 OEM 汽车涂料

针对第一代 OEM 汽车涂料的问题，我国协调组织漆厂和研究所大会战，开发出新一代的 OEM 汽车涂料，将研制出口货车用高氨基面漆和"红旗"牌高级轿车用特黑热固性丙烯酸树脂漆列为化工部部级课题。

三、第三代 OEM 汽车涂料

20 世纪 80 年代，一汽、第二汽车制造厂（现为东风汽车集团有限公司）和济南汽车制造厂从英国引进了 3 条驾驶室涂装线，为与引进涂装线配套，沈阳和北京油漆厂分别从日本关西和奥地利斯图拉克引进两套由阴极电泳（CED）涂料、中涂和本色高氨基树脂面漆（SB.MS 型）组成的 OEM 汽车涂料的制造技术。第三代 OEM 汽车涂料面漆的喷涂工艺是"湿碰湿"（2C1B）单涂层工艺（即两道面漆均为同色、同一品种面漆），颜色以本色为主体。

四、第四代 OEM 汽车涂料

20 世纪 90 年代，随着"以市场换技术和资金、走合资化道路发展轿车工业"政策的落实，国际上大的跨国汽车公司纷纷来我国组建合资汽车公司，跟随引进汽车产品的需求，由外国公司承建汽车车身涂装线，要求配套供应相应的 OEM 汽车涂料。为适应轿车车身的高装饰性（金属闪光色涂装）的需求，与国际汽车公司接轨，各公司生产的 OEM 汽车涂料是我国的第四代 OEM 汽车涂料。其面漆喷涂工艺是"湿碰湿"双涂层面漆喷涂工艺（即底色漆 BC+罩光清漆 CC 喷涂工艺），颜色为各种闪光色、珠光色和本色。

五、第五代 OEM 汽车涂料

进入 21 世纪，清洁生产、环保和节能减排法规要求越来越严格，在法规驱动下，倡导"绿色涂装"理念，汽车涂装必须绿化转型升级，采用环保型的低挥发性有机化合物（Volatile Organic Compounds，VOC）涂料（水性涂料、高固体分涂料、粉末涂料）和高效绿色涂装工艺技术。第五代 OEM 汽车涂料以水性涂料为主体，其典型的涂装工艺：环保型转化膜前处理工艺→薄膜超高泳透力型 CED 工艺→烘干→水性中涂→脱水预烘干→水性底色漆（BC1+BC2）→脱水预烘干→溶剂型罩光清漆→烘干（140℃、30min）。涂层质量和性能应不低于第四代 OEM 汽车涂料，要求 VOC 排放量 ≤10g/m^2。

【课后测评】

一、多项选择题

1. 车身涂装首先要把其表面所附着的（　　）除掉。
   A. 油脂　　　　　　B. 锈蚀　　　　　　C. 氧化皮　　　　　　D. 灰尘
2. 碱液脱脂的机理主要是通过（　　）来完成脱脂过程。
   A. 酸碱中和作用　　B. 皂化作用　　　　C. 乳化作用　　　　　D. 分散作用
3. 碱液清洗脱脂的主要工艺参数有（　　）。
   A. 碱液的 pH 酸碱度　B. 脱脂剂浓度　　　C. 脱脂温度　　　　　D. 脱脂时间
4. 磷化方式按照磷化液与被处理表面的接触方式可分为（　　）。
   A. 涂敷式　　　　　B. 浸渍　　　　　　C. 喷浸结合　　　　　D. 喷射
5. 影响磷化效果的因素包括（　　）。
   A. 设备是否高端　　B. 温度　　　　　　C. 磷化方式　　　　　D. 时间

二、判断题

1. 用磷酸或锰、铁、锌、镉的磷酸盐溶液处理金属制品表面,使金属表面生成一层不溶于水的磷酸盐薄膜的过程称为磷化处理。(　　)
2. 涂装前处理工艺是涂装工艺的基础,对涂层质量至关重要。(　　)
3. 表面调整简称表调。(　　)
4. 在磷化前须进行彻底的脱脂、除锈和表调处理。(　　)
5. 用喷射方式进行碱液脱脂时,喷射压力越大越好。(　　)

三、简答题

1. 车身涂装前处理工艺包括哪些子工艺过程?
2. 脱脂的方法主要有哪些?
3. 什么是表调?表调的主要目的是什么?
4. 磷化的缺陷有哪些?

任务3　车身底漆工艺制订

【任务导入】

车身涂装前处理工艺完成后,就要对其进行底漆的处理工艺。底漆是直接涂装在经过表面处理的车身上的第一道漆,它是汽车车身整个涂层的基础,因此,它对车身的防锈蚀和整个涂层的经久耐用起着主要的作用。底漆工艺直接影响汽车的防腐蚀性能。

【学习目标】

素养目标:

1. 培养学生对产品质量精益求精的工匠精神。
2. 培养学生勤学苦练才能提高技能的思想意识。

知识目标:

1. 了解阴极电泳底漆的定义;了解车身阴极电泳底漆工艺的原理;掌握电泳工艺过程。
2. 掌握电泳涂装各设备系统组成的作用。

能力目标:

1. 能够分析电泳质量的主要影响因素;能够分析电泳底漆常见缺陷并提出控制措施。
2. 具备制订电泳底漆工艺流程的能力;能够对电泳底漆质量进行初步检查和评价。
3. 能够正确地认识和使用电泳底漆打磨设备及工具;能够正确地进行电泳底漆打磨操作。
4. 能够正确地进行电泳打磨后的细密封操作;能够按工艺要求完成电泳底漆打磨和细密封操作。
5. 能够对完成的电泳底漆打磨和细密封质量评价和分析。
6. 能够解决生产现场实际问题。

【知识准备】

一、阴极电泳概述

1. 定义

在外加直流电源的作用下,胶体微粒在分散介质里向阴极或阳极定向移动,这种现象称为电泳。工件电泳涂装是利用电泳原理,将工件浸在水溶性涂料中,在直流电场作用下,涂料离解成带正、负电荷的涂料粒子,带正、负电荷的涂料粒子在电场力的作用下产生定向移动,将涂料沉积到工件上的涂装方法。

电泳涂装法分为阳极电泳法和阴极电泳法。

若被涂工件为阳极,电泳涂料是带负电荷的阴离子型涂料,则称为阳极电泳。

若被涂工件为阴极,电泳涂料是带正电荷的阳离子型涂料,则称为阴极电泳。图4-19所示为阴极电泳涂装示意图。

2. 车身电泳底漆原理

汽车车身底漆涂装采用的是阴极电泳涂底漆。图4-20所示为车身阴极电泳涂装示意图。

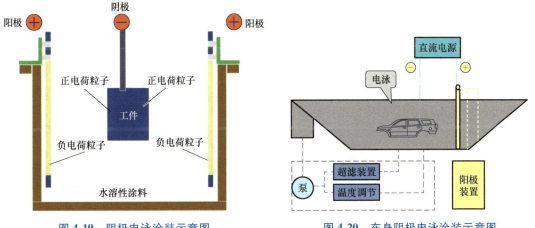

图4-19 阴极电泳涂装示意图　　　　图4-20 车身阴极电泳涂装示意图

将车身作为阴极,浸渍于盛有水溶性涂料的阳极槽中,两极间通一直流电后,在车身表面就形成一层均匀的涂膜。其实质就是带电荷的胶态粒子在直流电场作用下,向与它所带电荷相反的电极方向运动,在电极(车身)上中和失去电荷,并沉积在车身表面上。

二、车身底漆电泳工艺过程

1. 电泳涂装反应过程

电泳涂装是一个极为复杂的电化学反应过程,其中至少包括电解、电泳、电沉积和电渗4种作用同时发生。在阴极电泳涂装中,发生如下反应:

(1)电解　电泳涂料在水溶液中,由于水的作用离解成带正、负电荷的粒子。具有离子导电性的溶液中的阳极和阴极接通直流电后,产生电化学反应。在阳极端产生金属溶解,放出氧气、氯气;阴极端金属析出,并将H+电解还原为氢气。

(2)电泳　带正、负电荷的粒子在电场力的作用下产生定向移动,即带正电荷的粒子向阴极、带负电荷的粒子向阳极运动。不带电荷的颜料、填料离子吸附在带电荷的粒子上一起电泳。胶体溶液中的物质不是分子和离子的状态,而是分散在液体中的溶质。

(3) 电沉积　固体从液体中析出的现象称为沉积或凝聚，而电泳涂装中是借助于电，因此称为电沉积。电沉积是电泳涂装过程中的主要反应。电沉积逐渐进行，直到均匀、完全涂覆工件表面成膜。

(4) 电渗　刚沉积到被涂物表面上的涂膜在电场的持续作用下，涂膜内部所含的水分从涂膜中渗析出来移向槽液，使涂膜脱水，这就是电渗。电渗使亲水涂膜变成憎水涂膜，脱水使涂膜致密化。

2. 车身电泳涂装工艺过程

(1) 电泳　车身电泳涂装一般工艺流程如图 4-21 所示，车身经钝化水洗后，进入电泳槽，电泳时间在 3min 左右，车身表面电泳涂上一层均匀的电泳涂膜。薄膜的厚度要求是内表面 14~18μm，外表面 18~22μm，厚膜电泳在车身外表面可达 30~40μm。

图 4-21　车身电泳涂装一般工艺流程

【画龙点睛】

必须指明的是保持电泳槽液的各种成分配比不变，才能电泳出好的涂膜。

(2) 超滤（UF）液清洗　车身出了电泳槽后，马上要进行清洗，作用是清洗、回收工件表面从电泳槽中携带出来的浮漆，确保电泳涂膜质量，提高涂料利用率，减少污染物排放。一般清洗工艺由超滤液（UF 液）清洗和纯水清洗两部分组成。车身电泳后完整的冲洗工艺如图 4-22 所示。

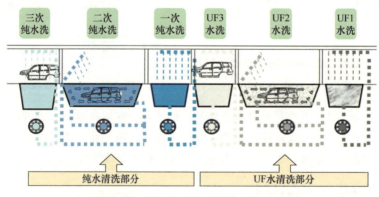

图 4-22　车身电泳后完整的冲洗工艺

1) 车身出电泳槽后，进入超滤液冲洗区域。在槽的上方，马上自动对其进行 UF 液喷淋冲洗，因冲洗后 UF 液直接流入电泳槽，故也称为零次 UF 液冲洗。零次冲洗的目的是保持电泳涂膜湿润，以及回收涂料、节约成本，为后道工序奠定基础。

2) 循环 UF 液浸、喷洗：车身经喷洗后进入 50~100m³ 的浸洗槽。这个工序的清洗方式是浸喷结合。

3) 新鲜 UF 液喷洗：在循环 UF 液清洗后，车身进入新鲜超滤液清洗区域冲洗。

(3) 纯水清洗

1) 纯水浸喷洗：在 UF 液喷洗后，车身由运输链送入 55m³ 左右的纯水中浸洗，在出槽时用浸槽出口上方仿形管上的喷嘴对车身进行喷洗。

2）纯水喷洗：车身经沥水段带入新鲜纯水喷洗区域，进行喷洗。

（4）电泳底漆烘干

1）涂膜的干燥。涂膜的干燥方式分为自然干燥和人工干燥两种。

自然干燥不需要设备，只需要通风良好的较大的干燥场地，成本最低。在现代汽车制造工业中，为了缩短涂装的施工周期，提高涂层质量，广泛采用人工干燥法。

人工干燥法主要有对流式热风干燥和热辐射式干燥两种。

2）烘干室的分类。

① 按用途分类。按烘干室的用途分类，可分为电泳烘干室、PVC 烘干室、中涂烘干室、面漆烘干室、水性涂料烘干室等。

② 按形状和工件的通过方式分类。按被涂物通过烘干室的方式不同，汽车涂装用烘干室可分为通过式、箱式和多行程式烘干室。

通过式和多行程式烘干室一般都用地面或悬挂式输送链连续运送被涂物。

根据烘干室被涂物进、出口端的结构不同，通过式烘干室可分为直通式（图 4-23）、桥式和"∏"字形烘干室。

桥式烘干室的被涂物进、出口端有一定的倾斜角度：悬挂式输送的倾斜角为 20°～30°，地面输送为 15°～17°。图 4-24 所示为桥式烘干室。

"∏"字形烘干室的进、出口端呈垂直升降，采用滑橇式输送系统，如图 4-25 所示。"∏"字形烘干室为单行程，为适应高产量，可并列布置两个烘干室对应一条喷漆线。

图 4-23　直通式烘干室

桥式和"∏"字形烘干室在新建的汽车涂装线中已占主导地位。

所有烘干炉都是采用空气对流加热方式。

图 4-24　桥式烘干室

图 4-25　"∏"字形烘干室

3）电泳涂膜的烘干。阴极电泳涂料属于热固化性涂料，必须在规定的较高温度下固化，其烘干过程包括溶剂（水分）挥发、涂膜热融化和高温热固化 3 个阶段。电泳涂膜本身含水（溶剂）少，其烘干过程与热固性粉末涂料相仿，可直接进行高温烘干。

烘干条件（温度和时间）对阴极电泳涂膜的固化十分重要，低于规定温度或少于规定烘干时间则不能固化，严重影响涂膜质量和性能。若烘干不彻底，会严重影响涂膜的力学性能、附着力、耐腐蚀性、抗石击性和耐崩裂性。若烘干温度过高、时间过长，轻者会影响中涂或面漆与电泳底漆层的附着力；重者涂膜会变脆，乃至脱落。

正确评估电泳涂膜的干燥程度，对确保车身涂装质量十分重要。可通过观察涂膜的色泽变化判断涂膜的干燥程度。例如车身涂膜出烘干室时不冒烟、不粘手，即表明涂膜已基本干透。电泳涂层完全干透需在约180℃的烘干炉中烘烤约30min。

【画龙点睛】
烘干温度选择160~180℃，烘干时间为20~30min。

（5）强冷 电泳后的车身经近30min、180℃高温的烘烤，车身温度远远高于后续涂防石击密封胶工艺所要求的温度，为了使后续工序能按照生产节拍连续进行，须迅速降低车身温度，即对电泳烘干后的车身进行强冷处理。

车身烘干后，由升降机自动送入强冷室进行冷却，须冷却至40℃以下，电泳后的车身自动进入下道工序或贮存线。

三、电泳涂装设备

电泳涂装设备可以分为连续通过式和间歇垂直升降式两大类。连续通过式电泳设备组成流水生产线，适于大批量涂装生产，在汽车工业中应用广泛。图4-26所示为阴极电泳涂装生产线主要工艺设备组成示意图。系统设备主要由电泳槽、槽液循环系统、涂料过滤系统、温度控制系统、涂料补给系统、直流电源装置、电泳涂装后的水洗装置、超滤系统、烘烤装置等组成。

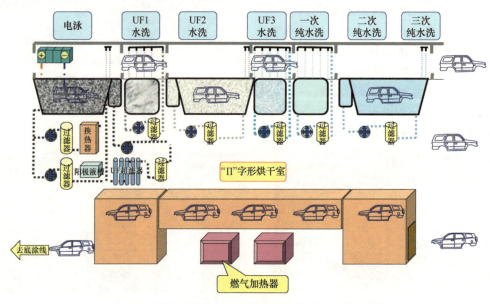

图4-26 阴极电泳涂装生产线主要工艺设备组成示意图

1. 电泳槽槽体

电泳槽槽体不仅是盛装电泳液的容器，还是形成阳极系统的重要部件。根据工件的输送方式不同，槽体分为船形槽和矩形槽两种形式，一般船形槽适于连续通过式电泳涂装生产线，矩形槽适于间歇垂直升降式电泳涂装生产线。

2. 槽液循环系统

槽液循环系统分为内、外两部分循环，作用是保证整个电泳槽内漆液成分和温度的均匀，排除电解气体，过滤除去尘埃和油污，防止漆液颜料沉淀。槽液循环系统一般由循环过滤、循环热交换过滤和超滤（UF）3条回路组成。槽液循环系统管路的布置示意图如图4-27所示。

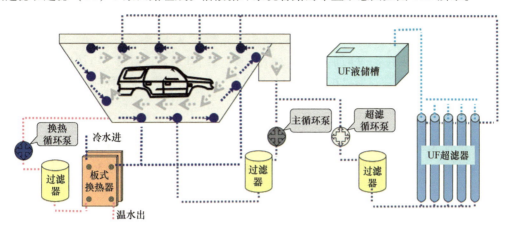

图4-27　槽液循环系统管路的布置示意图

循环系统循环量的大小直接影响槽液的稳定性和涂膜的质量。加大循环量，槽液的沉淀和气泡减少，但槽液老化加快，能源消耗增加，槽液的稳定性变差。将槽液的循环次数控制在6~8次/h较为理想，不但能保证涂膜质量，而且可确保槽液的稳定运行。

3. 涂料过滤系统

电泳槽液的循环管路、电泳后清洗的循环UF液、循环水管路中都应装过滤器。过滤器用于消除槽液中尘埃颗粒（外界和被涂物带入的脏物）、凝聚颗粒（前处理带来的杂质与漆反应生成的脏物）及其他机械污染物，良好的过滤是保证涂膜无颗粒的重要措施。

过滤器有滤袋式和滤芯式两种。要求通过过滤器的槽液量为槽容量的4~6倍/h，最小不能低于槽容量。

4. 温度控制系统

一般电泳涂装的温度为20~30℃，在气温较高或连续生产时漆液温度会明显上升，为保证涂膜的质量，须对漆液进行冷却，可采用循环地下水冷却、冷却塔冷却或冷冻机强制冷却。在气候寒冷的冬季则需要升温加热。热交换器有夹套、蛇形管、平板式及列管式多种，除夹套结构外，其他的热交换器均可借助外循环系统的循环泵，使漆液通过热交换器进行冷却或加热。

5. 涂料补给系统

电泳过程持续进行，电泳槽液的涂料不断地消耗，为保持涂料的浓度，就需要不断地补给涂料。涂料补给系统的作用是向电泳槽内补加涂料，它由补漆槽、电动搅拌器、过滤器及输液泵等组成，设置在电泳槽附近，用管道、阀门与电泳槽相连接。

6. 超滤系统

电泳涂装超滤系统是维护电泳槽液稳定、提高涂装质量、降低环境污染的极为重要的装置。它将超滤器（UF）与电泳槽及电泳后水洗设备组成一个封闭的水循环冲洗系统，从而使槽液保持在正常的参数范围内，分为单级、二级或多级水冲洗系统，一般采用多级循环冲洗系统。

四、电泳涂装质量的主要影响因素

1. 涂料浓度

电泳涂料与蒸馏水混合后，其浓度应达到10%~15%，浓度过高或过低时，涂膜都易出现缺陷。

2. 电压

电泳电压一般应控制在 60V 左右。电压升高时，沉积量增大，涂膜变得粗糙，形成橘皮；电压过低时，涂膜太薄，甚至泳不上漆。

3. pH 酸碱度

一般涂料 pH 酸碱度在 8~9 时能得到满意的涂膜。若 pH 酸碱度过低，电泳槽内脉冲电流降低，从而造成模板局部无漆，形成花脸；若 pH 酸碱度过高，会造成湿膜再溶解，使涂膜变薄，影响涂装质量。

4. 电泳时间

电泳涂膜的厚度一般是随着电泳时间的增加而增加的。但是，当电泳到达一定时间后，涂膜厚度就不再增加，其原因是涂膜达到一定厚度时导致绝缘。电泳时间一般有 3min 即可。

5. 电导率

电泳涂料的导电能力通常用电导率表示。涂料的电导率过低时，涂膜不易形成；电导率过高时，会造成涂膜外观粗糙。对同一种涂料而言，一定要通过控制杂质含量，保持电导率的正常值。

【知识拓展】

电泳涂膜常见缺陷及处理措施

电泳涂装涂膜常见缺陷主要有涂膜粗糙、针孔、花斑、橘皮、涂膜过薄、涂膜过厚等，造成这些缺陷的原因往往不是单一的因素。表 4-3 为电泳涂装常见缺陷产生原因及其处理措施。

表 4-3 电泳涂装常见缺陷产生原因及其处理措施

涂膜缺陷	产生原因	处理措施
涂膜粗糙	颜基比过高	补充低颜基比涂料
	槽液杂质离子过多，电导率过高	加强超滤，废弃超滤液
	槽液中助溶剂含量偏低	添加助溶剂
	槽液中混有机械杂质	过滤去除杂质
针孔	电泳电压过高，电解反应过剧，产生气泡过多	适当降低电压
	助溶剂含量偏低	添加助溶剂
	槽液杂质离子过高	超滤除去杂质离子
	槽液温度偏低	控制槽液温度
花斑	工件表面前处理不好，磷化膜不均匀	提高表面前处理质量
	槽液附着表面，未及时洗净	电泳后工件刚出槽尽快进行水洗
	槽液杂质离子过高	超滤除去杂质离子
橘皮	槽液颜基比过小	补充颜基比较高的电泳漆
	助溶剂含量过低	适当补充助溶剂
	电泳电压过高，涂膜过厚	适当降低电泳电压
	槽液中低相对分子质量树脂增多	严格控制补充电泳漆质量
	前处理水洗不净，磷化膜粗糙	提高表面前处理质量

(续)

涂膜缺陷	产生原因	处理措施
涂膜过薄	助溶剂含量偏低	补充助溶剂
	颜基比偏高	补加低颜基比涂料
	pH 值不当	调整 pH 值
	槽液温度偏低	适当提高槽液温度
涂膜过厚	槽液中助溶剂含量偏高	适当降低助溶剂
	颜基比偏低	补加高颜基比涂料
	pH 值不当	调整 pH 值
	槽液温度偏高	冷却降低槽液温度

【任务实施】

仪器设备及工具准备

一、工件图

图 4-28 所示为某企业涂装车间电泳完成的车身。

二、任务准备

1. 工艺分析

车身在进行电泳工艺后，因车身前处理问题、电泳过程及参数问题等因素造成底漆缺陷，必须进行打磨。对缺陷进行打磨后，进行细密封处理。右后车门需要打磨的部位主要是车门外板和车门内板，而车门内板需要细密封。

图 4-28　某企业涂装车间电泳完成的车身

2. 工作准备

（1）劳动保护　工作前必须穿戴好防护用品，如防护手套、防护服、防毒口罩、防化眼镜、工作帽等。室内操作时应将门窗敞开，保持良好的自然通风；在喷漆间作业时，必须打开净化通风装置，保持工作环境文明卫生和通风良好。

（2）打磨及细密封材料　水磨砂纸、圆盘砂纸、细密封胶、打磨盘、擦拭布。

（3）设备和工具　气动打磨机、胶枪、吹尘枪、铲刀、刮片、磨板、刮板等。

任务实施内容

对右后车门电泳的缺陷情况进行评估后，对缺陷区域做出标记，按照以下步骤进行打磨并完成细密封：

1）拆卸右后车门电泳过程所用工装。
2）对电泳右后车门外观进行检查，对缺陷区域做出标记。
3）打磨右后车门外板，使用画圈打磨手法、400#砂纸打磨，防止打磨露底和出现打磨痕。
4）打磨右后车门内板，使用画圈打磨手法、400#砂纸打磨，防止打磨露底和出现打磨痕。
5）擦净右后车门外板，从上往下、从左往右进行擦净，要求擦净后的表面洁净、无打磨灰和水滴。
6）擦净右后车门内板，要求擦净后的表面洁净、无打磨灰和水滴；
7）调整好胶枪，对右后车门内侧包边部位进行细密封处理，密封位置应无遗漏、密封胶平顺。

8）调整好胶枪，对右后车门内板焊缝部位进行细密封处理，密封位置应无遗漏、密封胶平顺。

9）修饰右后车门内侧包边密封胶，检查密封胶是否平整，密封胶区域不能有小孔，包边部位必须完全密封。

10）修饰右后车门内板焊缝部位密封胶，检查密封胶是否平整，密封胶区域不能有小孔，焊缝部位必须完全密封。

11）工件与现场清理。工作完毕后，清扫场地，存放工具，将用完的废旧物品等集中放在专用器具内，不得乱扔乱放，确认无安全隐患，并做好记录。

12）电泳打磨及细密封流程及记录。根据教师指导和所学知识技能，对车门电泳底漆进行打磨和细密封，并将打磨和细密封过程记录到工单中。

学院		专业		班级	
姓名		学号		日期	
指导教师					
打磨及细密封前准备记录					
打磨及细密封流程	操作方法及过程记录			操作示意图	
打磨前准备	穿戴好打磨及细密封防护用品 是否完成：□是　□否				
	拆卸右后车门电泳过程所用工装 是否完成：□是　□否				
	对电泳右后车门外观进行检查，确定缺陷区域 是否完成：□是　□否				

（续）

打磨及细密封流程	操作方法及过程记录	操作示意图
打磨	打磨右后车门外板，使用画圈打磨手法、400#砂纸打磨，防止打磨露底和出现打磨痕 　是否完成：□是　□否	
	打磨右后车门内板，使用画圈打磨手法、400#砂纸打磨，防止打磨露底和出现打磨痕 　是否完成：□是　□否	
	擦净右后车门外板，按箭头方向进行擦净，要求擦净后的表面洁净、无打磨灰和水滴 　是否完成：□是　□否	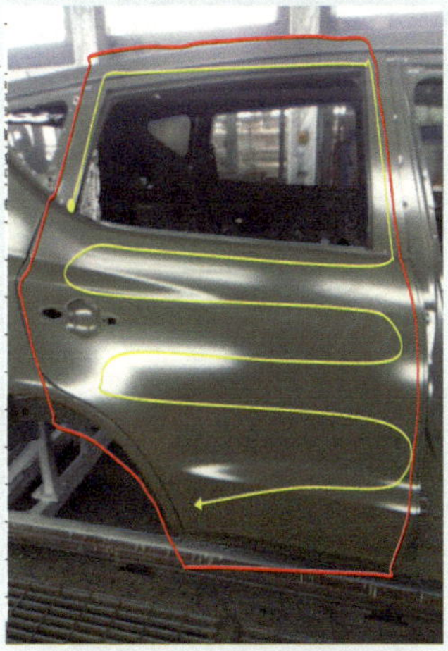
	擦净右后车门内板，要求擦净后的表面洁净、无打磨灰和水滴 　是否完成：□是　□否	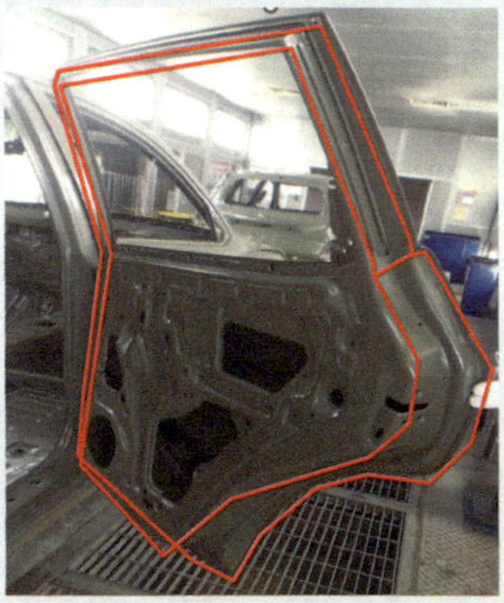

(续)

打磨及细密封流程	操作方法及过程记录	操作示意图
细密封	调整好胶枪，对右后车门内侧包边部位进行细密封处理，密封位置应无遗漏、密封胶平顺 是否完成：□是　□否	
	调整好胶枪，按照所标顺序对右后车门内板焊缝部位进行细密封处理，密封位置应无遗漏、密封胶平顺 是否完成：□是　□否	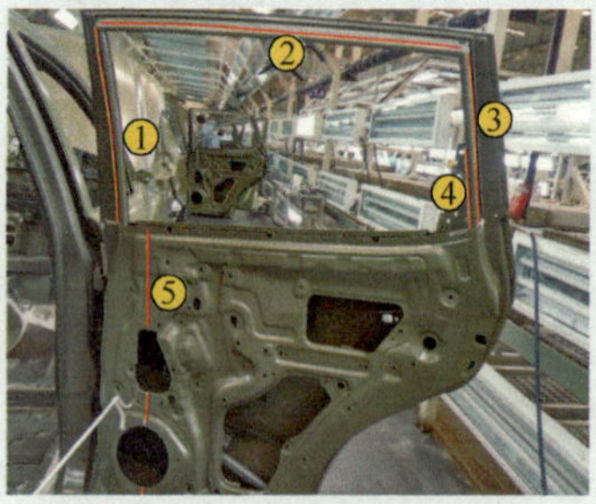
	修饰右后车门内侧包边密封胶，检查密封胶是否平整，密封胶区域不能有小孔，包边部位必须完全密封 是否完成：□是　□否	
	修饰右后车门内板焊缝部位密封胶，检查密封胶是否平整，密封胶区域不能有小孔，焊缝部位必须完全密封 是否完成：□是　□否	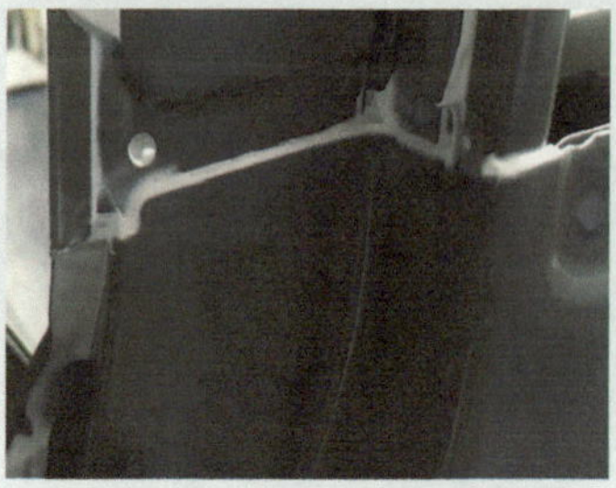

【评价反馈】

评价项目	评价标准	小组评价（占总评分的40%）	教师评价（占总评分的60%）
知识准备（30分）	了解阴极电泳底漆的定义；了解车身阴极电泳底漆工艺的原理；掌握电泳工艺过程		
知识拓展（10分）	养成自主学习的习惯，树立职业目标		
任务实施（50分）	打磨前准备，防护用品穿戴整齐，工具准备到位，共5分		
	拆卸电泳所用工装，拆卸过程不损伤底漆，共2.5分		
	检查，缺陷区域做标记，缺陷识别正确，做出标记，共5分		
	打磨右后车门外板，未露底，未出现打磨痕，共5分		
	擦净右后车门外板，表面洁净、无打磨灰和水滴，共2.5分		
	打磨右后车门内板，未露底，未出现打磨痕，共5分		
	擦净右后车门内板，表面洁净、无打磨灰和水滴，共2.5分		
	车门内侧包边部位密封处理，密封位置应无遗漏、密封胶平顺，共5分		
	车门内板焊缝部位细密封处理，密封位置应无遗漏、密封胶平顺，共5分		
	修饰车门内侧包边密封胶，密封胶平整无小孔，包边部位完全密封，共5分		
综合表现（10分）	能与同学密切合作，积极实践，安全地完成学习活动，具备严谨规范的工作作风		
合计			
总评分			

教师评语：

日期： 年 月 日

【情智故事】

拳拳爱国心——95后小伙获世界技能大赛汽车喷漆项目冠军

世界技能大赛汽车喷漆项目不仅要有超高的技术，还要有不同于常人的毅力。在有人看来没有什么技术含量的汽车喷漆工作，有人却把它做到了极致。他就是在第44届世界技能大赛中，代表中国夺得冠军的蒋应成。

在大多数人看来，蒋应成所从事的工作是十分无趣的，每天他要耗费大量时间和精力在同一件事情上，而且还不能出一丝差错。0.01mm，这是个难以令人想象的数字，蒋应成每天要做的就是一遍又一遍反复练习这 0.01mm。

这项练习主要是练习手的稳定性，喷漆要掌握的技能就是保持喷枪与要喷的板垂直，速度一定要均匀，保持稳定。喷漆练习时要在手上挂一个矿泉水瓶增加难度，让手更稳定一些，把矿泉水瓶拿掉手就更稳定了。

练习和参加比赛的辛苦，没有让蒋应成放弃，既然做了就把它做好。蒋应成在心里一直有一个信念，那就是"坚持"。怀揣着为国争光的青春梦，他说："我一定要赢！"

2017年10月，第44届世界技能大赛在阿联酋的阿布扎比举行，蒋应成以全国选拔赛第一的成绩参赛，力压英国、德国、瑞士等国家的选手获得汽车喷漆项目冠军。

在蒋应成的身上，我们看到了坚持，看到了韧性，看到了专注力。年轻的工匠，也可以成为大国的工匠。

【课后测评】

一、多项选择题

1. （　　）是电泳涂装过程中伴随产生的电化学反应。
   A. 电解　　　　　　　　　　B. 电泳
   C. 电渗　　　　　　　　　　D. 电沉积
2. 涂膜人工干燥法主要有两种，包括（　　）。
   A. 用电烤　　　　　　　　　B. 流式热风干燥
   C. 热辐射式干燥　　　　　　D. 覆盖传导
3. 影响电泳涂膜质量的主要因素包括漆夜固体含量、漆液的 pH 值、（　　）。
   A. 操作人员技术　　　　　　B. 电压
   C. 漆液温度　　　　　　　　D. 电泳时间
4. 电泳底漆的烘干过程主要包括的阶段有（　　）。
   A. 溶剂（水分）挥发　　　　B. 涂膜热融化
   C. 高温热固化　　　　　　　D. 固化剂固化
5. 电泳涂装质量缺陷主要有涂膜过薄或过厚、（　　）等。
   A. 针孔　　　　　　　　　　B. 花斑
   C. 水迹　　　　　　　　　　D. 涂膜粗糙

二、判断题

1. 底漆的作用主要是提供附着力和防腐蚀，还具备填补缺陷功能。（　　）
2. 汽车底漆涂装一般采用的是车身阴极电泳涂漆。（　　）
3. 电泳涂装法分为阳极电泳法和阴极电泳法。（　　）
4. 漆膜干燥方式分为自然干燥和人工干燥两种。（　　）
5. 电泳烘干后车身强冷处理是为了使后续工序能按照生产节拍连续进行。（　　）

三、简答题

1. 车身阴极电泳工艺有哪些子工艺过程？
2. 电泳设备主要组成及作用是什么？
3. 电泳涂膜烘干的主要要点是什么？
4. 影响电泳质量缺陷的主要因素有哪些？

任务4　车身面漆工艺制订

【任务导入】

汽车面漆是汽车多层涂层中的最后涂层,它直接影响汽车的装饰性、耐候性、耐潮湿和抗污性。在汽车车身生产中,尤其是在轿车和高级客车生产中,对汽车用面漆的质量要求非常高,在选择汽车用面漆或指定面漆技术条件时,应根据汽车的使用条件、设计要求综合考虑。

在进行面漆工艺之前,需要进行车底防护工艺。车底防护工艺用于发动机护板和底盘等部件,可以有效地保护发动机和底盘,还能减少噪声。通过本任务的学习,可以掌握面漆的工艺知识和基本操作技能。要完成相关的面漆修复涂装操作,必须先完成面漆工艺的学习,再进行操作技能的学习。

【学习目标】

素养目标:

1. 培养学生对产品质量精益求精的工匠精神。
2. 培养学生勤学苦练才能提高技能的思想意识。

知识目标:

1. 了解车底防护工艺;了解空腔注蜡工艺。
2. 掌握面漆工艺流程及子工艺;掌握汽车面漆计算机调配的过程。

能力目标:

1. 能够分析面漆修复常见缺陷并提出控制措施。
2. 能够制订面漆修复工艺;能够按照安全操作规程进行喷涂作业。
3. 能够按照面漆修复质量标准对工件进行质量评价和判断。
4. 能够正确地认识和使用面漆修复设备及工具;能够正确对面漆修复的工艺参数进行调整。
5. 能够解决生产现场实际问题。

【知识准备】

一、车底防护工艺

车底防护工艺主要包括发动机护板、底盘喷涂防腐材料、排气管隔热材料以及底盘管线防护装置等的安装及要求。

1. 发动机护板

安装发动机护板的目的是防止雪水、石子等异物直接敲打发动机和变速器等部件。

2. 底盘喷涂防腐材料

轿车的车身底部离地面较近，行驶过程中溅起的石块会撞击车身底部，崩坏钢板表面的电泳涂层，从而加速车身的腐蚀，因此车身底部需要喷涂一层1~3mm厚的保护性PVC（聚氯乙烯）抗石击涂层。这种涂层能降低发动机、传动系产生的噪声，提高汽车的舒适性及缝隙的耐腐蚀性。在喷涂PVC胶之前，必须对车底板上的装配孔、装配配合面、螺栓、螺母给予遮蔽保护，防止PVC污染，影响装配。

3. 排气管隔热材料

很热的排气管会把热量通过底盘传递到驾驶室，所以在设计时使用隔热材料将排气管与底盘分隔开，从而起到隔绝效果，全段隔热材料均采用散热较快的铝制材料。

4. 底盘管线防护装置

汽车高速行驶在非正规路面时，轮胎带起的碎石等异物会砸向车辆底盘，而油管裸露在外，有一定损坏风险，在底盘安装管线防护装置可以在一定程度上降低此风险。

二、面漆涂装工艺

1. 车身面漆喷涂

车身面漆喷涂就是在车身的底漆层上喷涂优质的面漆涂层。喷面漆工序是涂装车间的关键工序。各涂层的性能基本都在面漆层上体现，故面漆喷涂工序的操作必须严格按工艺规定和操作规程进行。

面漆喷涂工艺由面漆种类决定。面漆有本色漆和金属漆以及树脂漆，所以一般设有3个喷涂站。下面介绍金属漆喷涂方法。

（1）色漆自动喷涂　第1道是高压静电喷涂，用的是旋杯。第2道用的不是旋杯，采用的是非静电的空气喷涂。因为金属漆中含有金属粉，单使用静电喷涂会使金属粉排列规则，油漆就无法分布均匀。采用空气喷涂可以改变金属粉的规则排列。

检查工位：同底漆检查。

（2）罩光漆手工喷涂　罩光漆自动喷涂：采用自动机喷涂，同色漆自动喷涂。

罩光漆手工检查：同色漆手工检查。如果自动机出现故障，这个工位可以进行手工喷涂生产。喷涂树脂漆时同金属漆喷涂，而喷涂本色漆时可不需罩光。

2. 面漆烘干工序

温度约为140℃，时间约30min。

3. 面漆强冷

冷却至大约40℃，面漆喷漆室一般都装有自动换色装置，面漆可喷涂多种颜色。当需要变换颜色时，工人按照附在车身上的颜色工作指令对自动颜色转换器输入数字指令，这时转换器可自动按转换程序完成吹净、再冲洗、再吹净等工作。

4. 车身面漆质量要求

1）面漆必须符合正确调配比例（固化剂、稀释剂），必须保证达到规定黏度、光度、硬度要求（参照样板）。

2）面漆厚度要求均匀一致，无枪路、流挂、颗粒、气泡、针孔、泪油、漏喷、泛白、油花、橘皮、雾状等现象。

3）表面必须亮度一致，达到手感平滑，表面纹路清洁、清晰、无杂质。

三、空腔注蜡

空腔注蜡就是在车身底部空腔中注入一定量的液态蜡，经过特定工艺流程使留在车身空腔内部的蜡形成均匀的保护蜡膜，令水滴无隙可入，从而保证整车良好的防腐性能，如图 4-29 所示。其一般工艺流程：首先将全车身加热至 85℃，将 115℃的专用内腔防锈蜡注入车身底部预留孔，并保持一定的时间让多余的蜡液自动流出，最终保证车内蜡膜的厚度在几百微米左右；然后进入冷却区用冷风吹至常温；最后，将所有注蜡孔全部封死，完成整个工艺工程。

注蜡的部位非常多，一般有几十个左右：前纵梁、前横梁、A 柱、B 柱、C 柱、上边梁、下边梁、后纵梁、后横梁（上下边梁是指车顶、地板与侧面的交接处内部的钢梁）、发动机罩上盖板、发动机内罩、发动机外罩，所有的车门内

图 4-29　空腔注蜡工艺

板、外板（重点为门板下部），所有的车轮罩、行李舱内罩、外罩，以及其他所有出现空腔的地方。

1）喷蜡设备：输蜡泵、蜡桶、喷蜡枪、管路和阀门等部件。

2）喷蜡方法：一种是类似 PVC 喷胶，用枪喷。一种是软管前端装有喷嘴，软管根据要求可长可短。喷涂时，将软管伸进工艺孔内腔，扣动扳机，边扣边往外拉软管，直至完全喷完内腔。

3）喷蜡要求：蜡膜均匀严密，无流挂漏喷，厚度为 0.5±0.2mm。

四、汽车面漆的调配

汽车面漆颜色调配方法主要有人工调配和计算机调配。汽车制造企业基本上都采用计算机调配方法，而人工调配主要用于维修企业。

1. 人工调配

这是一种最简单、最基本的调配方法，不需要其他的专用调配设备，操作比较简单，但是要求比较高，需要对色彩有一定的了解并懂得一定的配色知识。

人工调配法是依据面漆样板，凭借经验、配色原理（规律）来识别其中的色种和比例，然后进行试配、调配。经验法调配主要体现在对原车面漆中的主色和几种副色的判断上。在调配过程中，面漆的添加量以估计为主。所以，人工调配法的准确度差，只能用于质量要求不高的场合，或对由 3 种以下面漆混合而成的颜色进行调配。

人工调配面漆的具体步骤：在配制面漆的容器中先加入主面漆（用量大、着色力小的面漆），再以着色力较强的面漆为副色，慢慢地、间断地加入并不断搅拌，随时观察颜色的变化，直至达到要求为止。调配中要注意以下几点：

1）仔细分析面漆样板，估计参配面漆的种类和分量，先试配，再确定参配面漆的质量比。切勿盲目调试，造成不必要的材料浪费。

2）调配时，应由浅入深，特别是添加着色力强的面漆时切忌过量，否则，需加入大量的主面

漆进行调校，从而造成过量调漆。

3）在进行颜色比对时，一是要在光线良好的情况下进行，二是要注意涂层的厚度和干湿状态对颜色的影响。配色最好由专人操作，以防出现色差。

4）在调配大样时，应将面漆预留一部分（约1/4~1/3）作为备料，以便在调配过头时有调整的余地。

2. 计算机调配

计算机调配系统是集测量仪器、计算机、调配软件系统于一体的现代化的自动调配设施。计算机调配系统的基本原理：将待匹配色样用颜色数据形式表示出来，再根据颜色理论确定得到色样颜色所需的各基础面漆的比例。即通过调配测量仪器测量出待匹配色样的反射率光谱数据（或者待匹配色样的色度值），将其输入计算机中，并利用存储在计算机内的面漆颜色数据库和相关调配软件，对待匹配面漆色样的相关颜色测量数据进行处理，计算机软件经过计算、迭代修正、调配专色，筛选并输出符合标准色样要求的面漆配方，计算机自动调配得以完成。其具体步骤如下：

（1）建立调配数据库　将不同浓度配比的基础面漆的反射率或色度值输入专色面漆调配系统，建立调配数据库。调配数据库是计算机调配系统的核心，所有调配计算用到的数据都来源于这个数据库，因此数据库的准确度将直接影响面漆调配的精度。在实际建立调配数据库时，应根据不同的专色面漆、不同的涂装环境建立与之相适应的数据库。调配时，若调配材料发生变化，数据库就要进行相应的更新。为了保证调配的精度，调配数据库最好要定期进行更新。

（2）样本测量　建立了基础面漆数据库之后，需要对标样的颜色参数进行检测。调配软件会根据标样的数据，从基础数据库中进行合理匹配，迅速生成专色配方。

（3）试样调配　即使调配方案准确，在具体的生产环节，还是会出现颜色的偏差，因此为了保证调配准确性，避免产品生产的质量问题，需要针对选择的调配方案进行试样调配。通过试样调配后，根据事先设定的调配总量，按各自的比例，用高精度电子天平分别称取相应量的色料，人工调和均匀。

（4）色差测量　按照生成的配方对面漆进行调配试验，使用分光测色仪测量调配试样样品与标样（目标色）之间的色差程度，通过事先设定的容差范围，评定色差是否符合要求。若试样色差超过容差范围，可以在软件菜单下选择"修正配方"，软件会给出新的解决方案。

（5）配方修正　小样试配结果如果不符合要求，则需要调整配方再进行小样试配，并再次进行测色，然后调用修正程序。在输入试配的颜色及分量后，计算机调配系统将立即输出修正后的分量。一般只需要修正一两次，也有不需要修正的。

（6）配方打印与管理　计算机可以保存汽车面漆调配配方，用户也可以连接打印机进行打印。为保证不同批次间面漆色相的稳定，应将得到的面漆配方存档保存。色样配方的档案中应包括基础面漆名称、面漆配方比例、打样厚度和打样时间等信息。若后续需要调配相同颜色的颜料，只需要直接调取保存的配方即可，可节省调配人员时间，提高汽车面漆调配效率。

五、涂装安全操作规程

1）喷漆作业场地严禁烟火，禁止进行焊接和一切明火作业。

2）工作前，必须穿戴好防护用品，如防护手套、防护服、防毒口罩、防化眼镜、工作帽等。

3）喷漆时，必须先开动通风机，确认风机工作正常后才可开始工作；工作结束时，先停止喷漆，一定时间（待废气排出）后再关通风机。

4）需喷漆的工件应放置稳固、摆放整齐，防止物件坠落，放置稳固后才能进行操作。作业时使用的高凳应有防滑措施，否则不得使用。

5）处理喷枪堵塞时，用钢针通畅后，应对地45°角试喷，不得朝着人试喷，防止高压气喷出伤人。

6）带电设备和配电箱周围2m以内，不准进行喷漆作业，严禁在运转设备上喷漆。

7）放工件的台架应定时清理残漆，以免影响工件喷涂作业的质量。

8）空气压缩机要有专人专管，做好维护工作。开动时，应遵守空气压缩机安全操作规程，不准超压使用，工作完毕后应将余气放出，断开电源。

9）使用电动工具和机械设备进行抛光及除毛刺时，必须遵守有关电器设备的操作规程。

10）工作完毕后，应清扫场地，存放工具，将用完的废旧物品等集中放在专用器具内，不得乱扔乱放。

> **安全事故案例：安全责任重大，安全工作绝不能疏忽**
>
> 事故主要经过：2021年6月4日上午10:13，江苏某车身制造公司涂装车间，作业员工发现车间内的废气处理设施前端干式过滤箱内有浓烟气雾溢流，扩散到车间并向上升腾，立即关闭控制系统中小型分离开关，并通知公司设备安全主管。设备安全主管于10:15赶到现场并立即启动应急响应。随后，公司各应急小组各司其职，10min左右已经控制火势。10:26应急消防支队到达现场时已无明火，由于着火点在设备内部，消防支队对设备着火点及关联部位进行切割检查，确认无残余火点后于10:45撤离现场。这起事故，由于发现和处置及时，未造成火势和环境污染的蔓延和扩大。
>
> 事故原因分析：
>
> 直接原因：执行器电器故障引燃积聚的漆渣。
>
> 间接原因：企业环境隐患排查治理工作不够细致，未能及时发现问题。
>
> 事故性质：经调查认定，这是一次由于企业工作人员工作疏忽导致的一般火灾事件。

六、涂装基础操作技能

1. 喷涂工具——喷枪

（1）喷枪的工作原理 在空气压缩机中的压缩空气，经喷枪前部的空气帽喷射出来时，就在与之相连的涂料喷嘴的前部产生了一个比大气压低的低压区。在喷枪口产生的压力差就把涂料从涂料贮罐中吸出来，并在压缩空气高速喷射力的作用下雾化成微粒喷洒在被涂物表面。

（2）常用手工喷枪

1）重力式喷枪，其结构如图4-30所示。

2）吸上式喷枪，如图4-31所示。

3）压送式喷枪，其基本结构与前面两种喷枪相同，主要区别是使用涂料泵把涂料压送到喷嘴端部，如图4-32所示。

2. 喷枪的调节

喷枪的调整主要是出气量、出漆量和喷幅的调节。

出气量和出漆量是两个相互关联的主因素。若出气量太小，则不能使漆液雾化，漆液会成滴状洒落，也会使涂膜不平整。出漆量的大小是对应于出气量大小的。

【画龙点睛】

调整喷枪一要听气流的声音,二要看出漆口的雾化程度和扇形面积的大小。

喷幅的宽度是指从枪口向外 15~20cm 的距离处气雾的宽度,一般适用喷幅为 80~120cm。各种规格喷枪的主要参数见表 4-4。

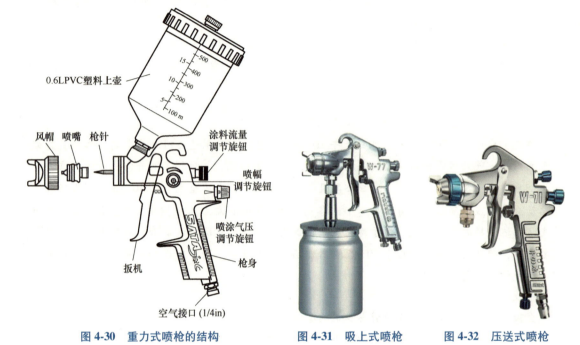

图 4-30　重力式喷枪的结构　　　图 4-31　吸上式喷枪　　　图 4-32　压送式喷枪

表 4-4　各种规格喷枪的主要参数

名称	涂料供给方式	喷涂距离/cm	喷枪口径	压力/(kg/m²)	空气使用量/(L/m²)	涂料喷出量/(g/s)	最大喷幅宽/mm	所需压缩机功率/kW
小型喷枪	压送式	20	0.8	3.5	200	200	190	1.5
			1.0		230	300	265	
	吸上式		1.0	3.0	75	95	100	0.4
			1.3		85	135	135	
			1.5		165	180	170	0.75
	重力式		1.0	3.5	75	110	120	0.4
			1.3		85	150	155	
			1.5		150	210	185	0.75
中型喷枪	压送式	25	1.2	3.5	430	480	450	2~4
	吸上式		1.5		180	255	210	1.5~2
			2.0		250	345	260	
			2.5		350	430	280	

(续)

名称	涂料供给方式	喷涂距离/cm	喷枪口径	压力/(kg/m²)	空气使用量/(L/m²)	涂料喷出量/(g/s)	最大喷幅宽/mm	所需压缩机功率/kW
中型喷枪	重力式	25	1.5	3.5	180	285	230	1.5~2
			2.0		250	390	290	
			2.5		350	485	330	

3. 喷枪的操作方法

（1）正确的喷枪拿握姿势

1) 手的要求。拿握喷枪不要大把满握，应用无名指和小指轻轻握住枪柄，食指和中指扣住扳机，枪柄夹在虎口中，上身放松，肩下沉。

2) 眼的要求。喷涂时，要眼随喷枪走，枪到哪，眼到哪，既要盯准喷枪要去的位置，又要注意涂膜形成的状况和喷束的落点。

3) 身躯的要求。喷枪与物面的喷射距离和垂直喷射角度，主要靠身躯来保证。喷枪的移动同样要用身躯来协助膀臂的移动，手腕要灵活但不可只移动手腕。

（2）喷枪的基本操作　右手紧握喷枪，枪口离板面20cm，喷枪移动速度为30~60cm/s，喷枪喷射方向与板面垂直。喷枪沿直线移动。第1枪雾面中心正对物件的边缘，当喷枪走到头往回转时，回转速度要快1倍，不能在边部停留。第2枪雾面中心对正上枪喷面的边，以原来的速度喷完这段距离。

以宽度80cm的板、2.0口径喷枪为例，喷幅调节为20cm，可以把板平分为8份，每份为每一枪的雾面中心，这样的条件下刚好喷8枪。

【画龙点睛】

喷涂时用手臂运动，而不能靠手腕运动。因为手臂可作垂直平行的动作，而手腕只能作圆弧形动作，这样会使喷涂不均。

4. 喷涂注意事项

（1）采用压枪法喷涂　压枪法喷枪喷涂出的喷束呈扇形射向物体表面，喷束中心距物体表面最近，边缘离物体表面最远，所以中心比边缘的涂料落点多，形成的涂膜中间厚边缘薄。压枪法是将后1枪的喷涂涂层，压住前1枪喷涂涂层的1/2~1/3，使涂层厚薄一致。

（2）压枪法喷涂的顺序和方法　先将喷涂面两侧边缘纵向喷涂一下，然后依喷涂线路从喷涂面的左上角横向喷涂。第1喷路的喷束中心必须对准喷面上侧的边缘，以后各条喷路间要相互重叠1/2~1/3。各喷路未喷涂前，应先将喷枪对准喷涂面侧缘的外部，缓慢移动喷枪，在接近侧缘前便扣动扳机（即要在喷枪移动中扣动扳机）。在到达喷路末端后，不要立即松开扳机，要待喷枪移动到喷涂面另一侧边缘后，再松开扳机（即松开扳机要在喷枪停止移动前进行）。喷枪必须走成直线，不能呈弧形移动，喷嘴与物体表面要垂直，否则就会形成中间厚、两边薄或一边厚一边薄的涂层。喷枪的移动速度应保持不变，不可时快时慢，否则涂层厚度会不均匀。

（3）喷涂技巧

1) 喷枪的选择　若涂料黏度高，需要空气工作压力大，喷嘴应选用大口径的。若涂料黏度低，需要空气工作压力小，喷嘴可选用小口径的。

2) 施工前，先将油漆调至适当黏度，且静置待气泡消失后再用。

3) 物面必须干燥,若含水量高,容易引起漆膜起泡。
4) 供给喷枪的压力一般为 0.3~0.6MPa。
5) 喷嘴与物面的距离以 20~30cm 为宜,不能太远或太近,如图 4-33 所示。
6) 喷出的漆流方向应尽量垂直于物体表面,如图 4-34 所示。

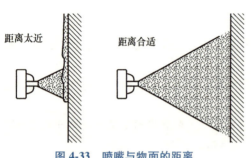

图 4-33 喷嘴与物面的距离

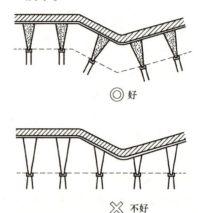

图 4-34 喷出的漆流方向应垂直于物体表面

【知识拓展】

水性漆在汽车涂装工艺中的运用

一、水性漆简介

水性漆就是以水为稀释剂、不含有机溶剂的涂料。凡是用水作溶剂或者作分散介质的涂料,都可称为水性漆。它主要以水溶性树脂为成膜物,以聚乙烯醇及其各种改性物为代表,除此之外还有水溶醇酸树脂、水溶环氧树脂及无机高分子水性树脂等。水性漆可分为水溶型、水稀释型和水分散型(乳胶漆)3 种。

水性漆不含苯、甲苯、二甲苯、甲醛、游离 TDI(甲苯二异氰酸酯)有毒重金属,无毒无刺激气味,对人体无害,不污染环境,漆膜丰满、晶莹透亮、柔韧性好并且具有耐水、耐磨、耐老化、耐黄变、干燥快、使用方便等特点。

但是水性漆对温度很敏感,如果贮存在低于冰点的环境时会改变油漆的溶解特性,由此导致油漆中活性物质沉淀,材料就会不均匀。经过重新加热后,水性漆不会回到均质状态,它的特性将被破坏。因此,水性漆运输和贮存时有较高要求,温度需控制在 5~30℃,在冬季和夏季运输过程中需有加热或冷却装置,为此必须使用控热的货车或运载装置,在仓库和调漆室内须有空调。

二、汽车涂装水性免中涂工艺要点

1. 工艺流程

与传统的 3C2B(三涂两烘)工艺相比,水性免中涂工艺使用具备中涂功能的 B1 涂层,与具备色漆功能的 B2 涂层对车身进行涂装,整个工艺流程得以简化,涂装效率显著提升。

2. 工艺控制要点

在汽车涂装过程中,应用水性免中涂工艺时,为保证涂装质量,应了解并掌握该工艺的控制要点,具体如下:

(1)电泳粗糙度的控制 使用水性免中涂工艺对汽车车身进行涂装时,电泳粗糙度是需要重点控制的指标之一。

应用水性免中涂工艺时,为达到预期中的涂装质量,必须确保白车身具有良好的粗糙度。当白车身的粗糙度达到 0.8μm 时,通过调整电泳槽液,使电泳粗糙度的波动幅度控制在 0.3μm 以下,由此能够达到预期的涂装效果。

(2) 电泳打磨

1) 湿度控制。在电泳打磨过程中,湿度的控制是重点。在充分考虑能耗情况的前提下,满足环境舒适度的要求,湿度为 65% 左右时,可使漆膜达到最佳效果。

2) 在电泳打磨的过程中,为确保打磨位置平整、光滑,应当以圆圈打磨为宜,不得采用直线或是单指打磨。

3) 当电泳打磨完毕后,可以用具有黏性的抹布将车身从内向外擦拭干净。操作过程中,要确保抹布与手掌面平行,不得采用指压的方法。当车身内、外全部擦拭干净后,用压力约 0.5MPa 的压缩空气,将车身从上到下、从内到外吹干、吹净。车身擦拭干净后,要做静电除尘,保证表面无灰尘附着。

(3) 喷涂控制　在汽车涂装过程中,喷涂是与涂膜质量关系最为密切的一道工序,通过对喷涂过程的有效控制,能够在保证涂膜质量的前提下,提高漆膜的稳定性。在应用水性免中涂工艺对汽车涂装时,可对喷涂机器人的作业参数进行控制,具体如下:

1) 喷涂旋杯的转速控制在 50000r/min,清漆的转速控制在 45000r/min;喷涂轨迹的行间距,可以根据机器人的喷涂速度、车身的喷涂面积,以及旋杯的具体型号,合理设定,以 150mm 为宜。

2) 要对喷幅的大小及喷涂的重叠率加以控制,车身的外部钣金以 400mm 的喷幅为宜。当喷涂的重叠率达到 60% 后,涂膜的厚度呈现出较为均匀的态势,并且在这个重叠率下,基本上不会出现过度喷涂的情况。

(4) 色漆预烘干　汽车涂装过程中,应用水性免中涂工艺时,水性涂料的预烘干是一道非常重要的工序。因为在预烘干前,湿膜比较厚,约为传统 3C2B 涂装工艺湿膜厚度的 2 倍,若是温度快速升高,则可能引起质量缺陷,如针孔等。

(5) 面漆烘干　在水性免中涂工艺中,面漆烘干是整个工艺流程的最后一道工序,该工序直接影响涂装质量,必须采取合理可行的措施加以控制。以油漆固化窗口的实际情况作为依据,对烘干炉各个区域的温度合理设定,确保面漆的烘干过程达到最佳的升温速率及固化保温时间。若水性免中涂工艺的面漆烘干升温速率过快,容易造成针孔缺陷。将面漆烘干的升温速率控制在 11~13min,能够达到最佳效果。

(6) 清漆膜的厚度控制　漆膜的饱满度是评价涂装质量的关键性指标之一,为在原本的基础上提升漆膜饱满度,应对清漆膜厚度进行控制。在对相关参数优化后,得出如下结果:当清漆膜的厚度超过 50μm 时,涂装外观数据的变化趋于稳定,并逐步减小。因此,可将清漆膜厚度控制在 50μm。在实际生产中,可对机器人的喷涂轨迹加以优化,以达到理想的效果。

水性免中涂工艺在应用时,应根据实际情况,掌握控制要点,以确保涂装质量。

【任务实施】

仪器设备及工具准备

一、工件图

本次喷漆典型技能应用训练主要是对车门面板的表面小缺陷进行修复,待修复车门如图 4-35 所示。

图 4-35　待修复车门

二、任务准备

1. 工艺分析

车门因打磨、抛光等因素造成的缺陷无法消除,必须进行点修补。对缺陷进行打磨后,重新进行喷漆处理,并进行烘干处理。

2. 工作准备

(1) **劳动保护** 工作前,必须穿戴好防护用品,如防护手套、防护服、防毒口罩、防化眼镜、工作帽等。室内操作时,应将门窗敞开,保持良好的自然通风;在喷漆间作业时,必须打开净化通风装置,保持工作环境文明卫生和通风良好。

(2) **喷涂材料** 调好的桶装原子灰(备用)、底漆、除油剂、水磨砂纸、原子灰、填眼灰、底漆、面漆、胶带纸、遮蔽纸。

(3) **设备和工具** 气动打磨机、喷枪、抛光机、吹尘枪、铲刀钢片、磨板、大刮板等。

任务实施内容

对车门的缺陷情况进行评估后,对缺陷区域做出标记,按照以下步骤进行喷涂修复:

1) 打磨补漆部位,并注意做好过渡。过渡应平整光滑,并有一定的粗糙度。
2) 用黏性抹布擦净修补部位。
3) 用胶布遮好四周的部位,以免被喷上漆。
4) 调好修补漆的黏度。
5) 调好修补枪的漆压和气压,并修补第1道漆。修补时由中心向四周过渡。
6) 晾干3~5min,补第2道漆,要注意界面之间的过渡,清除遮蔽。
7) 调好喷枪和罩光漆,喷上罩光漆(如是本色漆,就不需补罩光漆)。
8) 补漆后晾干3min后,用烤灯烤20~30min,灯的距离在300~400mm,温度在140℃左右(低温漆烘烤只要在相应的温度就行)。
9) 修补漆部位要进行修饰或抛光处理。
10) 工件与现场清理。工作完毕后,清扫场地,存放工具,将用完的废旧物品等集中放在专用器具内,不得乱扔乱放,确认无安全隐患,并做好记录。
11) 喷涂流程及记录。根据教师指导和所学知识技能,对车门涂装缺陷进行修复,并将修复过程记录于工单中。

学院		专业		班级	
姓名		学号		日期	
指导教师					
涂装修复前准备记录					
修复流程	操作方法及过程记录			操作示意图	
喷涂前处理	穿戴好喷涂前处理应着的防护用品是否完成:□是 □否				

(续)

修复流程	操作方法及过程记录	操作示意图
喷涂前处理	对车门面板表面进行清洁除油，清理干净杂质 是否完成：□是　□否	
	根据工艺要求对缺陷类型及区域进行评估，确定修复区域 是否完成：□是　□否	
	对修复区域进行修磨 是否完成：□是　□否	
	对要喷涂的底漆区域进行修磨和清洁 是否完成：□是　□否	
	根据涂料的配方要求进行涂料的混合 是否完成：□是　□否	
底漆喷涂	穿戴好喷涂应着的防护用品 是否完成：□是　□否	

(续)

修复流程	操作方法及过程记录	操作示意图
底漆喷涂	根据工艺要求，对车门面板不喷涂底漆的区域进行遮蔽 是否完成：□是　□否	
	根据工艺要求，对车门面板进行底漆的喷涂 是否完成：□是　□否	
面漆喷涂	根据工艺要求，对车门面板不喷涂面漆的区域进行遮蔽 是否完成：□是　□否	
	色漆喷涂第1、2层 是否完成：□是　□否	
	色漆喷涂第3层 是否完成：□是　□否	
	清漆喷涂第1层 是否完成：□是　□否	
	清漆喷涂第2层 是否完成：□是　□否	

(续)

修复流程	操作方法及过程记录	操作示意图
面漆喷涂	对面漆进行烘干 是否完成：□是　□否	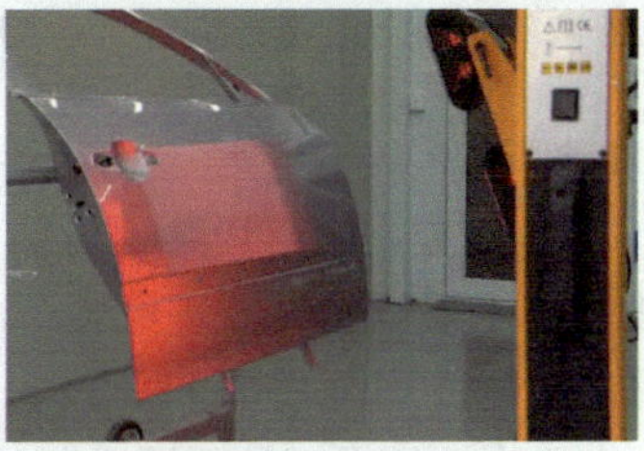
	对漆面进行修饰、抛光 是否完成：□是　□否	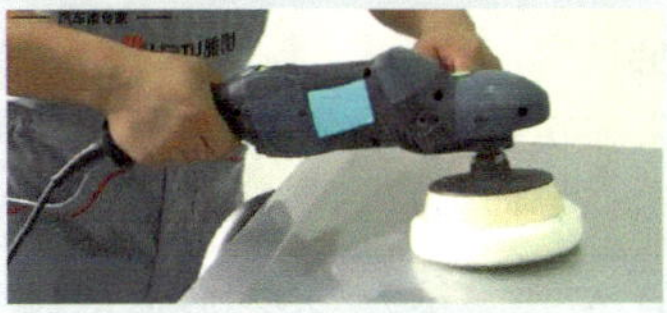

【评价反馈】

评价项目	评价标准	小组评价 （占总评分的40%）	教师评价 （占总评分的60%）
知识准备 （30分）	了解车底防护工艺；了解空腔注蜡工艺；掌握面漆工艺流程及子工艺		
知识拓展 （10分）	养成自主学习的习惯，树立职业目标		
任务实施 （50分）	个人安全防护5分，未按工序规范穿着或者佩戴防护用品，每项扣1分		
	规范操作15分，喷涂贴护、使用方法、除尘、清洁、调配标准、喷枪调试、喷涂手法、闪干测试不符合标准，每项扣2分，扣完为止		
	表面质量30分，漆膜纹理不均匀橘皮（视橘皮严重程度）扣1~4分；面漆流挂（视流挂严重程度）扣1~4分；面漆露底、遮盖不良（视露底面积）扣1~2分。膜厚仪测试漆膜厚度清漆层45μm（5个点），不符合要求扣5分；光泽仪60°测试面漆光泽度（4个点）为95度，不符合要求扣4分；修补过渡不自然超范围、有原子灰痕迹各扣3分（6分）；面漆起痱子、针孔、砂纸痕各扣2分（6分）		
综合表现 （10分）	能与同学密切合作，积极实践，安全地完成学习活动，具备严谨规范的工作作风		
合计			
总评分			

教师评语：

日期：　　年　　月　　日

【情智故事】

涂装设备管理大师——朱显军

朱显军是东风本田第二工厂涂装 2 科保全系系长，参加工作 35 年来一直跟机械设备打交道，建立东风本田独有的"设备预防保全体系"，被同事们视为"设备管理大师"。他凭借先进的设备管理理念和丰富的设备管理经验，确保了东风本田二工厂涂装设备开动率达到 99% 以上（行业在这一指标上的平均水平为 85%）。

"有些物件的损坏是不可避免的，一定要提前有对策、有方法。"朱显军形成了成套的设备预防保全理念。

朱显军提出，不管设备故障大小，应全部翔实记录备案，对再发故障进行详细分析，找出真正原因并采取有效对策。与此同时建立重点设备的故障履历，预先在备件中写入最新参数，做好标识后入库。经过一系列有效措施，涂装设备开动率不断提高，但朱显军并不满足，不断琢磨着如何实现生产中设备零故障。为了达成这个看似不可能的目标，他建设性地提出了从"应急型保全"转变为"预防型保全"的设备管理新模式。

依靠先进的检测设备，朱显军建构了全面翔实的设备运行数据库，涵盖了涂装科所有电动机，每月一检。由此，朱显军建立了东风本田独有的"设备预防保全体系"，实现了设备运行的远程监控、健康趋势分析。

长期与设备打交道，朱显军对设备是极度热爱的。"干一行爱一行，首先要做的就是喜欢。喜欢了就会更深入地去做，喜欢了就会去钻研，不懂的就会反反复复去学习。这个很重要。"朱显军说，他在设备管理这条路上，还要继续走下去。

【课后测评】

一、单项选择题

1. 3C1B 指的是（　　）面漆工艺。
   A. 一涂一烘　　　　　　　　B. 一涂三烘
   C. 一底三面　　　　　　　　D. 三涂一烘
2. 防护工艺一般是在（　　）之间进行。
   A. 磷化与表调　　　　　　　B. 中涂与底漆
   C. 中涂与面漆　　　　　　　D. 脱脂与磷化
3. 汽车多层涂层中最后涂层用的涂料是（　　）。
   A. 面漆　　　　　　　　　　B. 中漆
   C. 底漆　　　　　　　　　　D. 密封漆
4. 消除底漆表面缺陷、提高底漆表面平整度最有效的方法是（　　）。
   A. 底漆再喷　　　　　　　　B. 底漆打磨
   C. 底漆擦净　　　　　　　　D. 底漆打蜡
5. 涂装过程中，烘干后的高温车身进行强冷最主要的原因是（　　）。
   A. 提高生产效率　　　　　　B. 不烫伤操作工人
   C. 不方便向下一道工序转运　　D. 涂层质量更好

二、判断题

1. 汽车车身钣金维修后，需要使用中间涂层。（　　）
2. 金属漆是在本色漆里面加入了金属粉末，看起来有金属光泽。（　　）

3. 珠光漆是在本色漆里面加入了各类云母粉。（ ）

4. 空腔注蜡就是在车身底部空腔中注入一定量的液态蜡，经过特定工艺流程使留在车身空腔内部的蜡形成均匀的保护蜡膜。（ ）

5. 漆膜的耐老化是非常重要的要求。（ ）

三、简答题

1. 面漆工艺有哪些类型？
2. 车底的防护工艺有哪些？
3. 计算机调配面漆有哪些要点？

参考文献

[1] 赵晓昱，刘学文. 汽车车身制造工艺 [M]. 北京：清华大学出版社，2016.
[2] 邹平. 汽车车身制造工艺学 [M]. 2版. 北京：北京航空航天大学出版社，2015.
[3] 谢永东. 汽车制造工艺基础 [M]. 3版. 北京：机械工业出版社，2020.